朝鮮땅 마을지킴이

1920年代의 山神祭

朝鮮땅 마을지킴이

Maul-Jikimi,
Village Guardian God of Korea

사진 — 黃憲萬
글 — 朱剛玄 張正龍

열화당

마을지킴이와 마을굿의 이해를 위하여

　　오늘날 우리 민족문화 유산의 처지는 안방을 손님에게 내 주고 곁방으로 내몰린 격이다. 이런 시대에 민족문화 유산을 이해하는 관건이라 할 마을지킴이와 마을굿을 찾아 나선다.

　　많은 사람들이 굿에 관해 궁금증을 지녀 왔다. '굿은 한국문화의 뿌리이다'라고 선언하면서도 한쪽에서는 '시대가 바뀐 오늘날 굿의 의미는 무엇일까', '굿을 과학적으로 분석할 수 없을까' 하는 질문도 계속된다. 그럼에도 '굿은 이거다'라고 누구도 답하지 못하고 있다. 그 이면에는 민족문화 유산을 푸대접하고 외래문화를 주인 대접해 온 잘못된 역사 경험이 도사리고 있다.

　　한국 근현대사 백여 년 동안 우리는 민족문화를 누리고 발전시켜 오기는커녕, '미신타파'라는 미명 아래 청산을 강요받아 왔다. 일제시대에는 말할 것도 없고 가까운 70년대에 와서도 사정은 마찬가지였다. '새마을운동'의 경우가 그 좋은 예이다. 그런데 '미신타파'라는 말 속에는 '굿 = 개인굿 = 무굿 = 샤머니즘 = 신내림 = 미신 = 타파해야 할 것'이란 왜곡된 논리구조가 숨어 있다. 이는 굿을 개인적 차원에서 복을 빈다는, '좁은 의미의 굿'으로만 해석해 온 결과이다. 그러나 굿에는 개인굿만 있는 것도 아니고 모든 굿에 무당이 개입하는 것도 아니다. '굿났다', '굿판 같다', '굿 벌인다'의 속뜻이 암시하는 바와 같이 굿은 노동, 집회, 놀이 등 민중의 생활양식을 포괄하는 범칭어(凡稱語)이다. 우리의 전통 생활양식으로서, 집단의 굿으로서, 또 마을 집단의 신앙 대상으로서 마을굿과 마을지킴이를 살펴봐야 할 이유가 여기에 있다.

　　우리의 마을들은 생동감 넘치는 삶의 현장이다. 이웃은 말할 것도 없고 멀리 떨어져 있는 사람들과도 서로 돕고 함께 사는 생활기풍을 간직해 왔다. 이를 위한 장치로 품앗이, 두레, 상포계, 혼상계, 대동계 등을 만들었거니와, 마을지킴이와 마을굿도 그러한 장치들 중 하나이다.

　　마을지킴이와 마을굿은 마을의 생성과 그 역사를 같이한다. 마을터를 새로 잡는 사람은 마을 공간의 가장 중요한 곳을 지킴이의 터전으로 잡아 신앙을 모두었다. 애초에는 할아버지당이 생기고 이웃으로 마을이 개척되어 나가면서 며느리당도 생겨나는 식이었다. 마을 복판에는 으레 느티나무같이 그늘이 무성하고 벌레가 잘 먹지 않는 나무를 심어 후대에 어엿한 당수나무 역할을 하게 했고, 깨끗하고 물이 가장 많이 나오는 샘을 대동샘으로 정해 우물고사를 올렸다. 마을 입구의 허한 곳에는 선돌, 장승, 짐대, 돌탑 등을 세워 액을 막았다. 마을지킴이와 마을굿은 바로 '마을공동체'라는 사회·역사적 조건이 완결되어 나가면서 생성되었던 것이다.

이러한 마을지킴이와 마을굿을, 마을현장을 벗어나 책으로 엮어 고찰하려면, 다음 몇 가지 사항에 유의해야 한다.

첫째, 마을지킴이와 마을굿이라는 용어를 검토하는 일이다. 집안을 지켜 주는 업구 렁이를 지킴이라고 불렀던바, 지킴이라는 용어는 '무언가를 지켜 주는 이'라는 뜻을 지닌다. 따라서 마을지킴이는 '마을을 지켜 주는 수호신'이라는 뜻이다. 마을굿은 마을지킴이를 모시는 행위로, 의례적 측면을 강조한 표현이다. 마을굿을 '마을신앙'이라고도 할 수 있으나, 굿은 역동적으로 한판 열린 마당이고 회의, 놀이, 제의가 어우러지는 신앙 이상의 어떤 것이라는 점에서 이는 딱 들어맞는 용어만은 아니다.

둘째, 마을지킴이와 마을굿이란 용어도 하나의 통칭어일 뿐이고, 각 생활 현장에는 나름의 명칭이 별도로 존재한다는 것이다. 같은 서낭이라도 서낭, 성황 등 표기가 다양하고 그 속뜻이 전혀 다른 경우도 많다. 또 상당, 중당, 하당 등 당의 성격에 따라 다양한 이름이 존재하고 굿의 종류에 따라서도 당제니 별신제니 하는 식으로 다르게 나타난다. 이처럼 복잡 다양한 명칭들을 일괄하여 마을지킴이와 마을굿으로 부르거니와, 전문용어가 기실 생활현장에서는 전문용어가 아니라는 것이다.

셋째, 마을지킴이나 마을굿 양상에도 현장에 따라 상이한 측면이 복합적으로 존재해 왔다는 점이다. 가령 같은 마을굿에도 모시는 지킴이들이 다양하고, 굿을 행하는 절차가 다르다. 따라서 마을지킴이와 마을굿을 제대로 이해하려면, 사전회의와 사후회의, 제의와 음복과 대동놀이를 잇는 일관된 통로를 확인해야 하고, 더 나아가 마을지킴이를 모시는 민중들의 생활현장을 알아야 한다. 이를테면, 어민들의 생활상을 모르고서 바다의 풍요와 안녕을 비는 마을굿을 온전히 이해할 수 있을 것인가. 따라서 마을지킴이와 마을굿을 고찰하는 작업은 보다 총체적으로 이뤄져야 한다. 곧 각각의 양상이 비슷한 경우가 많으나, 그들 제의의 특수성을 찾아내면서도 전형성을 추출하는 작업이 마련되어야 한다.

넷째, 마을지킴이와 마을굿은 어차피 전국을 몇 개의 권역으로 나눠서 살펴야 한다는 점이다. 하나의 축은 경기·서울을 기점으로 충청·전라도를 거쳐 제주도에 이르는 서쪽 방향의 축이다. 그렇다면 다른 하나는 강원도를 중심으로 경상도 동쪽을 지나는 축이 된다. 그렇다고 해서 문제가 없는 것은 아니다. 산악지대인 충청남동부와 전북 동쪽은 같은 권역에 속하며, 강원도 해변가와 경상도 해변가도 같은 권역에 속하는 등 현존 행정구역상의 권역이 무시되는 경우가 보다 많다. 그러다 보면 각 지역의 특수성을 일일이 짚어내지 못하는 경우도 많을 것이다. 더욱이 분단이라는 시대적 조건 때문에 북녘 지방의 마을굿을 누락시킬 수밖에 없었다. 또 각 지역별 나름의 다양한 존재 양태들, 가령 서울 지역의 부군당이나 경상·강원 지역의 골매기, 제주도의 포제 같은, 해당 지역에서 돋보이는 지킴이들이 빠지기도 한 것이다. 이 마을굿들만 해도 각각 한 권의 책이 될 만한 분량과 질을 확보하고 있지만, 전국의 마을지킴이와 마을굿을 빠짐없이 망라하는 사전적인 의미에서의 막연한 집대성은 어렵기도 하거니와, 불필요하기조차 하다.

다섯째, 마을의 삶 자체가 총체적이고 복합적인만큼 마을굿과 마을지킴이를 사진과 글로 담아내는 일 역시 총체적이고 복합적이어야 한다는 점이다. 두레굿을 보여주려면, 두레 본굿만이 아니라 두레의 짚호미, 도롱이, 베잠방이 같은 소품들도 당연히 담아내야 한다. 또 당산제를 보여주기 위해서는 풍물과 당수나무, 목욕하는 제관과 제물 사러 간 날의 장날 풍경, 제관이 만난 사람들, 제비를 걷는 모습 등등 수많은 장면들이 필요한 것이다. 그러나 마을굿이 일 년에 한두 번밖에 열리지 않고, 그 대부분이 정초나 정월 대보름, 시월 상달 같은 날에 일시에 열려서 조사 연구와 촬영의 어려움이 뒤따른다. 그러므로 모든 마을굿의 현장을 모두 담아내는 식의 작업은 어려울뿐더러 그렇게 종합할 필요도 없을 것이다. 따라서 이 역시 전형성의 추출로 해결할 수밖에 없을 것이다.

이 책은 위의 다섯 가지 조건을 고려하면서 마을지킴이와 마을굿의 전형을 추출하고 그것을 보여주는 데 초점을 두었다. 그래서 사진배열에서는 마을지킴이와 마을굿을 유형별로 나눴고, 그 유형에 따른 총론과 각각의 마을이 가지는 특성을 해설하는 사진설명을 붙였다. 또 마을지킴이와 마을굿을 함께 보여줄 경우, 마을지킴이를 모시는 제의 절차에 따라 사진을 배열하고 해설을 붙였다.

이 책은 마을지킴이와 마을굿의 현장을 발로 찍고 발로 쓴 작업의 결과물이다. 이러한 작업이 없으면 전국 각지에 흩어진 마을지킴이와 마을굿을 보여줄 수 없고, 마을지킴이와 마을굿은 다른 문화유산들과 달리 생동감 넘치는 '살아 있는 문화유산'인 까닭이다.

To understanding of Maul-Jikimi and Maul-Kut

These days the status of our national cultural heritage is like a situation in which we give our main bedroom to a visitor and we are driven out to a side chamber. In this kind of time we go out to search Maul-Jikimi which can be said to be the key point to understand the national cultural heritage.

Many people have had curiosity about Kut. While we declare that 'Kut is the root of Korean culture', on the other side there are such questions as in these days in which time has been changed, 'what is the meaning of Kut?' 'Can't we analyze Kut scientifically?' However nobody tells 'this is Kut'. On the other side of this phenomenon there are the wrong historical experiences in which we treated the national cultural heritage coldly and we treated foreign culture as a host.

During the one hundred odd years of Korean modern and current history we not only didn't enjoy and develop national culture but also have been forced to cleanse it under the veil of 'destruction of superstition'. Not only in the Japanese colonial time but in the '70s the situation was also the same. The case of 'Saemaul Undong(movement)' is a good example.

However in the word 'destruction of superstition', the distorted logical structure—that is, 'Kut = individual Kut = shaman Kut = shamanism = Shinna-erim(being possessed by God) = superstition = something which should be destroyed—is hidden.' This is the result of interpreting Kut as praying for individual blessings, that is, interpreting it only as 'Kut in the narrow meaning'. However, it is not like there is only individual Kut in Kuts and not in that a shaman intervenes in all Kuts. As the implied meaning of the expressions, 'Kut natta(Kut happens)', 'Kutpan katta(it is like a Kut scene)', 'Kut purinda(Kut is arranged)', alludes, Kut is a general term which includes the lifestyle of Minchoong(people) like labor, meeting and play. This is the reason why we should look into Maul-Kut and Maul-Jikimi as our traditional lifestyle as a Kut of group, and as the object of belief, of Maul(village) group.

Our Mauls are the site of life, full of animation. We had been keeping the life spirit of helping each other and living together not only with neighbor but also with the people who are aloof. As an apparatus for this, Pumashi, Dure, Sangpo-Kyey, Taytong-Kyey were made and Maul-Jikimi and Maul-Kut are also one of those.

The history of Maul-Jikimi and Maul-Kut is as the same as that of the formation of Maul. The person who decides a new Maul-Teo(Maul site) gathers belief setting the most important place of Maul space as the ground of Jikimi.

The fashion is like a situation in which at first grandfather-Dang is formed and as neighbor Maul is developed, daughter-in-law-Dang is formed. The typical way is : at the center of Maul, a tree like zelkova tree which has a profuse shade and which is not easily eaten by worms is planted and becomes a respectable Dangsoo-Namu(secret tree) to future generations. A fountain which is clean and contains the most plentiful water is decided as a Taytong-saem(secret fountain), and a sacrifice to the spirits is offered to it. In the open site of entrance to Maul menhir, Changsung(totem pole), Jimtay and Top(stone pagoda not like Buddhism) are erected to ward off evil. Maul-Jikimi and Maul-Kut are formed as social and historical condition of Maul-union's completion.

If you want to study these Maul-Jikimi and Maul-Kut in book not in the Maul site, you have to keep in mind following several points.

First, we should examine the term Maul-Jikimi and Maul-Kut. As the mascot snake which guards the house is called Jikim, the term Jikim has the meaning of 'somebody who guards something'. Therefore Maul-Jikimi means 'the guardian deity who guards the Maul'. Maul-Kut is a ritual process which worships Maul-Jikimi and is an expression which emphasizes ceremonial side. You can say that Maul-Kut is a 'Maul's belief'; however, it's not a perfect term since Kut is a dynamic scene and it's more than a belief, in which meeting, play and a ritual are united.

Secondly, the term Maul-Jikimi and Maul-Kut are no more than a general name, and in each living scene its own name exists respectively. For example, as for the name Sonang there are various declarations like Sonang, Songhwang and the inner meaning is very much likely to be totally different. In addition, as for the Dang, various names like Sang-Dang(Upper Dang), Choong-Dang(Middle Dang), and Ha-Dang(Under Dang) exist, and as for the Kut, there are different names like Dang-Che(Dang ritual) and Pyol-Shin-Che. So we call this complicated and various names as Maul-Jikimi and Maul-Kut collectively, and a technical term is not a technical term in living scene.

Thirdly, in Maul-Jikimi or Maul-Kut phases according to scenes of different sides have existed in complex forms. For example, in the same Maul-Kut, Jikimi which is worshiped are various, and the procedures in which Kut is conducted are different. Therefore if you want to understand Maul-Jikimi and Maul-Kut well, you have to ascertain the consistent passage which connect the meeting in advance, the after-meeting, the ritual, the drinking of liquor after the sacrificial rite, and the common play. Moreover you have to know the living scene in which Minchoong(people), who worship Maul-Jikimi, live. For example, if you don't know the living phase of fishermen, can you understand soundly the Maul-Kut in which people pray for the abundance and safety of the sea? Therefore the work which studies Maul-Jikimi and Maul-Kut should be done more wholly. In other words there are many cases in which each phase is similar : however, we should find out the peculiarity of those rituals and extract the pattern at the same time.

Fourthly, we should look into Maul-Jikimi and Maul-Kut under the condition that the whole nation should be divided into several areas. One axis is the west bound in axis which Kyonggi Province / Seoul is the starting point and via Chungchong / Cholla Province reaching Cheju Island. In that case the other axis is Kangwon Province as the center and the east side via Kyongsang Province. However, there is a problem. The southeast side of Chungchong Province, which is a mountainous area, and the east side of North Cholla Province belong to the same area. And the beach of Kangwon Province and the beach of Kyongsang Province belong to the same area, too. Thus the divided area of the existing administrative division is often ignored. Thus one can easily fail to find out the peculiarity of each area. Moreover, because of ideological condition that our country is divided into the North and South, we cannot but leave out the Maul-Kut of the North. In addition, the various existing phases of each area of its own, for example, Pukun-Dang of Seoul area, Kolmeki of Kyongsang / Kangwon Province area, Poje of Cheju Island, which are the outstanding Jikimi of corresponding area, are omitted. As for these Maul-Kuts, each Kut has the quantity and quality which deserve a volume of book, but not only is it difficult to make a comprehensive compilation in terms of a dictionary which include all the Maul-Jikimis and Maul-Kuts of the whole nation, it is not needed.

Fifthly, since the life of Maul itself is whole and complicated, the work that we put Maul-Kut and Maul-Jikimi into photographs and writings should be also whole and complicated. If you want to show Dure-Kut, you should show not only Dure Kut itself but also the properties like straw-weeding hoe, the straw raincoat and the hemp short pants. And if you want to show Dangsan-Che, you need many pictures like instruments for folk music, Dang-soo-Namu, the scenery of superintendent's taking a bath and the marketplace to buy sacrificial offerrings, the poeple whom superintendent meet, a scene gathering sacrificial expense, etc. However, since Maul-Kuts are arranged once or twice a year and most of them are arranged at the same time in the beginning of lunar January, or the first full moon day, or lunar October, it's difficult to investigate and photograph. Therefore it's not only a difficult work to include all the scenes of all Maul-Kuts but also it's not needed. Therefore, this also cannot but be solved by extracting the pattern.

This book brings the extracting of pattern of Maul-Jikimi and Maul-Kut and shows it to a focus considering the above five points. So in the arrangement of photographs Maul-Jikimi and Maul-Kuts are assorted according to type and a general summary to the type and the explanation of the photographs which explains the characteristics of each Maul are attached. In addition, when it shows Maul-Jikimi and Maul-Kut together, we arranged the photographs according to the order of the ritual which worships Maul-Jikimi and attached explanations.

This book is the result of the work that we photographed by foot and wrote by foot the scenes of Maul-Jikimi and Maul-Kut. If it were not for this kind of work, nobody could show the Maul-Jikimi and Maul-Kut which are scattered over the whole nation, and Maul-Jikimi and Maul-Kut are 'living cultural heritage' full of life, which are different from other cultural heritages.

— Translated by Yu In-ae

朝鮮땅 마을지킴이·차례

마을지킴이의 現場

黃憲萬

全北 扶安郡 扶安邑 內蓼里 돌모산, 堂山祭

호남지방에 가면 흔히 당산제란 이름의 마을지킴이모심을
본다. '堂이 있는 山'이란 뜻의 堂山은 반드시 산이
아니라도 좋다. 마을지킴이로 모실 만한 나무, 돌 등을
대상물로 하여 당산으로 섬긴다. 돌모산의 당산제는
전형적인 호남의 마을굿이다. 돌모산에는 높이 2.5미터
둘레 80센티미터의 '진대하나씨당산'(할아버지당산)이
전해진다. 풍수상 마을 형국이 行舟形이라 배가 가벼우면
쉽게 파손되므로 논 가운데 돌당산을 세웠다는 전설이
내려온다. 장승도 2기가 있었으나 지금은 오리형 당산만
남아 있다. 나무보다 오래가는 화강암을 길게 깎아 세우고
오리를 한 마리 앉힌 모습에서 마을지킴이를 대하는
정성이 매우 오래되었음을 알 수 있다.
해마다 정초가 되면 부정을 가려 유교식으로 여덟 제관을
뽑고 집집마다 짚을 추렴하여 줄꼬기를 한다. 가가호호
쌀과 돈을 거두어 제비를 마련하고 깨끗한 집에 맡겨
제물을 준비한다. 정월 대보름이면 마을 앞 논 한가운데
나가 제를 올리는데 줄다리기, 풍물, 당산제, 진대하나씨 옷
입히기 순으로 진행된다. 해마다 당산에 줄로 옷을 입혀서
한 해의 만복을 기원하고 농사의 풍요를 바라는 돌모산
사람들의 심성은 전국 어디서나 행해지는 다른
마을지킴이모심과 다를 바가 없다.

1.
대동으로 모은 짚으로 줄꼬기를 마친 후 줄을
메고서 마을을 돌고 있다. 農旗를 앞세우고
마을풍물패가 가락을 잡으며 신명의 줄다리기를
벌이러 가는 길이다.(pp. 14~15)

3

3, 4, 5.
남녀로 편을 갈라 줄다리기를
한다. 젖먹은 힘을 다하지만
남자들이 져 주기 마련이다.
多産과 풍요의 상징인 여성이
이겨야 풍년이 든다는 俗信
때문이다.
올해도 풍년들게 되었다고
돌모산 아낙들은 환호성을
지른다. 줄다리기를 끝낸 줄을
당산 주위에 둘러놓고 인사굿을
올린다. '이렇게 복된 줄을
가지고 왔으니 금년 한 해도
너그러이 봐 주십시오' 하는
심성이 잘 드러나 있다.

4

5

7

6, 7.
줄로 옷을 해 입힌다. 해마다
설이 되면 사람들이 설빔을 해
입듯이 당산님도 줄로 치장한다.
온갖 풍상을 견디다가 이듬해가
되어서야 낡은 옷을 벗어던지는
탓으로 매우 단단하게 감지
않으면 안 된다. 풍물패는 연신
굿을 치고 돌모산 사람들은
넉넉한 마음으로 옷 입히기를
기다린다.

9

8, 9.
제 지내기는 당산제의 본굿에
해당한다. 백설기, 三色實果 같은
제물을 정성들여 차려 놓고 잔을
부어 再拜하는 방식은 여느
유교식 제사와 다를 바가 없다.
축문을 읽어 마을 대동의 안녕을
빌고 대동소지를 하고 나서
개인소지를 올리는 것으로 제는
끝난다. 물론 그 자리에서
간단한 飮福도 곁들인다. 그때
마시는 한잔의 술은 福酒라고
하여 누구나 마시기를 주저하지
않는다. 제를 끝낸 마을사람들은
동네로 돌아와 제물을 헐어
대동잔치를 벌인다.
이제 당산님은 든든한 옷을 입고
한 해를 서 있게 된다.
논바닥 가운데서 봄, 여름, 가을,
겨울을 보내면서 돌모산
사람들의 하는 일을 지켜보기도
하며, 마을의 안녕을 구가한다.
물론 돌오리가 그 느긋한 눈매로
지켜볼 것이다.

全北 高敞郡 新林面 茂林里 임리마을, 堂山祭

국도변에서 마을로 들어서는 입구의 茅亭 옆에는 높다란
짐대가 서 있어 한눈에 마을지킴이를 대단히 중시하는
마을임을 알려 준다. 이 마을의 짐대는 바로 화재막이라는
특징을 잘 보여준다. 인근의 여러 마을도 화재막이 짐대를
세웠는바, 이는 마을 서쪽으로 바라보이는 부안면의
火山峰(촛대봉)으로부터 오는 마을의 재앙과 화재를 막기
위함이다. 오리는 물을 상징하기에 이 짐대는 물로써 불을
극복하려는 水克火의 세계관을 보여준다.
이 마을의 지킴이모심도 해마다 정월 보름 무렵이면 시작된다.
마을에서 生氣福德을 보아 깨끗한 사람으로 貨主를
선정하는데 집안에 초상 같은 궂은일이 없는 사람이어야 한다.
일단 화주로 뽑힌 사람은 몸과 마음을 정히하여 금줄을 치고
황토를 뿌려 잡인이 범치 못하게 금기를 행한다.
마을풍물패는 집집마다 걸립을 돌아 錢穀을 거두어 祭費를
마련한다. 열사흗날 저녁에는 마을풍물패가 굿을 잡는 가운데
청년 여럿을 산으로 보내 짐대로 쓸 만한 나무를 베어오게
한다. 바깥사람이 보면 부정이 생기므로 남모르게 베어낸다.
소나무같이 비바람에도 잘 썩지 않고 부러지지 않는 여문 놈이
좋으며, 적당한 굵기에 곧고 높게 뻗어서 첫눈에 쓸 만한 놈을
벤다. 잔가지를 쳐내고 몸체만 옮겨 온다. 이튿날 아침
나무껍질을 벗겨 몸체를 완성하고 오리를 만든다. 오리는
Y자로 갈라진 나무를 적당히 골라서 새 모양을 흉내낸다.
장대를 높게 세우고 그 위에 오리를 앉혀서 짐대를
완성하는데 시누대를 가늘게 쪼개어 날개 장식도 달아 둔다.
서른 자에 육박하는 높은 짐대가 시원스럽게 하늘을 향해
솟아 있고 그 옆에는 으레 오래 전에 세운 몇 개의 짐대가
쓰러지지 않고 서 있어 짐대모심의 역사가 연연히
이어나가고 있음을 잘 보여준다.

2

3

2, 3.
짐대를 만드는 일도 정갈하게
해야 한다. 행여 부정이 있는
사람은 이 일에 참여할 수 없다.
나무껍질을 벗겨 몸체를 완성하면
오리를 깎는다. 오리는 지역에
따라 따오기, 원앙새, 기러기 등
다양하게 나타난다. 이들은 대개
물새인데 농경사회와 물의
연관성도 잘 말해 준다.

5

5, 6.
짐대가 세워지면 마을 뒷산에서
天龍祭를 지낸다. 다섯 그루의
잘생긴 소나무가 무리지어 동산을
만들고 있다. 床石을 깎아 놓아
한눈에도 유교풍임을 짐작하게
한다. 삼색실과, 떡, 소머리를
陳設하고 축문을 읽고 소지를
하면 제가 끝난다. 이어서
할아버지당산과 할머니당산에도
제를 올린다. 각각의 제의는
독자성을 갖는 나름의
지킴이모심이며 한 동네에도
다양한 마을지킴이가 있음을
말해 준다.

6

4.
시누대로 깃털을 만들어 새를
형상화한다. 마을짐대는 바로
민중의 조형적 창작력을 보여주는
상징물이기도 하다.

8

9

7, 8, 9, 10.
암줄과 수줄의 쌍줄다리기를
끝내고 짐대에 가서 암줄을 밑에
감고 나서 수줄을 위에 감아 준다.
이같은 성행위굿은 그 자체
암수의 교감을 통해 생산풍요를
기원하는 목적을 지닌다. 줄감은
짐대에 제를 올림으로써 당산굿은
완전히 끝난다.

10

28

全南 海南郡 黃山面 松湖里, 짐대
全南 和順郡 同福面 佳水里, 짐대

짐대는 높다란 장대 위에 새가 앉아 하늘을 날고 있는 형상이며 때로는 石竿支柱로 나타나기도 한다. 木鳥蘇塗(솟대·솔대·소주·소줏대·표줏대·거릿대·갯대·수살이·수살이대·수살목·액막이대), 龍頭蘇塗(솔대·방아솔대·華表柱·華柱), 一時神竿(볏가리·禾積·禾竿·보리빽가리·風竿) 등도 모두 같은 계열이다. 여하간 솟대라고도 부르는 짐대는 대개 마을 입구에 자리잡아

마을공동체의 수호신으로 기능한다. 하늘과 땅의 매개자로 세워진 짐대는 이제 인간 사는 동네의 안녕과 풍요를 빌어 주게 된다. 이같은 짐대가 전국 곳곳에서 지금도 현존 민속으로 유전하고 있다. 짐대는 당산나무와 같이 존재하는 경우가 많으며 마을 입구에 서서 장승과 같이 나타나는 경우도 대단히 많다.

江原道 江陵市 江門洞, 진또배기

松江 鄭澈의 『關東別曲』에도 등장하는 강문은 경포 해수욕장 옆에 있는 어촌이다. 이 마을에는 竹島峰 밑에 단청을 한 규모 있는 여성황당이 있고, 이로부터 약 50미터 전방의 공터에 진또배기라는 立竿이 세워져 있다. 음력 정월 보름, 4월 보름, 8월 보름날 제사를 지낼 때 여기에도 제물을 차려 놓고 빈다. 여성황당은 따로 여닫이식 제실을 만들어 놓고 그 안에 화상을 봉안하고 있다. 반면 진또배기와 여성황당의 중간지점 소나무숲 안에 있는 남성황당은 화상이나 위패도 없이 당집만 있다. 5미터 정도의 소나무대인 진또배기는 마을로 들어오는 풍재, 수재, 화재 등 三災를 막는 守煞竿이다. 하부에 1미터 높이로 봉분을 만들었고, 성황신과 관계없이 독립된 신체로 인식되고 있는 점이 특징이다. 상단에는 Y자 모양의 나무틀을 얹고 그 끝에 오리라고 하는 새를 북쪽으로 향하게 세 마리 올려 놓았다. 이 새들은 풍어와 재액을 막는데 삼 년마다 새로 깎는다. 삼 년에 한 번 음력 4월 보름에 진또배기굿을 해 풍어와 안전을 빈다.

江原道 三陟郡 遠德邑 臨院 二里, 짐대

임원 2리는 '웃말'이라고도 부르는데, 마을 입구에 성황당이 있고 그 옆에 짐대가 세워져 있다. 높이는 3미터 정도이고 소나무를 깎아 만들었다. 상단에는 '갈매기'라 하는 새를 세 마리 올려 놓았다. 새들은 북쪽을 향하고 있는데, 바다로부터 들어오는 재앙을 막기 위해 세웠다고 한다. 일종의 액막이대인 이 짐대에는 붉고 검은 색의 나선형 줄무늬를 그린 점이 특징이다. 이 무늬는 龍蛇紋樣으로 생각되는데 용이 승천하는 듯하다. 이 짐대에는 독립적으로 제를 지내지 않는다. 다만 사 년마다 풍어제를 지낼 때 신이 강림했는가를 알아보는 정도다. 무당이 짐대에 칼을 던져 꽂히면 신이 내려온 것으로 믿는다.(p. 31)

全北 扶安郡 保安面 牛東里 磻溪마을, 堂山祭

마을지킴이는 한 마을 내에서도 다양하게 나타난다고
했거니와, 변산반도의 반계마을의 경우에도 예외는
아니어서 당산나무, 짐대, 입석 등이 같이 자리한다.
반계마을은 일찍이 조선 후기 실학의 태두 磻溪 柳馨遠
선생이 살던 유서깊은 동네다. 양난의 참상을 목격한
선생은 바다가 멀지 않고 대나무숲이 둘러 있는 이 마을로
낙향하여 집을 짓고, 만 권의 책을 쌓아 놓고 농민들과
함께 생활하며 학문에 정진하여 당대의 개혁사상을 총괄한
『磻溪隨錄』을 펴냈다.
선생의 호는 지금도 마을을 흘러내리는 반계라는 작은
시냇물에서 나왔다고 하거니와, 이 유서깊은 마을에 상당히
규모있는 당산제가 전한다.
마을 입구 벌판에 당산나무 한 그루가 바람을 맞고 서 있고
고목나무 가운데는 커다란 입석이 박혀서 성신앙을 암시하는
것 같기도 하다. 나무 사이로 짐대 1기가 서 있고 지난해 감아
둔 줄다리기짚이 썩어 가면서 세월을 말해 주고 있다.
마을사람들은 해마다 정월 대보름에 당산제를 올린다.
그러나 줄다리기와 짐대세우기만은 격년에 한 번씩 행한다.
말하자면 제는 해마다 올리되 많은 인원과 경비가 드는
행사만은 특별제 형태로 행하는 것이다.

2, 3.
삼색실과와 떡 같은 제물을
진설한 후 마을풍물패가 둘러서서
당산제를 올린다. 제의는 축문을
읽고 소지를 올리면 간단히
끝난다. 당산제를 끝내고
마을사람들은 두 편으로 갈라서
동네를 한 바퀴 돈다. 줄을 어깨에
메고서 동네를 돎으로써
동네잔치의 속성을 남김없이
보여준다.

2

3

4

5

4, 5, 6, 7.
이 마을 줄다리기의 특징은
신랑과 신부 차림을 한
줄다리기꾼을 앞장 세워 상호간에
어른다는 점이다. 이 역시 암줄과
수줄의 성행위를 말해 주는데
신부측에 선 사람은 얼굴을
붉히기 마련이고 심한 弄도
오가는 가운데 동네는 하나로
어우러진다. 줄다리기가 끝나면
짐대에 줄을 감는다. 이 년 동안
마을을 지켜 주어야 하기 때문에
꽉꽉 밟아 준다. 아낙들은
정성모아 비손을 한다. 무언가를
비는 비나리의 신심은 바로
지킴이를 존재케 하는 일차적
요건이기도 한다.

全南 谷城郡 三岐面 蘆洞里 남계마을, 堂山祭

남계마을에서는 전형적인 짐대당산제를 볼 수 있다. 세 개의 짐대를
깎아 세우고 당산제를 올리는 것이다. 짐대는 신성한 것이기에
짐대를 깎을 때면 제관을 뽑고 제관은 목욕재계하고 미리 점지해 둔
나무를 베어낸다. 제관은 나무에 간단한 제사를 지내야 한다. 나무를
옮기는 과정에서도 입조심을 해야 하며 일단 마당으로 옮겨 놓고도
정성을 다해 깎아야 한다. 껍질을 벗기고 그냥 세우는 경우도 있지만

먹으로 무늬를 그리기도 한다. 새를 깎는 방식도 가지가지라서
정확하게 새 모양을 내기도 하고 나뭇가지로 흉내만 내기도 한다.
남계마을처럼 대나무를 잘게 갈라 깃털을 달아 주기도 한다.
때로는 입에 물고기를 물려 풍농을 기원하기도 한다. 새를 조각하는
소박한 기술은 그 자체가 단순질박한 농민적 조형예술의 세계를
잘 보여준다. 격식을 갖춰 엄히 차려 입은 제관들의 모습이
진지하기만 하다.

全北 金堤市 月村洞 立石마을, 堂山祭

김제군 월촌면이었다가 현재 김제시로 편입된
입석마을에 가면 전형적인 줄굿으로 이루어지는
입석당산제를 보게 된다. 전국적으로 볼 때
입석리란 지명이 상당히 많이 등장하고 그 입석이
어떤 중요한 역할을 하는 것으로 보아 입석당산은
고대사회 이래로 자리잡아 온 것임을 알 수 있다.
물론 중세사회에 와서도 새로운 입석이 많이
등장했다. 입석은 신앙의 대상이 될뿐더러
마을공동체의 정신적 구심점 역할도 한다.
입석리당산제의 특별한 점은 줄꼬는 방식에 있다.
대동으로 짚을 추렴하여 암줄과 수줄로 나누어
풍물패의 신명 속에서 동네를 돌아다니다가 한판
승부를 거는데 물론 암줄이 이겨야 풍년이 든다고
한다. 줄다리기의 절정은 줄에 비녀목을 지르는
대목이다. 여자들의 머리장식인 비녀를 상징하는
비녀목으로 암줄과 수줄 사이를 가로지름으로써
남녀의 결합을 보여준다.
性을 통한 생산행위의 類感呪術로 보인다.

2

3

4.
비녀목으로 결합한 줄을 서로
어르는 과정은 그 자체 대동의
놀이, 대동의 싸움, 대동의 화합을
의미한다. 남녀간에 사랑을
나누듯이 주고받고 도망치고
만나는 과정을 여러 차례 겪다가
보면 두 줄은 이윽고 한판 싸움을
준비한다. 그 싸움은 대동놀이가
지닌 편싸움의 전통을 잘
반영하고 있으며 남녀간의 성을
공개해 신에게서 풍요의 약속을
받아 두려는 俗信이기도 하다.

5

6

5, 6.
싸움이 벌어진다. 여자들은 빗자루, 대나무, 장대
등으로 남자들을 후려친다. 이때만큼은 반칙도
완전히 허용되어 으레 남자들은 실컷
두드려맞는다. 그래야만 수줄이 제 구실을 못하고
암줄에게 지게 되는 것이다. 말하자면 반란의
축제가 되는 법인데, 평소의 가부장적 사회전통이
거꾸로 되는 순간이다. 이러한 뒤집힘의 축제를
통해 여성이 지닌 풍요로움의 힘을 새롭게
인식하는 것이다.

7

7, 8.
입석은 줄에 감겨 새로운 자태로
나타난다. 짚은 바로 농민의 가장
소중한 수확물인 벼를 상징하며
볏짚으로 옷을 해 입은 입석에서
농사에의 풍요가 연상됨은 당연한
일이기도 하다. 마을사람들은 입석
앞을 오가면서 당산의 음덕으로
모든 일이 잘될 것이라는 믿음을
갖게 된다. 당산제의 祭床은
당산님에 대한 제물차림이며 제의
자체는 하나의 通過儀禮로서
마을사람들이 일 년에 한 번씩
거쳐야 하는 과정이기도 하다.
동시에 당산님에게 올린 제물들은
곧바로 마을 전체의 飮福으로
재분배된다. 곧 '공동체의 나눔의
잔치'라는 순환과정을 거치는
것이다.

8

全北 淳昌郡 龜林面 오정마을, 선돌

오정리에는 논바닥 가운데 1기의 선돌이
서 있다. 선돌은 선사시대 이래 오랜 역사적
산물로서 마을 경계에 자리잡아 地標
역할을 함은 물론이고 신앙 대상이 되기도
한다. 선돌이 오늘날에 이르기까지 어떤
경로를 거쳐 마을지킴이가 되었는가에 대한
확연한 증거는 없지만, 전국 곳곳에 오래된
선돌이 남아 있어 단순한 돌멩이가 아니라
역사적으로 유전되어 온 지킴이임을 알려
준다. 오정리 사람들은 으레 당산나무
밑에서 당산제를 지내고 나서 선돌 앞에서
입석제를 지내야 굿을 완료한다.

全南 和順郡 道岩面 道岩마을, 선돌

千佛千塔이 있었다는 運舟寺 입구 마을에 가면
유난히도 많은 선돌과 제각들, 정자나무를 볼
수 있다. 효부와 충신이 많이 났다고 하여
열녀문과 비각들이 많이 세워진 이 마을에 서
있는 선돌 역시 마을을 수호하는 지킴이로
존재한다. 北과 西로 갈라지는 삼거리에
자리잡아 운주사 산세를 마주보는 마을이다.
운주사의 臥佛이 일어서는 날 새로운 세상이
온다는 믿음이 그 일대에 퍼져 있을 때, 많은
사람들이 절 입구의 이 마을을 거쳐서
운주사로 들어갔었다.

全南 咸平郡 海保面 光岩里 신안마을, 선돌

佛甲山 지맥이 구수재를 거쳐 남으로 발달한 준령 아래 위치한 신안마을을 찾아가면 마을 입구부터 손님을 반기고 있는 '선돌할머니'를 대하게 된다. 마을에는 십여 아름이나 되는 당산나무와 나무로 만든 짐대도 있었으나 모두 사라지고 지금은 선돌만 남았다. 정월 보름이면 줄다리기를 끝내고 선돌에 줄로 옷을 입히고 제를 올린다. 특히 선돌 옆에는 마을사람들이 모여드는 茅亭이 있어 罷祭 후의 회의장소가 되기도 한다.

全南 羅州郡 南平面 東舍里, 立石

마을의 길섶 들녘에 동사리의 主神으로 자리잡은 입석이 서 있다. 이 입석은 갈모마냥 짚으로 지붕을 만들어 에워싸서 '삿갓'을 만들고 삿갓 주변을 왼새끼줄로 감아 맸다. 주위에는 수령이 오래된 당산나무 네 그루가 서 있다. 매년 음력 1월 3일 밤이 되면 온 동민이 걸궁하여 모은 돈으로 동네 無患을 위해 입석 앞에 제물을 차려 놓고 당산제를 지낸다. 특기할 사항은 파제 후에 음복을 하면서 돼지머리를 땅에 묻고 걸궁을 친다는 점이다. 입석이 마을 주신으로 모셔지는 좋은 사례로 여겨지며 입석의 머리 부분을 짚으로 장식했음은 특기할 점이다.

全南 咸平郡 大洞面 德山里 아차동마을, 선돌

아차동마을 입구에는 효열각이 서 있고 그 옆에 선돌 하나가 서 있어 마을수호신이 되어 주고 있다. 마을에 들어서면 정자나무 앞에 男根같이 생긴 바위 1기가 서 있으며 마을 안쪽에 미륵할머니가 누각 안에 자리잡고 있다.(p. 48)

49

全北 高敞郡 星松面 沙內里, 堂山祭

사내리에는 할머니, 할아버지 내외신
각각 2기씩 도합 4기의 당산신이 존재한다.
마을사람들은 이것들을 모두 당산님으로
부른다. 형태상으로 할아버지당산 2기는
갓을 쓴 입석이며 할머니당산 2기는
자연석의 입석이다. 모두 마을 밖을 향하고
있어 밖에서 들어오는 재액을 막아 준다.
들어오는 길목에 장대를 세우고 금줄을
둘러 재액을 막기도 한다. 또한 마을이
아랫돔과 웃돔으로 나뉘어 있어 아랫돔에
위치한 당산 내외를 아랫당산, 웃돔에
위치한 당산 내외를 웃당산으로 부르기도
한다. 아랫당산 내외분을 할아버지당산
앞에서 모시고 웃당산 역시 할아버지당산
앞에서 제를 올리는데, 당산 몸체에 새끼를
두르고 백지를 걸어 둔다. 한 마을 내에
적절하게 분화되어 있는 마을지킴이의
중층적 구조를 잘 설명해 주고 있는
당산들이다.

3.
갓당산 앞에서 제를 올린다. 肉物은 금하며
볏짚을 깔고서 酒果脯, 떡, 탕, 산채 등을
차려 놓고 정성을 바친다. 貨主집에서
제수거리를 장만하여 우물을 깨끗이 치우고
마을 입구는 물론이고 샛길까지 '새내기'를
쳐 놓아 외부인이 들어오지 못하게 막는다.
마을 안길에는 幕을 치는데 이를
'당산막'이라고 한다. 막 안에다가 제물을
차린 연후에 가가호호 방문하여 조왕굿,
철륭굿을 치고, 마을을 돌고 나서 날이
어두워지면 제 지낼 시간이 되는 것이다.
'강신-헌잔-비손-축원-헌작-소지-음복-봉송-
철상'의 순서로 제를 지내고, 화주가 제를
지내는 동안에도 풍물패는 연신 굿을 친다.
소지에서는 대동과 각 개인의 정성을
모으는데, 소지 종이가 잘 오르면 그해
운수가 좋고 잘 오르지 못하면 운이 나쁘다는
속신이 전해진다. (pp. 52~53)

全北 井邑郡 山外面 貞良里 원정마을, 堂山祭

면소재지에서 서북 쪽으로 약 1킬로미터 남짓 가면 90여
호가 모여 사는 원정마을이 나타난다. 이 마을은 인근에서
줄다리기로 소문났던 곳이다. 해마다 정월 보름 3-4일
전부터 마을사람 모두 정성을 들여 몸과 마음을
정갈히하고 험한 부정을 가린다. 풍물패가 가가호호
방문하여 짚을 4-5뭇씩 걷고 錢穀을 걸립하여 줄다리기를

1

준비한다. 줄은 보름날 완성하는데 줄꼬는 과정에서
지켜야 할 금기가 엄격하다. 줄 위를 넘어다니지 못함은
물론이고 여자들은 피부정을 가린다고 하여 얼씬도 못하게
한다. 길이 200여 미터의 외줄을 꼬아 마을회관 앞 광장에
늘어놓고 令旗를 선두로 하여 풍물패가 줄머리에서
'줄머리굿'을 행하고 줄꼬리 쪽으로 가서 '줄꼬리굿'을
친다. 이제 상당산으로 이동해 굿을 치고 三拜한 후 다시
하당산으로 이동해 역시 굿을 치고 삼배를 한다. 줄은
남녀로 나누어 당기는데 여자 편이 이겨야 풍년이 든다는
속신은 이곳이라고 예외가 아니다. 남자 편이 이기면
아들을 많이 낳는다고 한다. 풍년을 기원하는 농민의
마음은 모두 한가지라 대개 여자 편이 이긴다. 줄다리기가
끝나면 풍물패를 따라 줄을 들고 넓은 밭으로 나가 陣을
치듯 돈다. 이것이 끝나면 당산으로 가 지난해에 줄을
감아 두었던 나무둥치에다 줄머리 부분부터 감아올린다.
그리고 祭物로 돼지머리, 메, 시루떡, 주과포, 삼색실과
등을 정성들여 차려 놓고 당굿을 치면서 당제를 지낸다.
당제가 끝나면 음복하고 마당밟이를 하면서 밤늦도록
논다.

1, 2.
줄꼬기는 줄머리만들기부터
이루어진다. 마른 짚에 물을 축여
가는 줄을 만드는데, 줄머리가
잘되어야 줄다리기도 잘된다는
믿음을 강하게 지니고 있다.
그만큼 줄머리는 줄의 으뜸으로
중요하다. 굵은 나무로 삼발이를
만들어 세우고 꼰 줄을 다시
엮어 아주 단단하고 튼튼한
줄머리를 완성한다. 짚도
대동으로 추렴하고 줄도
대동으로 합심하여 꼬는 까닭에
줄에는 마을사람들의 대동정성이
깃들여 있다.

3.
용에 용머리와 용꼬리가 있듯이 줄에도
줄머리와 줄꼬리가 있다. 풍물로
줄머리굿과 줄꼬리굿을 치고 나서야
줄다리기에 임할 수 있는 것이다.
줄굿은 유교적인 요소가 전혀 없는,
가장 토착적인 마을굿이라고도 할 수
있다.

4

4.
줄다리기는 남녀로 편을 갈라
이루어진다. 삼세번을 하는데 양쪽에서
지르는 고함소리와 풍물패의 가락이
어우러져 신년초의 조용했던 마을을
왁자지껄한 신명의 도가니로 몰아넣는다.

5.
마을의 휴식처이자 회의장소인 茅亭이
올려다보이는 밭에서 줄을 들고 진풀이를
논다. 그 옛날 전쟁터에서 행해지던 陣의
모습이 마을굿에서 재현되는 것이다. 진은
그 자체가 싸움이고, 어떤 세력의 단합된
힘을 보여주는 것이며, 마을사람들의
대동의 위력을 과시하는 것이기도 하다.
(pp. 58~59)

6, 7, 8.
지난해 감아 두었던 낡은 줄을 걷어내고 새
줄로 교체한다. 대개의 마을이 줄을 당산에
감아올리는 방식이라면, 원정마을에서는
나무에 감지 않고 그 자체를 쌓아올리는
방식이다. 반드시 줄머리부터 감아야 하는
것으로 보아 줄머리의 중요성이 감지된다.
사람 키 높이로 줄을 쌓고 본굿에
해당하는 제를 올린다. 격식을 차려 옷을
입은 제관들이 마을의 대동정성을 올리는
굿을 끝으로 원정마을은 다시금 한 해
농사철로 접어드는 것이다.

9.
당산나무 옆에 쌓아 둔 줄은 그 자체로
마을지킴이가 된다. 마을풍물패는 물론이고
아낙들이 줄 앞에 서서 무언가 비손을
행한다. 이들의 비나리에는 민중들의
기원하는 바 소박한 꿈과 염원이 깃들여
있다.(pp. 62~63)

全南 潭陽郡 月山面 회룡마을, 堂山祭

용이 굽이친다는 풍수 형국을 지닌
회룡리에서도 정초가 되면 당에 올라 사전에
당산마다 금줄을 둘러 놓고 정월 열나흗날 밤에
당산제를 올린다. 정갈한 남자들만으로 조직된
마을풍물패가 대나무숲을 지나 마을 뒷산인
당산에 올라 깊은 밤에 굿을 친다. 세 가닥으로
기품있게 자란 소나무당산 앞에 한지를 깔고
준비해 온 제물을 펴놓고 둘러서서 풍물굿을
친다. 굿이 끝나면 제물 일부를 한지에 담아
구석에 묻어 두어, 당산 주위에 있는 잡신의
먹을 거리로 남겨 두는 배려도 잊지
않는다.
이처럼 정월 대보름을 전후해서 많은
지킴이모심이 이루어지는 것은 농경사회의
한 특징이기도 하다. 上元이라고도 부르는
대보름에는 민속놀이와 세시행사들이
집중되었다. 이는 농경민족으로서 달을
중시하던 관습에서 기인한다. 대보름달은
일 년 중 가장 크고 완벽에 가깝게 아름다워
농경민족에게 풍요를 상징한다. 農事曆으로
볼 때도 대보름은 마을 전체가 제축의
분위기에 휩싸이다가 농사철로 접어드는
시점이다.

全北 長水郡 溪南面 薪田里, 堂山祭

신전마을은 산을 배경으로 경사를 따라 마을이
비스듬히 형성되어 있으며 마을 입구에 매우
넓은 당숲이 자리잡고 있다. 아름드리 나무가
빽빽이 들어찬 당숲은 전국 어디서나
존재했으나 세월이 흐르면서 나무가 사라지고
몇 그루만 남은 경우가 많다. 그러나
이 마을만은 여전히 당숲의 전통을 잘
간직하고 있다. 해마다 정초가 되면 당나무
사이사이에 왼새끼로 금줄을 치고 백지를 달아
금기를 행한다. 마을산의 위와 아래에는 각기
산에서 들어오는 잡귀와 외지의 들판으로부터
들어오는 액을 막아내는 탑들도 서 있어
마을수호신의 역할을 해주고 있기도 하다.
이 마을에는 현재 당제를 모시는 契文書도
전해지는데, 계문서가 당제와 같이 존재하는
귀중한 사례로 보인다.(pp. 66~67)

2

2, 3.
제물차림은 소박하기 그지없다. 작은 상에
삼색실과와 포, 떡, 메, 탕 등을 올리고
술을 준비했을 뿐이다. 예전에 길이었던
마을 입구에 상을 차리고 풍물패가 굿을
잡는 가운데 당산제를 올린다. 삼배를
하고 잔을 올린 연후에 축을 읽고 소지를
올리는 것으로 제는 끝나며, 연이어
당숲으로 자리를 옮겨 堂木 밑에 촛불을
켜 놓고 나무를 돌며 간단히 풍물을 친다.
그 동안 부정을 피하여 마을 노인정에서
기다리던 사람들은 음복할 준비를
갖춘다. 당목은 이렇듯 일 년에 한
번씩은 마을 聖所로 기능할뿐더러
한여름에는 마을사람들이 노동의 휴식을
취하는 시원한 나무그늘로서의 역할도
하는 것이다.

全北 長水郡 溪內面 務農里, 堂山祭

무농리는 널찍한 평야를 앞에 두고
마을산에 의지하여 형성된 비교적
큰마을이다. 해마다 정월 초이튿날이
되면 가파른 마을 뒷산 너럭바위에
올라가 산신제를 지낸다. 비탈에
커다란 바위가 있고 자연적인
제단도 마련되어 있어 산제를
올리기에 적당하다. 산제를
끝내면 밑으로 내려와 마을
당목에서 다시 제를 올린다. 물론
당목에는 황토를 뿌리고 금줄을
둘러 잡인이 범치 못하게 사전에
방비를 해 두어야 한다. 이 마을은
상당제와 하당제가 잘 구비되어
있는 셈이다. 상당과 하당으로
갈라서 제를 지내는 방식이
와해되어 둘 중에 어느 하나만 남아
있는 경우도 많지만 원래의
지킴이모심은 이처럼 격식을 따졌던
것이다. 말하자면 인간이 사는
곳에서의 하당제와 산신이 사는
곳에서의 산신제는 모두 마을지킴이
모심에서 빠질 수 없었던 셈이다.

光州市 光山區 漆石洞 옻돌마을, 堂山

광산군 칠석면에 속해 있다가 현재
광주시로 편입된 옻돌마을에는 무형문화재
33호로 지정되어 있을 만큼 널리 알려진
광산 고싸움놀이가 전승되고 있다. 지금은
많이 변해 전수회관도 들어서고 많은
외래객이 몰려들 정도로 유명세를 톡톡히
치르고 있기는 하지만 고싸움은 원래
하나의 마을굿으로 행해졌다. 놀이를 벌이기
전에 으레 마을에 서 있는 당할머니에게
가서 제를 올린다. 예부터 서낭나무로
불리던 금줄 두른 당나무 밑에 광목으로

포장을 두르고 제를 올리는 것이다.
옻돌마을의 당목은 팔백여 년 이상된
은행나무인데, 높이 26미터, 둘레 13.3미터에
이를 정도로 보는 사람이 압도당할
만한 위풍을 보여주고 있다. 이 당목은
신성시되어 나뭇가지 하나라도 꺾으면
당산님의 노여움을 받는다고 한다. 이런
속신에 비춰볼 때 천연기념물에 육박하는
나무들 중에 당산나무가 많다는 사실도
우연이 아니다.

2

3

全南 潭陽郡 金城面 原栗里, 堂山祭

원율리에는 할머니당산과 할아버지당산 내외분이
자리잡아 마을수호신으로 기능하고 있다. 사람이
오가는 길목에 금줄을 막고서 令旗를 앞세운
풍물패가 굿을 쳐서 잡인이 범치 못하게 한다.
마을 복판에 자리잡은 당목 앞에 제물을 차려 먼저
제를 올린다. 연이어 입석에도 제를 올림으로써
제는 끝난다. 이 마을 당산제의 특별한 의의는
당들이 마을 생활공간 한복판에 자리잡아 생활과
신앙이 함께하는 형상을 잘 보여준다는 것이다.
신앙심의 발로라고는 해도 당이 외진 곳에 숨겨져
있지 않고 마을 복판에 자리잡음으로써 생활과
유리되지 않는 제의 양상을 잘 보여주고 있다
하겠다. 즉 마을굿은 제의, 놀이, 회의의 구심점인
것이다.

4, 5.
마을 입석은 별다른 장식으로 꾸미지
않는다. 당목과 마찬가지로
'堂山神位'라거나 '堂山之神'이라고
韓紙에 먹으로 써서 붙여 놓았을 뿐이다.
물론 금줄을 쳐 외부와 차단시켰다.
제물차림에서 특이한 점은 朱子家禮의
법도와 상당히 일치하면서도 보다
자유분방한 상차림을 보여준다는
점이다. 이는 유교문화와 토속문화가
절충을 이룬 결과로 보인다.

4

全北 淳昌郡 東溪面 於峙里, 탑
全北 長水郡 長水邑 先昌里, 탑

탑은 대개 2기를 같이 세우고,
암수를 구별해 할아버지탑,
할머니탑 등으로 부른다.
정갈하게 쌓아 올린 기단부 위에
탑머리를 세우고 제를 행한다.
마을에 따라서는 두개의 탑
사이에 금줄을 쳐 잡인 출입을
막기도 한다. 마을사람들은
대동의 안녕과 풍농을 바라면서
탑을 세운다. 탑을 세우는 일은
혼자서 하는 일이 아니다.
마을사람들이 합심하여 저마다
치마폭에 돌을 나르고 힘없는
노인들은 조약돌이라도 갖다
놓는다. 정성을 모두어 공동의
축조물을 이룬다. 기단석을 쌓고
왼뿔대의 본체를 세우고 위에는
탑윗돌이라고 부르는 돌을
올려놓는다. 마을에 따라서는
符籍 같은 내장물을 넣기도 한다.
큰 탑은 높이가 3미터 가까운
것도 있고 작은 것도 1미터는
넘는다.

全北 任實郡 德峙面 川潭里, 탑

마을 입구에 우뚝 서서 온갖 災厄을 막아 주는 탑을
발견하기란 쉬운 일이다. 累石壇, 또는 造塔이라고도
불리는 탑은 내륙의 산간 지역에 많이 산재하는데,
특히 충청·강원·호남 지역을 중심으로 많이 확인된다.
그 중에서도 금산, 옥천, 영동, 무주, 진안, 장수, 임실
같은 산세가 강한 지역에 집중적으로 나타난다.
천담리에는 당산나무, 입석, 장승이 있으며 별도로
길가에 탑이 존재한다. 이 마을의 탑은 마을의
水口막이 역할을 하고 있으니 지킴이가 갖는
風水裨補의 기능을 여기서도 볼 수 있다. 필봉농악으로
유명한 필봉에서 그리 멀지 않으며 예전에는 오히려
천담농악으로 유명했던 곳이다. 그만큼 쇳가락이 드센
곳이라 탑을 중심으로 한 마을지킴이모심 역시
완강하다. (pp. 76~77)

江原道 溟州郡 旺山面
都麻 二里, 탑

이 마을은 고려말 32대 禑王이
이곳 제왕산에 성을 쌓고 피신했다
하여 '王山'으로 불렀다 한다.
도마리는 복숭아와 매화가 많아
'桃梅里'라 했다가 우왕이 나무가
삼처럼 우거진 큰 골에 은거해
'都麻里'가 되었다 한다.
자연부락명은 '탑골'인데, 마을
한가운데에 돌탑을 쌓아 올렸기
때문이다. 돌탑은 높이 6미터, 둘레
25미터 정도이고 상단에는
50센티미터 정도의 남근석을
세웠다. 마을이 배 형국이라
財物이 떠내려가니 돌을 쌓아
무겁게 하면 흥한다는 어느 도승의
말에 따라 이곳과 도마 1리,
목계리, 금광골, 네 곳에 돌탑을
쌓았다 한다. 돌도 마을 밖에서
가져왔는데, 재물이 마을 안으로
모이기를 바라기 때문이다. 정월
初丁日에 성황제를 먼저 지내고
돌탑 앞에 제물을 차리고 빈다.
돌탑이 있는 왕산면의 네 곳 중,
현재 이 마을에서만 제사를 지낸다.

忠南 錦山郡 郡北面 山安里, 탑

산간 지방인 수락마을에는 무려 일곱 개의
거대한 조탑이 마을 입구 개활지를
가로막아 외부로부터 들어오는 액을 막아
준다. 같은 산간 지역이라 할 수 있는
백암리나 산안리 탑도 길가에 서서 길목을
지켜 준다. 산을 등지고 있는 마을의 경우에
출입구 쪽으로 탑이 놓이는 것이다. 바로
탑의 기능이 여실히 드러나는 것이다.
일 년에 한 번씩 날을 잡아 정초나 대보름날
거리제를 지낸다. 산제 같은 웃당제를
지내고서 아랫당제로 모신다. 말하자면
장승이나 솟대같이 사람이 오가는 길거리의

路神으로 자리잡는 것이다. 제관은
정갈하게 목욕재계하고 금줄을 드리워 일체
부정을 가린다. 잡스러운 일이 벌어져
마을공동의 의례가 손상될 것을
두려워해서다. 집집마다 전곡을 갹출하여
제수거리를 장만하고 탑 앞에서 제를
올린다. 소지를 올려 마을과 가가호호의
안녕도 빈다. 제가 파하면 음식을 풀어서
나눔의 잔치를 갖는다. 마을에 따라서는
동네의 일 년 대소사를 결정하는
대동회의를 열기도 한다.

全北 茂朱郡 安城面 수락마을, 탑
全北 鎭安郡 白雲面 白岩里, 탑

忠北 槐山郡 靑川面 古聖里, 탑

마을 입구에는 으레 탑, 장승, 솟대,
수구막이 등 수호물이 단독으로 서 있기도
하고 혹은 함께 서 있어 그야말로 마을
복합문화의 양상을 잘 드러내 주고 있다.
이들은 그 자체가 마을수호신이며 대개
하위신으로서 거리굿을 형성하는 대상물이
되곤 한다. 바로 인간의 생활 가운데 늘상
같이 있어 온 이들 마을지킴이에게서
민중적 친화력을 발견하기란 어려운 일이
아니다. 이같은 탑은 매우 오래 전부터
모셔져 왔음에 틀림없다. 무엇보다 중요한
사실은 탑 역시 마을지킴이의 일원으로서
마을공동체의 안녕을 지켜 주는 수호신이란
점이다.

全北 淳昌郡 仁溪面 塔里, 탑

돌탑이 서 있는 길목을 아낙네가 걸어간다.
길손은 지나가면서 이들 마을지킴이를
의식하지 않을 수가 없는 것이다.(p. 82)

忠南 錦山郡 郡北面 杜斗里, 장승

장승은 한국 민속의 상징처럼 인식되고
있다. 전국 어디서나 동구마다 장승이
서 있어 마을의 길목을 지켜 주는 지킴이로
존재해 온 것이다. 이러한 장승은 조형이
뛰어나 새롭게 주목받기도 한다.
인공적이되 전혀 인공적임을 느낄 수 없는
소박한 자연스러움에서 장승이 던져 주는
표정은 한국인의 얼굴 그대로인 것이다.
두두리의 장승도 바로 그러한 장승의 한
사례다. 더욱이 두두리에는 장승 2기, 탑
2기, 당수나무 한 그루가 서 있어 '마을
복합문화'의 양상을 잘 드러내 준다.
장승이 선 마을의 지명도 '장승배기'라
부르며 이 같은 지명은 전국 어디에고
존재한다.(p. 85)

全北 扶安郡 白山面 竹林里, 장승

全南 咸平郡 大洞面 德山里 아차동마을,
마을미륵

미륵은 절에만 있는 것이 아니다. 오히려
마을에 자리잡은 미륵들에서 미륵신앙의
정수를 찾아볼 수 있으며, 그야말로
민중화된 미륵의 전형성을 찾아낼 수 있다.
예로부터 민중은 미륵을 장래의 구세주로서
大望했다. 여러 경전들은 불타의 초월적인
모습을 무수히 알려 주고 있으며 이러한
불타의 초월성으로부터 나온 미륵불에 대한
영험신앙이 곧바로 민중에게 퍼졌던 것이다.
"미륵불의 正法은 육만 년 동안 세상에
남고 다시 像法도 육만 년 동안 남을
것이다"고 『彌勒下生成佛經』은 알려 주고
있다. 미륵불이 출현하는 이상세계는 항시
민중들이 바라는 세계이기도 했다.
그리하여 미륵불은 억눌린 백성들의 염원의
대상으로 모셔져 왔으며 각 마을에도
마을미륵이란 형태로 존재하게 된 것이다.
아차동마을의 미륵에서도 남다른 데를
발견하기란 어려운 일이다. 집에 들어앉아
다소곳이 고깔을 쓰고 네 명의 자식을
상징하는 네 개의 돌을 품고 있어 祈子的
속성을 강하게 보여준다. 이 마을의 미륵은
미륵신앙이 민중 속으로 퍼져나가면서
향촌사회의 최말단 단위인 촌락의
마을미륵으로 정착된 사례를 잘 보여준다.
거칠게 음각한 미륵의 표정에서 민중들의
소박한 조형력을 느낄 수 있는 것이다.
투박한 바위에 먹으로 섬세하게 이목구비를
그려 놓았으며 머리에는 하얀 고깔을 씌워
예쁜 형상을 갖추어 놓았다. 해마다 음력
2월 1일에 제를 지내는데, 당산제를 지낼
때는 고깔을 갈아 주어 미륵님은 늘상
새 모자를 쓰게 된다.

全南 靈光郡 郡西面 南竹里, 마을미륵

全南 昇州郡 住岩面 杏亭里·倉村里, 마을미륵

마을미륵은 거개가 못생겼다. 간혹 잘생긴
마을미륵을 만나기도 하지만 대개는
못생겼다. 농민들의 흙묻은 얼굴처럼
투박하거나 순박한 얼굴들이다. 따라서
마을미륵에게서 깔끔하게 다듬어진 얼굴을
기대한다는 것은 애시당초 무리다. 무덤
앞에나 서 있을 장군석을 모셔 놓고
미륵이라 우기기도 하며 남자 성기처럼
생긴 돌을 미륵이라고 하기도 한다. 그만큼
민중들은 염원이 짚이는 대로 모셨기
때문이다. 그렇지만 잘 뜯어보면
마을미륵처럼 잘생긴 얼굴도 없다. 그런

면에서는 창촌리 미륵의 생김새는
대단히 뛰어나다고 볼 수 있는 것이다.
특히 창촌에 존재하는 할멈미륵, 행정에
존재하는 영감미륵이 한 쌍을 이루어
부부로서 자리잡고 있다. 또 창촌에는
할멈미륵과 함께 2기의 새끼미륵도 있어
이 일대에는 부부미륵과 그들이 낳은
자식미륵이 같이 모여사는 것이다. 이같은
일은 미륵의 비속화라고도 할 수 있지만,
미륵이 의인화될 정도로 민중화된 양상을
보여준다고도 하겠다.

全北 淳昌郡 龜林面 安亭里,
마을미륵

태문산 지맥을 에둘러 흐르는
구림천의 지세는 '渴馬飮水'라
하여 목마른 말이 물을 마시는
형국이라 전해진다. 구림천을 끼고
도는 안정리에는 미륵쟁이가 있어
마을미륵의 전형을 잘 보여주고
있다. 약 백오십 년 전쯤의 일이다.
강공삼이란 이가 어떤 스님을 구해
준 보답으로 이곳 吉地에 마을을
열었는바, 장마 진 어느 해에
냇물에 암수 미륵 한 쌍이
떠내려왔다고 한다. 우선 암미륵을
건져 올려 미륵정을 지어 정성껏
치성을 드리니 강씨 집안은
'땅 천석 돈 천석' 부자가 되었다
한다. 이같이 섬진강 마을들에는
물에 떠내려온 미륵, 걸어나오는
산에 대한 전설들이 도처에 쌓여
있어 조선 후기 민중들이 믿었던
後天開闢의 새로운 사회에 대한
기다림을 잘 표현해 주고 있다.
이같이 마을미륵은 마을민중들의
생활 속에서 유전하면서
彌勒下生說의 현장으로
자리잡았다.

京畿道 通津面 道沙里, 마을미륵

어떤 경우에도 미륵은 그냥 세워지지
않는다. 마을미륵의 출현 형태는 그 자체가
기이하고 신성하다는 것을 암시한다. 꿈에
나타나거나 어디선가 떠내려오거나 땅에서
불쑥 솟아났다는 영험성으로 인하여 미륵의
위력은 보다 강해진다. 그리하여 이들
미륵이 자리잡은 곳에는 으레 미륵동,
미륵골, 미륵거리 같은 지명이 붙기도 한다.
전국 곳곳에는 이루 헤아릴 수 없는,
미륵으로 시작되는 동네명이 산재해 있다.
이는 미륵 신앙권이 가히 전국적이었음을
보여주며 彌勒下生을 믿는 민중들의 염원이
각 지방 하부 생활단위까지 침투해
들어갔음을 잘 보여준다. 이 마을의 미륵도
예외가 아니다. 바로 땅에서 솟은
미륵으로서 전형적인 미륵 緣起說話를
지니고 있는 것이다.

江原道 三陟市 南陽洞 봉황산,
마을미륵

삼척 시내에서 동쪽으로 약
2킬로미터 가면 봉황산이 있는데
그 생김새가 코끼리와 같다 하여
주민들은 '코끼리산'이라 부른다.
약 오십 년 전에 이 산에 있는
미륵보살을 군인들이 강물에
빠뜨리고 나서 오랫동안
가물었다고 한다. 마을에 있는 한
노인의 꿈에 미륵보살이 나타나
選良 오십 명이 건져 주면 비를
내리게 하겠다고 약속했는데,
새끼줄을 꼬아 건졌더니 번개와
천둥이 치면서 비가 쏟아졌다고
한다. 이후 동네 사람들은
미륵을 두 개 더 만들어
코끼리산에 안치하고 빈다.

92

忠南 洪城郡 洪城邑 大校里, 마을미륵

홍성읍 내의 廣景寺가 있던 廢寺址에는
미륵 1기가 전해진다. 절이 없어지면서
미륵이 땅 속에 묻히게 되었고 수백 년
세월을 땅 속에서 보내게 되었다고 한다.
그러다가 어느 농부가 들일을 하다가 논에
묻힌 미륵을 발견했다. 그래서 농부는 이
미륵을 논 옆에 세워 놓고 위했다고 한다.
마침 이 농부에게는 자식이 없었는데
미륵을 위한 뒤로 자식을 얻어 그
이후로 지극정성으로 모셨다고 한다. 그후
지금으로부터 약 육십여 년 전부터 마을
주민들이 공동으로 미륵제를 올리고
있다고 전한다. 말하자면 1930년대부터
미륵제가 이루어졌으며, 대략 일제 초기
정도에 미륵이 발견된 것으로 간주된다.
여기서 미륵이 땅에서 솟구쳤다는
미륵탄생의 한 전형이 보이며 이를 祈子
신앙으로 만들어 간 대응양식도 읽어낼 수
있는 것이다. 이처럼 미륵은 그 출현형식
자체가 민중적이므로 곳곳에 많은 설화를
유포시키고 있으며 민중의 새로운 세계에
대한 염원을 잘 대변하고 있다고
믿어진다.

京畿道 華城郡 南陽面 新外里, 터주가리堂

경기도 일원에 가면 간혹 터주가리 형태의
마을지킴이를 보게 된다. 더욱이 경기도
화성 지역의 경우에 전형적인 당은
터주가리형이다. 짚을 엮어서 만든
터주가리당이 마을지킴이로 자리잡고 있는
것이다. 화성에서는 해마다 시월 상달에
집안의 상달고사를 지내면서 햇볏짚을
엮어서 터주가리를 만들어 집 뒤란의
장독대 옆에 터주대감을 모신다. 이같은
의례는 과거에는 집집마다 전부 행했으며
현재와 같이 집안고사가 쇠퇴한 지경에도
여전히 그 전승이 이루어지고 있는 중이다.
터주가리당은 원추형이며 크기는 1미터를
넘지 않는다. 과거에는 크기가 만만한 것이
아니었으나 세월이 지나면서 축소과정을

겪었다고 믿어진다. 그런데 터주가리가
집안에만 있는 것이 아니라 마을지킴이로
모셔진다는 데 화성 지역의 마을굿이 지닌
독특한 성격이 있다.
집안의 터주가리가 마을의 터주가리로 변해
있는 것은 집안신앙과 마을신앙의 일정한
親疏關係를 잘 웅변해 준다. 과거에는 화성
지역의 많은 당들이 이와 같았을 것으로
인정되나 현재는 남양면 신외리, 반월면
속달리, 행남면 하길리, 양감면 신왕리 등
몇 군데를 제외하면 거의 전승이
이루어지지 않고 있다. 이러한 마을의
터주가리당은 당의 원초적 형태를
간직하고 있다는 점에서 주목을 요한다.

京畿道 華城郡 半月面 速達里 덕고개, 터주가리堂

全南 和順郡 同福面 寒泉里, 한천풍물굿

풍물은 그 자체가 열림의 소리며 신명의
소리다. 연초부터 시원스레 치솟은 꿩장목
아래 農旗가 휘날리고 상쇠잡이를 따라서
논길을 누비는 풍물패의 모습은 신명넘치는
생동감을 준다. 이들 농민의 문화를
이름하여 풍물이라 불렀고, 악기 자체는
풍물굿을 치는 물건이라는 뜻에서 굿物이라
불렀다. 그만큼 풍물은 굿 자체이기도 하다.
해마다 정초가 되면 굿패를 조직하여
마을의 대동샘이나 당산에 가서 굿을 치고
가가호호 방문하여 거리굿을 친다.
걸립에서는 마당밟이, 뜰밟이, 지신밟기

같은 굿을 놀고 성주, 조왕, 터주, 칠성,
철륭, 곳간 등 집안 요소요소에 대해 집굿을
한다. 이로써 집안굿과 마을굿은 풍물굿을
매개로 하여 하나의 공동체적 굿으로
긴밀하게 연결되는 것이다. 바로 한천의
풍물굿패도 해마다 마을의 농기를 앞세우고
가가호호 뜰밟이를 다니고 마을당산이나
샘에 가서 대동의 안녕을 기원하는 것이다.
또한 걸립에서 모은 전곡은 풍물패의
악기를 구입하거나 마을의 대소사에 소소한
경비로 쓰이므로 마을공동체의 사회경제적
측면에서도 소중하다.

全北 南原郡 寶節面 槐陽里, 삼동굿

두레꾼들은 음력 6월의 한 달여를
공동논매기하고 나서 두레의 최대
제축 행사인 호미씻이를 칠월
칠석이나 칠월 백중날에 열었다.
그리하여 '어정칠월
건들팔월'이라는 호시절을 만나
더운 여름철을 만끽하는 것이다.
개장국을 끓이고 씨름도 즐기며
들돌을 들어 힘자랑도 하면서
술푸념으로 모처럼의 여가를
즐겼다. 실상 두레김매기가 끝나면
한 해 농사의 가장 힘겨운 고비는
넘겼기 때문이다. 비록 두레는
사라졌으나 백중놀이, 들돌놀이,
삼동굿놀이, 농청놀이 등에서
두레의 잔형을 발견하기란 어려운
일이 아니다. 푸른 들판에서
구성지게 울려퍼지던 그 옛날
두레풍물의 힘찬 가락과
상부상조하던 아름다운 생활기풍이
민속예술로나마 전승되고 있는
것이다. 남원의 삼동굿놀이도
그 전형적인 사례로 보인다.
해마다 칠월 백중에 당제를 모시고
아이들을 무동 태우고 지네밟기를
하고 旗歲拜를 행하는 것이다.

"삼동서서 밟아보세 밟세밟세 지네밟세"하면서
즐기는 지네밟기는 모처럼 제대로 차린
풍물판에서 무동을 태우고 지네를 밟는 것이다.
사람들이 몸을 구부려 흡사 지네마디 형상을 하고
있는 가운데 신명나는 노래를 부르면서 놀이를
벌인다. 이러한 가운데 마을 길가의 당수나무
아래에서는 당제를 지낸다. 격식을 안 차리고
마을 제관이 "그저 동네사람 남녀노소를
불문하고 몸 정갈히하고 제를 올리오니 한 해
농사가 잘되게 해주길 비옵니다"고 하는 단순한
식이다. 그러나 신년초의 마을굿에 비하면 보다
개방적이고 활달한 굿 분위기를 지닌다. 당제가
파하면 물론 그 자리에서 음복을 행하고
마당밟이로 들어간다. 가가호호 방문하여 집굿을
치면서 가내의 안녕도 빌어 주는데, 그래서
그런지 이 마을에는 우환이 없다고 한다.

忠南 論山郡 上月面 大明里, 두레굿

농민들은 두레, 황두, 소겨리, 품앗이, 수눌음, 接, 契 등의 다양한
형태의 조직을 만들어 항시 서로 돕고 사는 생활을 꾸려 왔다.
우리 공동노동 중에서 가장 대표적인 것이 두레인바, 쌀농사
지대인 남쪽 지역을 중심으로 한 두레와 북쪽 지역 밭농사 지대의
황두가 대비되었다. 지역에 따라 두레, 둘개, 돌개, 동네논매기,

2, 3.
두레 노동의 체계화는 절기별 농사주기와도
관련된다. 사실상 김매기가 집중되는 계절은
매우 더운 철이고 뙤약볕에서 일시에 많은
논을 맨다는 것은 고통스러운 일이었다.
그래서 두레꾼들은 풍물을 꾸려서 악기를
치고 신명을 잡으며 논두렁으로 들어갔다.
고통스런 일을 신명으로 풀어내는 지혜는
매우 놀라운 문화체계였다. 오늘날 우리가
'농악'이라 하는 것은 바로 두레에서
이루어졌다. 농민문화의 중심을 풍물굿이라고
하거니와, 두레는 그 뿌리였던 셈이다.
대명리 사람들도 간단한 제물을 차려 놓고
旗告祀를 드린 후에 막걸리 한잔 술에 신명이
나서 한바탕 굿을 치다가 논바닥으로
들어선다. 두레 농사는 '에워싸면서' 짓는
것이라 풍물군의 장단에 맞추어 둥글게
모여들고 김매기 노래를 불러 가면서 노동의
능률을 도모한다. 마지막에는 '모듬소리'를
부르며 동그랗게 '쌈싸기'를 하여 일을
마치고서 다른 논두렁으로 '두렁넘기'를
하여 옮겨간다.

農社, 農契, 農桑契, 農廳, 契廳, 牧廳 등 다양한 이름으로 불렸다.
일감에 따라서 초벌두레, 두벌두레, 만물두레 등의 농사두레뿐
아니라 꼴을 베는 풀베기두레, 여자들만으로 조직되는 길쌈두레도
있었다. 두레는 조선 후기에 모내기가 전국적으로 보편화되면서
본격적으로 이루어졌고, 동시에 농업생산 활동의 중심축으로서
농촌 어디서고 쉽게 눈에 띄던 대표적인 민속이 되었다. 대명리의
농민들도 1905년에 제작되어 마을에 전해 내려오는 두레기를
앞세우고 오랜만에 한판 두레굿을 펼친다.

1

2

京畿道 華城郡 鄕南面 白土里 한두골, 우물굿

겨울에 주로 지내는 우물고사는 마을굿을 행하면서
굿패들이 동네 대동샘에 가서 고사굿을 치는 것을
말한다. 그러나 우물고사는 겨울에만 지내는 것이
아니다. 경기 일원에서는 여름철에 지내는
우물고사가 널리 행해진다. 일손이 바빠 퍼낼 수
없었던 우물도 퍼내고 모처럼 소를 잡아
동네잔치를 한다는 뜻이 결합된 마을굿인 셈이다.
대개 음력 7월초나 칠월 칠석날로 날을 잡아
부정없는 사람으로 제관을 선정하고 삼색실과와
북어, 메, 술, 소를 준비하여 마을의 무고를 빈다.
풍물패는 대동샘 주위를 돌면서 "뚫어라 뚫어라
우물구녕 뚫어라" 하거나 "솟으세 솟으세 맑은
물만 솟으세"식의 풍물덕담으로 마을 우물물이
마르지 않고 솟아 달라고 기원한다. 지금은
우물을 쓰지 않아 현대화된 급수저장고에 가서
고사를 올린다.

3

3, 4.
세 벌 김매기로 지친 몸을
'소잡는 잔치'로 보신하고 하루를
술푸념으로 지내는 것이다.
이 마을에서도 두레의
호미걸이를 대신해 정자나무
밑에서 소를 잡아 내걸고
우물굿을 친다.
생활이 변해도 변함없이
이루어지는 마을굿의 전승력을
확인할 수 있다.

4

全南 南原郡 寶節面 槐陽里, 들돌들기
全南 康津郡 大口面 沙堂里, 들돌

지금도 전라도나 충청도 일대에는 간혹
들돌들기 풍습이 남아 있으며 예전에
쓰이던 들돌도 흔히 볼 수 있다.
제주도에서는 뜸돌이라 부르고 있는데
동리 어귀에 돌을 두어 마을 청년들로
하여금 체력을 단련케 하고 힘을 겨루게
하고 있다. 들돌은 거개가 마을의
신목이나 정자나무 밑에 둔다.
대·중·소로 무게가 각기 다른 둥근 돌을
모셔 두고 신앙의 대상으로 섬기기도
하나 들돌의 주기능은 역시 7월
백중절에 행해지는 들돌들기 풍습에서
찾아볼 수 있다.
들돌들기는 일종의 힘겨루기놀이다.
마을의 청장년들이 시원한 나무 밑에
모여 들돌을 들어 힘을 겨루고 장사를
뽑는다. 6월 한 달여의 힘겨운 세벌
김매기를 뙤약볕 아래에서 마치고 7월로
접어들어 농민의 명절로 불리는
칠석이나 백중날이 다가오면 날을 잡아
온 동리사람들이 모여서 하루 종일
풍물을 치면서 개장국도 끓이고
술추념도 하며 한 해 농사의 피로를
풀어낸다. 이때 일꾼들이 시원한 나무
그늘 밑에서 즐기던 놀이가 바로
들돌들기다. 들돌은 일하는 농민들의
정서를 잘 보여준다. 양반들은 冠禮式을
거쳐 관을 쓰고 붓, 먹 등을
하사받음으로써 장차 사대부로 나아갈
준비를 하고, 일반 농민의 자식들은
들돌을 들어 체력을 인정받고 정당한
일값을 받는 하나의 일꾼이 되는
것이다. 들돌들기를 통과하지 못한
일꾼은 힘이 없다는 이유로
절반품값밖에 못 받던 시절의 이야기다.

忠南 公州郡 灘川面 松鶴里, 旗歲拜

두레농사를 지으러 나갈 때는
물론이고 두레패가 이동하는
곳에는 으레 두레기가
따라다녔다. 신분 여하를
막론하고 두레기 앞에서는
말에서 내려 걸어가야 했다.
그만큼 두레기는 농민들의
자긍심의 상징이었다. 형두레와
아우두레, 선생두레와 제자두레
식으로 서열을 정해 마을
세력권을 형성했으며 자기
마을의 자긍심을 지키기 위해
다부지게 싸움도 벌였으니
두레싸움이 바로 그것이며,
두레끼리 인사하는 예법이
기세배였다.
두레농사를 지으면서 관례적으로
이웃 마을간에 행하던 기세배가
정초의 민속놀이로 자리잡은
것이다. 송학리의 기세배도 바로
그것이다. 해마다 일정한 시기를
정해 이웃간에 기를 들고 나와
합굿을 치면서 예우를 갖추어
아우기가 형님기에게, 제자기가
선생기에게 예우를 갖추는
의식은 단순히 서열를 따진다는
의미 이상으로 마을간의 친목을
다지고 공동체 정신을 발양하는
삶의 현장이기도 하다. 인사를
받은 측에서는 예를 갖추어 술과
안주로 굿패를 접대해야 위신이
섰으며 합굿을 치는 가운데
단결된 장을 마련했던 것이다.

忠南 靑陽郡 定山面 松鶴里, 洞火祭

전기가 없던 시절에 불은 더없이 신성한 것이었다. 불꽃의 일렁임이 단숨에 나무나 짚을 삼키고 재를 뱉어내는 힘에는 분명 어떤 저력이 숨어 있어 보인다. 따라서 불의 힘에 의탁하여 마을집단의 안녕을 기원하고 농사의 풍요를 빌었던 옛사람들의 신심은 동화제나 쥐불놀이 같은 민속 속에서 연연히 유전되고 있는 것이다. 불을 믿음의 대상으로 하여 이루어지는 대보름 제의와 놀이의 대표격으로 동화제와 쥐불놀이를 들 수 있다.

동화제란 글자 그대로 동네 전체를 위해 불을 밝히는 제의이며 그 자체가 마을을 단결시키는 놀이이기도 하다. 지금도 부여나 청양 지방에 가면 간혹 동화제가 남아 있어 대보름의 화려한 불잔치를 보여준다. 이 마을에서도 해마다 집집마다 짚을 한 짐씩 해서 제단 주위에 쌓아 둔다. 마을에 따라서는 장작을 쌓아 놓고 행하는 경우도 많다. 풍물꾼들이 요란한 소리로 제단 주변을 한바탕 돌고 나면 짚더미에 불을 지펴 주위를 환하게 밝힌다. 활활 타오르는 소리와 하늘로 치솟는 화염이 한바탕 어우러져 일대 장관을 이룬다. 참으로 불의 힘은 위대하다.

3

3, 4.
동화제도 엄연히 마을굿이므로
제물차림이 없을 수 없다.
제관을 뽑아 정갈히 부정을
가리게 하고 당일날 밤에 제를
올린다. 제는 잔을 올리고 축을
읽는 것으로 간단히 끝내며
본격적인 굿은 풍물굿으로
시작한다. 굿패들은 연신 불더미
주위를 돌면서 불길과 더불어
신명을 돋운다.

4

1

忠南 泰安郡 安眠邑 黃島, 붕기豊魚祭

산에 가면 산신이 있듯이 바다에 가면
바다를 지켜 주는 신들이 있다. 따라서
삼면이 바다인 우리나라에는 연안도서를
중심으로 많은 풍어굿이 이루어지고 있다.
서해안의 경우도 예외가 아니다.
황도는 태안반도에서 천수만으로 뻗어내린
안면도가 곁가지를 친 작은 섬이다. 지금은
안면도에 連陸되어 뭍이 되어 버렸지만
얼마 전까지만 해도 어엿한 섬이었다.
자그마한 섬 정상에는 해묵은 고목이 여러
그루 서 있고 정갈하게 새로 지은 당집이

있어 마을지킴이를 모시고 있다. 이 마을의
주업은 조기와 갈치잡이였고 지금도 中船이
몰려 있어 멀리 동지나해까지 출어한다.
이 마을의 굿은 당제라고 부르나 '붕기풍어
놀이'라는 독특한 명칭으로도 불린다. 섬의
복판에 당산이 있으며 오래된 왜나무群과
와가형의 당집이 서 있다. 섣달 보름날이
되면 마을 모임에서 생기복덕을 가려
당주와 화주를 선출한다. 마을굿은 정월
초이튿날부터 초사흗날까지 열린다.

110

2, 3.
제물차림에서 가장 큰 준비는
소를 잡는 일이다.
나무에 소를 비끄러매서
현장에서 소를 잡아 분육하여
당집의 곳간에 넣어 두는 것이다.

4

4.

정월 초이튿날이 되면 각 배의 뱃기를 당집 입구에 세운다. 당집은 원당과 산신당으로 나뉘며 원당에는 성주 할아버지, 軍雄將軍, 四海五方將軍, 三佛帝釋을 모셨다. 황도의 지킴이는 진대서낭(구렁이)인지라 돼지고기를 먹어서는 안 된다. 진대서낭님은 워낙 용해 뱃사람들이 안개나 비바람 속에서 방황할 때 도깨비를 시켜서 불을 밝혀 길을 안내했다는 이야기가 전한다.
제는 먼저 소의 선지를 받아 지내는 피고사부터 시작한다. 밤 12시가 되도록 선주들이 주심이 되어 배치기를 하면서 신명을 돋운다. 이와 별도로 부정치기를 시초로 무당굿이 시작된다. 당집에는 당주와 마을단골만 들어가나 절은 모두 와서 한다. 자정이 되면 선주들은 절을 두 번 반 하고 엎드린 동안 비손을 한다. "서낭님 전에 돕구 받들어 / 바람이 불어도 태풍을 막아 주시고 / 일년 열두달 과년 열석달이 되어도 / 대혹선관 일등기 앞세워 점지하시고 / 대혹선관 다 승전북을 울리고 / 붕기를 돛 우에 달고 들어오게 점지하여 주시오."

5

5, 6.
새벽녘이 되면 배마다 길지를 달아매고 풍물을
울리며 旗가 각 배로 내려간다. 뱃동서들이
할당된 쇠고기를 둘러매고 당에서 가장 빠른
속도로 각자의 배로 뛰어가는데, 빨리 도착한
배일수록 운이 좋다고 믿기 때문이다. 곧이어
배마다 고기와 메를 놓고 뱃고사를 올리면서
배치기로 흥을 돋운다. 이로써 마을 대동의 굿은
파하고 이날 오후에는 봉죽을 올리고 본격적으로
풍어놀이를 펼친다.(pp. 114~115)

7, 8, 9.
서해안 풍어굿의 가장 뛰어난 신명은 아무래도
배치기 가락에 있을 것이다. 초사흗날 본격적으로
노는 붕기풍어놀이는 일종의 풍어굿 놀이로서
그 중심은 배치기다. 선주들은 각기 배에
오색기를 수십 개씩 대나무 장대에 매달아 꽂아
둔다. 당산에서 뱃기가 내려오면 마을풍물을
총동원하여 붕기타령을 논다. 이때는 마을
아낙들도 참가한다. 풍물을 두드리며 붕기타령을
선창하면 여러 사람이 후창하면서 각 어선에
올라가 한바탕 굿을 치며 붕기풍어놀이를 벌인다.
"칠산바다 다 벌어먹고 / 어룡도 바다와
농장만친다 / 배임자네 아주머니 / 술동이
국동이 뒤집어 이고 / 발판머리서 아기작거린다"
황도 배치기의 한 대목이다. 어부들의 목굽이를
타고 구성진 신명의 노래가 넓은 바다를 가른다.
예전에는 각 배에서 춤과 타령으로 하루를 지내고
나서 곧 출어준비를 시작했다고 한다.

8

9

117

안면도가 바라다보이는
창리마을에서도 해마다 정초면
마을굿이 벌어지는데 이를 영신제라
부르고 있다. 이 마을의 당은 상당인
산신제와 하당인 영신당으로
나뉘었는데 현재는 하당만 남았다.
정월 초이튿날이 되면 상당의
산신제를 끝내고서 초사흗날부터
하당제를 지내는데 산신제가 보다
엄숙한 秘儀라면 하당굿은 그야말로
잔치 분위기다. 산신제는 제관들만
올라가서 메만 지어 놓고 소지를
하여 대동축원을 하는 것이다.
예전에는 상당에 철마가 있어 안팎의
환난을 보호해 주었다고 하나
이제는 상당 자체가 사라져 버렸다.
정월 초사흗날 당주집에서
당주고사를 마치고 나면 각 배의
뱃기를 앞세우고 마을풍물패가 굿을
치면서 당에 오른다. 바닷가를
끼고서 천천히 뱃기를 앞세운
풍물패가 길목에 이르면 거리굿을
친다. 곧이어 당에 오르는데 각
뱃기가 먼저 오르고 풍물패가
뒤따른다. 당에 오른 뱃기는 바다
쪽을 향하여 당집 앞에 죽 세워진다.
마을 단골무가 부정풀이로 잡신을
쫓아내면 이어서 당주가 당에 술을
올리고 절을 한다. 이로써 영신제는
당 안에서 본격적으로 시작된다.

1

3 4

3, 4, 5.

마을당에는 임경업 장군 내외분이 마을지킴이로
모셔져 있다. 임 장군은 바로 조기잡이와 관련된
신으로 사십여 년 전 천수만에 조기떼가 가득
들어올 때만 해도 지극 정성으로 모셔졌고 당제뿐
아니라 뱃고사에서도 최고의 신격으로 모셔졌다.
말하자면 임 장군은 조기의 신인 셈이다. 물론
각 신위 앞에는 조라술 한 잔, 가래떡, 곶감, 散炙
같은 제물을 올린다. 소를 잡아서 제물로도 쓰고
대동의 잔치에도 씀은 여느 마을굿과 같다. 굿은
무녀가 행하는 지토굿, 각시굿, 공석굿, 손님굿,
수비굿, 오방굿, 군웅굿, 허식굿 등으로
이루어지는데 영신굿의 본령은 무엇보다 배치기
놀이다. 즉 제의가 진행되는 가운데 굿놀이가
연행된다. 좁은 당에서 배치기의 선창에 맞추어
모두들 따라하면서 신명나게 흥을 돋운다.
하당제는 한마디로 흥겨운 놀이굿이라고 할 수
있다. 그러다가 새벽녘이 다가와 대동소지와
개인소지를 올리면 굿은 완전히 파한다. 당집에
세웠던 뱃기들은 각자 자기 배로 돌아간다.

6

6.
당을 내려간 뱃기는 각 배에 꽂히고 동력선의
경우 시동을 걸어 한 해의 풍어와 안전을 빈다.
천수만 일대가 모두 간척지로 변해 물길이 막히고
고기잡이가 옛날만 못하지만 창리 사람들은
여전히 마을굿을 지켜 오고 있다. 풍어를 빌던
어민들의 생활과 풍습 속에서 연연히 유전되어 온
이같은 풍어굿은 바람에 나부끼는 풍어기와
더불어 앞으로도 그 명맥만은 이어 나갈 것이다.

全北 扶安郡 蝟島面 大里, 願堂祭

위도의 대리마을에 가면 대리의
높은 당제봉에 원당이 있어
칠산바다를 지켜 준다. 원당마누라,
장군서낭, 애기씨 등 십이 서낭이
원당에 좌정하여 굽어살피는 것이다.
대리에서도 해마다 제관을 뽑아
정월 초사흗날이 되면 오색뱃기를
들고 풍물을 치면서 무당과 제관,
짐꾼들이 모두 정갈한 마음으로
당에 올라 제를 모신다. 성주굿,
산신굿, 서낭굿, 깃굿 등 원당굿을
마치면서 배마다 축원덕담과 풍어를
기원해 준다. 당굿이 파하면
하산하여 용왕밥을 던지고 '主山
돌기'라 하여 마을의 요소요소
지킴이들에게 고한다. 마을 앞
바닷가에서는 띠배를 만들어
용왕제를 시작한다. 그래서 대리의
굿은 특별히 띠배놀이라고도 부른다.

2

2, 3, 4.

제물은 바다 건너 곰소灣에 있는
茁浦의 깨끗한 가게에서 貨主가
물건값을 깎지 않고 사 온다. 제관
집에서는 저녁 나절 토종 검정돼지를
잡는데, 털을 벗긴 후 각을 떠서
삶는다. 초사흗날 새벽이 되면 짐을
꾸려 지게로 짊어지고, 巫女, 貨主,
火匠, 풍물패, 船主, 마을사람들이
뱃기를 앞세우고 긴 행렬을 이루며
높은 원당에 오른다. 제물을 차리고
축문을 읽으면 원당굿에 들어간다.
무녀가 장고와 징 장단에 맞추어 성주굿,
산신굿, 손님굿, 서낭굿, 깃굿, 문지기굿
등을 치면 원당에서의 본굿은 끝난다.

3

4

5

5, 6, 7.

원당에서 굿이 진행되는 동안에
마을에 남은 사람들은 각 집에서
짚을 추렴하여 띠배를 만든다.
띠배는 띠풀, 짚, 싸리나무 등을
함께 엮어 만들며 돛대도 세우고
닻도 만들어 배 형세를 갖춘다.
물론 배에 물이 스며들어 쉽게
침몰되지 않도록 꼼꼼히
만들어야 한다. 배 만드는 일도
여간 기술을 요하는 일이 아니나
바다에 익숙한 이들은 매우 쉽게
만들어낸다. 배가 완성되면
바닷가로 바짝 끌고 나가
배 致誠을 기다린다.

6

7

9

10

8, 9, 10.
띠배 앞에 제상을 차려 놓고 위도 단골무가
굿을 친다. 조금례 만신은 대대로 이곳에서
巫業을 해온 단골로 몸은 비록 뭍의 곰소에
가서 살고 있지만 해마다 이때가 되면 위도로
건너와 굿을 한다. 간단한 춤과 노래,
사설덕담으로 이루어지는 굿이 끝나면 제물을
헐어 띠배에 일부 싣는다. 떡, 과일, 고기
등은 바다에 바치는 어민들의 정성인 셈이다.

또한 띠배에는 허수아비를 여러 개 만들어
태운다. 허수아비는 배를 젓는 뱃동서를
상징하며 짚으로 소박하게 만들고 머리
부분만 광목으로 감싸서 먹으로 간단히 그려
놓은 표정에서 어떤 우스꽝스런 도깨비가
연상되기도 한다. 이 도깨비들은 대리
사람들을 대신해 먼 바다로 나가 띠배를
안전하게 이끌고 나갈 것이다.

11

11, 12, 13.
이제 배는 망망대해로 떠나간다. 이때쯤이면
바다가 어둠에 잠겨들고 제축을 끝낸 마을은
다시 일상생활로 돌아간다. 이같은 행위를
일러 띠배놀이라 했다. 위도만이 아니라
제주도를 비롯해 멀리 평안도 바닷가에도
이같은 의식이 있었다. 한 해의 액을 실어
보내고 사해용왕을 달래서 만선의 풍요와
바다의 안전을 기원하는 신심이 깃들여 있는
것이다.

128

濟州道 南濟州郡 城山邑 신양리, 하로산당 靈登굿

제주도에는 바람과 돌과 여자가 많아 三多島라
했지만 마을지킴이도 대단히 많은 섬이다.
이 마을의 하로산당은 무수한 제주도 당 중에서
일개 本鄕堂에 지나지 않는다. 현존하는 영등굿의
祭場으로서도 유명하다. 영등신이란 어부나 해녀의
해상 안전과 생업의 풍요를 주는 신으로 믿어진다.
음력 2월 1일에 영등을 맞이하는 환영제를 하며
2월 15일에는 영등 송별제를 한다. 영등은
영등할망이라고도 하며, 제명은 마을에 따라
영등맞이, 영등손맞이, 영등제 등으로 불리고 있다.
영등할망은 2월 초하루에 江南天子國 또는
외눈백이섬에서 제주도로 들어와서 섬의 바닷가를
돌면서 미역씨, 전복씨, 소라씨, 천초씨 등을 뿌려
해녀들의 생업에 풍요를 주고 2월 15일에 牛島를
거쳐 本國으로 돌아간다고 믿는다.

濟州道 南濟州郡 城山邑 신양리, 일뤠할망당

조선시대 숙종조의 李衡祥이 제주 牧使로 내려가서
'절 오백 당 오백'을 다 부수고 그 행위를
정당화시킨 글을 보면, "섬의 곳곳에 돌과 나무로
당을 만들고 매년 정월 초하루부터 보름에
이르기까지 무당들이 纛旗를 내세워 모시고 儺戲를
꾸며 꽹과리와 북을 치며 깃발과 창검을 앞세워 온
동네를 돌아다니면서 관원 이하 온 마을사람들이
다투어 물품과 곡식을 바쳐 제사를 지낸다"고 했다.
그로부터 이백구십여 년이 지난 지금, 제주에는
여전히 많은 당이 산재해 있다. 당 이름은
보통 '마을명-지명-제일-성별-당'으로
이루어진다. 가령 '상명리 느지리 캔틈 축일
할망당'과 같이 나타난다. 당 이름만 보아도 어느
마을에 어떠한 신이 어느 지점에 좌정하여 어느
날에 단골신앙민들이 찾아가 당굿을 하여 모시는
신인가를 알 수 있다. 신양리에도 本鄕堂뿐 아니라
가지를 친 당들이 무수히 존재하여 일종의 당
문화를 이루고 있는 것이다.

濟州道 北濟州郡 朝天面 臥屹里, 할망당

숲 속에 둘러싸인 와흘당은 여신과 남신이
결합하여 허 정승의 따님을 신으로 모신다. 매년
정월 14일과 7월 14일에 제를 올리고 있으며
마을사람들의 정성은 여전하다. 신목에 걸어 둔
물색들은 바로 인간이 신에게 바치는 최대의
예우다. 한라산 줄기 짙푸른 숲에 붉고 희고 노란
천과 紙錢들이 현란하게 빛을 발하는 모습들은
제주도 당만이 지닌 또 하나의 별천지다.
바로 그 오묘한 색깔의 조화는 제주 민중들의
미의식을 잘 말해 준다.(pp. 134~135)

濟州道 濟州市 三陽洞, 本鄕堂

당에서는 본풀이가 노래된다. 본풀이는 살아 있는
역사로서 신들의 근본을 풀이하는 산 신화다. 특히
당본풀이는 마을수호신인 堂神의 내력담으로
마을의 산 역사를 추정할 수 있고 마을공동체의
형성 내력을 증언해 준다. 본향당은 제주도의
각 마을마다 하나씩 있는데 '本鄕'이란 마을의
수호신을 말한다. 본향당에서 구송되는 본풀이의
'本'은 근본·본원·내력을 의미해 결국 본풀이는
堂神의 근본 내력을 풀이하고 살아 있는 신화로서
마을공동체의 역사를 웅변해 준다 하겠다.
더 나아가 당에 전속되어 굿을 전담하는 당매인심방이
있어 마을 단골신앙민들과 끈끈한 사회적 유대를
맺고 있다. 곧 본풀이는 역사 속에서 사라졌고
기록에도 남지 않은 최하층 민중의 구체적인 삶을
심방의 입을 통해서 이야기해 주고 있는 것이다.
바로 이러한 당들은 본풀이가 구송되는 마을
역사의 현장이기도 하다.

濟州道 南濟州郡 城山邑 신양리, 海神堂

제주도에는 돌이 많아서인지
돌을 神體로 모시는 경우가 많다.
그래선지 여자들이 시집 갈 때
동네의 신당에서 돌을 가져가서
모시는 가지당도 많다. 그래서
제주도에서는 한 마을의
공동체적 지킴이인 本鄕堂 외에
수십 개의 가지당이 산재한
경우를 자주 본다. 신체가
나무이건 돌이건 거기에는 으레
물색이나 지전을 걸어 아름답게
꾸몄다. 이 마을의 해신당에서도
종이를 곱게 오려
마을지킴이에게 헌납하고 있다.
해신이 마을을 지켜 주어 바다의
풍요와 어업의 안전을 도모해
주길 기원하는 것이다.

濟州道 南濟州郡 安德面 대평리, 本鄕堂

제주도의 당들은 외부인이 찾기 어려운 곳에 숨어
있다. 숲 속에 가려져 있어 지나치기 일쑤다.
그러나 나무에 걸린 화려한 물색이 '여기가 바로
당입니다'라고 표지를 해주곤 한다. 또한 제주도의
지킴이들은 바위틈이나 바위구멍에서 나오는 것이
많다. 제주도 시조들이 나왔다는 三姓穴이 바로
구멍이듯 동굴이나 구멍에서 나온 신들의 출현
형태에서 태생 모티프의 제주도적 특성을 읽을
수도 있다.

濟州道 北濟州郡 朝天邑 咸德里, 미륵당

제주도에는 해변마다 당이 산재한다. 바닷가에
바짝 붙어서 용암바위로 담을 둘러 당을 모신다.
바람을 피하고 지킴이를 보호하기 위해서도 담은
필수적이다. 함덕리의 이 당은 바다에서 올라온
미륵이 존재하는 곳이다. 육지부에서는 대개
땅에서 솟은 미륵이 이곳에서는 바다에서 올라온
것으로 되어 있다. 이처럼 마을지킴이는 해당
지역마다의 민중들의 생활적 필요에 의하여
생겨났다.

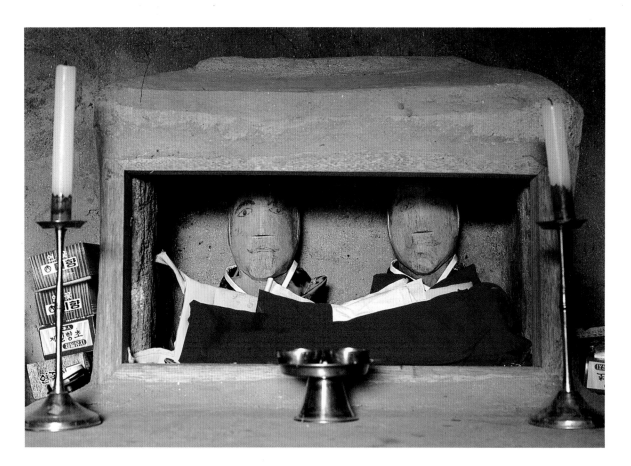

濟州道 西歸浦市 여래동, 당하루방

서귀포시의 여래동에 가면 보다 독특한 형태의
당도 나타난다. 당집 안에 목각으로 깎은
당하루방을 모신 것이다. 이는 서해안의
각시서낭과도 일견 같은 형태다. 이같이 당의
지킴이들은 그 현현 형태조차 각양각색의
모습을 보여줌으로써 민중적 창조력의 다양성을
드러내 주는 것이다.

全北 長水郡 溪北面 陽岳里, 山神祭

산에 가면 으레 산신제가 행해진다. 곳곳에 산이 펼쳐져 있는
상황에서 산신제가 전국 어디서나 마을굿의 기본이 되고
있음은 당연한 일이기도 하다. 산신은 대개 마을의
상당산으로 높은 곳에 자리잡아 지킴이모심조차도 秘儀로서
행해지기 마련이다. 떠들썩한 하당제나 거리굿에 비하면

소박하고, 남이 다들 잠든 시간을 택해 정해진 제관만이
올라가서 마을 대동의 치성을 드리고 내려오는 것이다.
이 마을에서도 자정이 넘은 한밤중에 제를 지내고 이튿날
마을 당주집에 모여 음복을 곁들여 잔치를 벌인다. 이 자리는
단지 음복으로서만이 아니라 제의 결산은 물론이고 일 년간의
마을 일들이 두루 거론되는 신년의 마을회의터로서도 중요한
기능을 지닌다. 즉 마을굿은 제의뿐 아니라 놀이
그 자체이기도 하며 회의이기도 한 것이다.

忠南 錦山郡 南一面 進樂山, 山祭堂

해발 732미터의 진락산은 대둔산과 함께
元曉의 전설이 서린 명산이다. 천연동굴과
기암괴석이 솟구치고 너럭바위가 자리잡은
산자락에 산제당이 조성되어 있다. 그리 높은
산은 아니건만 영험이 깃들여 있다고 하여
치성을 드리러 오는 사람들이 끊이지 않는다.
곳곳에 자리잡은 산제당에서는 산신제가
행해진다.
이 산제당에는 산신을 가운데 좌정시키고
용신, 미륵님을 함께 모시고 있다. 이들
산신제의 치성물은 지극히 간단하다. 제관
한두 사람이 지게에 지고 올라갈 정도의

제물을 바위나 나무 밑에 펴놓고 촛불을 켜고
깊은 밤에 축을 읽거나 소지를 올림으로써
간단히 끝난다. 제에 쓰인 제물의 일부를
산신님이 드시라고 놓고 내려오는 경우가
많지만 기실은 산짐승을 위한 먹이가 되기
십상이다. 사람들은 비단 마을공동체의
지킴이모심으로서만이 아니라 개인적으로
산치성을 드리기도 한다. 그 어느 경우에나
몸을 정갈히하고 비린 것을 피하는 등 부정을
피하는 것은 일반적 관례다. 산신제야말로
한국의 마을굿 중에서 가장 많이 행해지는
지킴이모심일 것이다.

忠南 洪城郡 洪城邑 백월산, 정난사신당
慶北 安東市 수동마을, 國神堂

역사인물이 마을지킴이로 되는 경우도 자주 있다. 대개
당대에는 억울하게 죽었으나 훗날 민중에 의해 解冤의
대상이 되는 인물들이 인격신으로 등장한다. 홍성에 가면
옛 洪州城의 鎭山인 백월산 정상에 홍주 목사였던
洪可臣의 신당이 자리잡고 있다. 홍가신을 비롯한,
李夢鶴의 난을 평정하여 난세를 치세로 이끈 사람들을
모셨다고 한다. 일반적 의미에서의 인격신과는 상당히
다른 경우인데, 忠을 중시하던 중세사회에서 지방통치의
모범사례로 모신 인격신이라고 할 수 있다. 반면에
공민왕은 고려 말기를 장식한 파란만장한 임금으로 후세에
넋을 달래는 여러 풍습이 생겨나게 한 인물이다. 살아 생전
못다한 한이 민중들에게 하나의 보상심리로 작동한 사례라
하겠다. 남이 장군, 임경업 장군, 최영 장군, 뒤주대왕,
단종 등을 신격으로 모신 것도 같은 까닭이다. 수동마을의
국신당에는 공민왕 내외분이 모셔져서 해마다 정월 14일
밤에 제를 지낸다. 천제단에서 제를 지낸 다음에 마을의
골맥이 당수나무에서 제관이 제를 올리고 국신당에서
축관이 제를 지냄으로써 파제에 이른다. 마을의 안녕과
마소의 무사함을 기원함은 여느 마을굿과 같다.

忠南 舒川郡 西面 都屯里, 각시당

서해안 일대에는 곳곳에 마을의 안녕과
어업의 풍요를 기원하는 마을지킴이들이
모셔져 있다. 이 마을의 각시당도 그 중의
하나이다. 각시란 각시서낭을 말하며 해마다
제를 올릴 때 각시가 좋아하는 화려한
물색(옷감), 바느질 도구, 심지어 화장품을
바치기도 한다. 시시때때 새 옷으로 갈아
입혀 단장해 준다. 말하자면 바닷일을
도와주는 여성신인데 연지를 찍고 부부가
함께 앉아 있는 것이 매우 이색적이다.
이같이 지킴이를 彫像으로 모시는 경우는

전혀 특별한 경우가 아니었으니, 다양한
형태의 조형물이 존재해 오고 있었다.
그러나 조형물을 대개 진흙 같은 재질로
만들었던 탓으로 와해되어 거의 사라져서
보기 힘들게 되었다. 바닷물이 당집 바로
가까이까지 들어오던 시절에는
마을지킴이로서의 위상이 대단히 높았다.
해마다 소를 잡아 제물로 바쳤고, 그 혼적인
소뿔을 각시 옆에 수북이 쌓아 놓았으니
이 마을 지킴이모심의 역사도 매우
오래됐음을 알 수 있다.

江原道 三陟郡 遠德邑 葛南 二里, 海神堂

동해바다로 향한 日山 끝에는 海神堂이
있는데, 내부에는 세련된 음영기법으로 그린
여신이 댕기머리에 한복을 입고 다소곳이
앉아 있다. 음력 정월 보름과 10월 丑日에
제를 지낸다. 여신은 이 마을 처녀로,
애바위에 미역을 뜯으러 나갔다가 풍랑에
휩쓸려 죽은 것을 위로하여 모셨다고 한다.
일산 끝 절벽 위 오래된 향나무에 한자로
'海神堂'이라고 써서 붙였다. 향나무
가지에는 홀수로 남근을 깎아서 매다는데
세 개에서 아홉 개까지 엮는다. 풍어를
기원하는 뜻에서 어부들은 정성껏 깎아
바친다.

148

江原道 高城郡 竹旺面 文岩 一里, 海神堂

이곳은 백도 해수욕장으로 잘 알려져 있다.
백사장으로 이어진 해안의 한쪽 끝에는 구멍난
바위가 해풍에 씻기고 있다. 자연석 제단이
있는 海神堂은 어민들의 기도처로 잘 알려져
있다. 매년 음력 정월 초사흗날이면 선주들은
각자 제물을 마련해 이곳에 모인다. 특히
오리나무를 남자의 성기 모양으로 깎아 가지고
간다. 里長은 한복을 한 벌 지어 여신에게

바친다. 제사가 끝나면 가지고 간 남근을 맞는
바위구멍에 끼우고 풍어를 빈다. 이곳 여신은
시집을 못 가고 바다에 빠져 죽은 여성인데,
제사는 이 처녀의 영혼을 위로하는 뜻에서
지낸다고 한다. 남근이 구멍에 잘 맞으면
그해는 풍어라고 믿는다. 이 마을지킴이는
남녀간의 교합이라는 상징을 주술적으로
형상화한 것이다.

忠北 堤川郡 松鶴面 務道里, 공알바위

이 마을의 공알바위도 바로 여성의 성을
잘 상징해 주고 있다. 무도리에 가면 마을
입구에 직경 다섯 자 크기의 원형으로 된
바위가 있는데 가운데가 옴폭 패이고
그 속에 직경 석 자 크기의 卵形 바위가
볼록하게 솟아서 마치 여자의 음부를
연상시키고 있다. 이 공알바위에서 조금
떨어진 논둑 밑에도 볼록하게 솟아오른
바위가 있는데, 그 위에 올라서서
공알바위에 돌 세 개를 던져 들어가면
첫아들을 낳는다고 믿고 있다. 또
이 공알바위의 구멍을 작대기로 쑤시면
동네처녀 바람이 난다고 전해진다.
마을에서는 이 바위에 일 년에 한 번 제를
올려 마을의 평안을 기원한다. 이처럼
성신앙은 그 자체가 성 상징으로서
祈子信仰으로 연결되기도 하며
마을지킴이로서의 기능을 해내고 있는
것이다.

남성의 상징 역시 성신앙의
대상으로 모셔진다. 수탑과 남근석,
성기바위, 자지바위, 좆바위,
자지방구, 소좆바위, 삐죽바위 등이
전해지고 있다. 심지어 삼척의
바닷가 海神堂처럼 남근을 깎아서
처녀의 혼을 달래 주며 바닷일의
안전과 풍어를 기원하는 경우도
있다. 또한 예전의 付根堂에서
남자의 성기를 木刻物로 깎아서
숭배했던 기록으로 미루어 보더라도
남근신앙의 역사는 매우 오래됐음을
알 수 있다.
원백암마을에는 마을에 십이 당산이
있어 할아버지당산, 할머니당산,
여장군석, 수구맥이, 장성당산, 남근
당산, 입석과 신목 등에 제를
올린다. 이 마을의 남근당산은 남근석,
자지바위라고도 부르는데, 마을 입구에
서서 生男과 소원을 이루어 주고
액과 살을 막아 주며, 胡鬼를 방지하고
농사풍년을 가져다 준다고 믿고
있다. 또한 애를 낳지 못하는
아낙들이 남근석 주위를 돌면
어린애를 갖는다는 속설도 전해지는
등 祈子信仰의 대상물이기도 하다.
아들을 낳지 못하면 七去之惡에
해당되어 시집에서 쫓겨나야 할
정도로 핍박받던 시절에 아낙들이
이 바위들에 와서 아들낳기를 빌었던
역사적 경험을 잘 증언해 주고 있는
것이다. 군남면 치산리의 水殺도
남자성기를 닮아 성신앙의 대상이
되고 있다. 그러나 무엇보다도 그
자체가 마을 당산으로서도
기능하는데, 해마다 줄다리기를
끝내고 그 줄로 옷을 입혀 준다.
이는 여느 마을에서도 자주 보이는
당산 옷 입히기와 같은 목적임을 알
수 있다.

慶南 南海郡 南面 가천마을, 미륵당산

全北 井邑郡 七寶面 白岩里
원백암마을, 男根堂山

全北 任實郡 德峙面 사곡리, 男根堂山　　　　全南 靈光郡 郡南面 치산리, 水殺

太白山 天祭壇

천제는 하늘에 기원하는 최상위의 제례로 볼 수 있다.
따라서 천제는 국가 치제의 형태로 전승되다가 조선조
이후 민간전승화했다. 사람들의 하늘관이 극명하게
드러나는 천제에서는 하늘과 가장 가까운 지역을
神域으로 정하고 봉우리에 제단을 축성해 인간의
소망을 기원한다. 태백산 천제단은 오늘날까지 남아
있는 대표적 천제 유적으로 1991년 국가 지정
민속자료가 되었다. 해발 1,567미터 꼭대기에는 높이
2미터, 둘레 30미터나 되는 편마암 제단이 있는데,
이는 인간의 소망을 하늘과 가장 가까운 곳에서
전달하겠다는 의지를 보여주는 것이다.

따라서 천제는 신앙 형태가 마을제의나 가정치성과는
다르다. 신라 때는 五嶽의 하나로 국가에서 中祀의
제례를 거행했으며 逸聖王은 친히 제를 지냈다. 花郞
元述은 이곳에서 무술을 닦고 천제를 올려 당나라
군사를 격파했다고 『三國史記』에 전한다. 의병장
申乭石은 이 천제단에 백마를 제물로 바치고 하늘의
음덕으로 戰功을 올렸다고 한다. 민족의 빛과 생명,
창조의 성지라는 측면에서 보면 태백산의 천제단과
천제의식은 중요한 의미를 지닌다. 각종 향토지에
언급된 태백산의 天王堂은 이곳이 곧 천신제의
시원지임을 보여주는 사례다. 현재 매년 10월 3일
태백산 정상에서 행하는 천제는 주민들이 태백산
천제위원회를 결성해 치르고 있으나, 의미는 국가
치제의 성격을 포괄하고 있다 하겠다.

2, 3.
천제단 상단에는 태극기를 꽂고 제단
주위에는 오방위를 뜻하는 旗와
해·달·28개 별자리를 그린 旗들을
사방에 꽂았다. 제의 절차는
迎神굿으로 시작해 한배검님의
나리심이라는 降神, 제물을 바치는
陳設, 하느님을 뵙는 參神, 奏由, 焚香,
獻酌, 한배 하느님께 비는 告天과
소원을 비는 소지올림 순서로
진행된다. 제단 위 중앙에
'한배검'이라고 쓴 글씨가
돌 위에 새겨져 있고, 제물은
소머리와 酒果脯를 썼으며
술독은 『東國輿地勝覽』에 나오는
退牛祭의 유풍을 살려 송아지
형상으로 만들었다. 퇴우제는
태백산에서 봄, 가을로 올리는데,
제사할 때는 神座 앞에 소를 매어
놓고 뒤돌아보지 않고 달아난다.
만약 뒤돌아보면 불공한 것으로 알고
신이 죄를 준다고 한다. 제관들은 흰색
두루마기를 입고 갓을 쓴다.

4.
축문을 읽고 있다. 축문은 한글로 풀어
쓴다. 태백산 정상의 넓은 제단에서
천제에 참가한 사람들은 하나같이
弘益人間의 이념으로 태백산 신단수
아래로 내려 神市를 연
환웅천황신을 경배하고 민족통일의
날이 다가올 것을 기원한다.(pp. 156~157)

2

3

忠南 扶餘郡 恩山面 恩山里 범바위고개,
서낭당 (pp. 158~159)
全北 扶安郡 邊山面 수락마을, 서낭당
江原道 溟州郡 城山面 普光里 普賢寺 입구, 서낭당

돌서낭은 그냥 서낭이라고도 하고 당집은 없으나
서낭당이라고도 한다. 神의 성격상 본질적으로
우리의 서낭과 중국의 城隍은 차이가 없다. 서낭을
城隍이라 했을 경우 중국의 城池神인 성황을 고려
문종 이후 우리의 토속신앙에 적용한 것에 지나지
않는다고 보기 때문이다. 積石 형태의 신체는
수목을 서낭신으로 믿고 있는 것과 마찬가지로
오랜 신앙형태다. 단군신화에도 나오듯이 神壇과
神壇樹는 바로 믿음의 성역이며 몽고의
오보(Obo)도 역시 돌무더기이다. 돌을 쌓는다는
것은 불교의 영향도 없지 않는데, 그보다는 돌이
산의 뼈고 흙의 정기며 불변성을 지녔다는 측면에서
하나 둘 돌을 쌓아 올린 것이 아닐까. 積石은
積德의 의미로 환치되어 영원을 바라는 민족 심성에
부합되는 것으로도 유추된다. 무기로 이용하기 위한
것이라든지 어느 한많은 여인을 위해 침을 뱉고
돌을 얹었다는 식의 이야기가 있으나, 신앙으로
잔존되는 돌은 원초적 의미, 영속성의 의미가 강해

이를 쌓아 올림으로써 소원을 이루고자 한 민간
심성의 발로가 아닐까 생각된다. 부족국가 시대에서
고려초까지의 초기 신앙 형태는 累石壇, 神樹,
祭壇의 세 요소가 중심이라고 볼 수 있는데, 고려
중엽 이후 조선조에 이르기까지 중국 성황신의
전래와 함께 이러한 자연물에 차츰 인격을 부여하고
位牌와 畵像을 모시는 건조물을 만들어 성황당이란
이름으로 오늘날에 이른 것으로 보인다.
따라서 돌을 쌓아 올린 신앙체는 다른 당집류보다
선행적인 의미의 신앙물이며 토속성과 영원성,
불변성의 의미를 강하게 지닌 것으로 볼 수 있다.
마을의 허한 곳을 補備한다는 풍수지리적 측면,
사찰이나 마을 입구에 돌을 쌓아 올려 외부인이나
질병, 잡귀 등을 퇴치하겠다는 액막이, 화재막이,
호환퇴치의 기능, 풍년을 가져다 주는 수호신 등
돌무더기는 다양한 기능과 성격을 지니고 있다.
돌서낭신은 돌이 가진 영원성에 의탁한 古形의
마을지킴이라고 하겠다.

大田市 東區 佳陽洞 더퍼리마을, 서낭당

마을 입구에 쌓아 올린 돌서낭은
祈子物이라는 것 외에도 각종 액막이 같은
여러가지 신앙 기능을 갖고 있다. 영속성과
불변성은 인간에게 무한한 경외감을
불러일으킨다. 돌서낭 옆의 신목에 삼색천을
끊어 실과 함께 걸어 무병장수를 비는가 하면,
그마저 없으면 발길에 채이는 돌 하나라도
던져 올리며 행로의 안전을 빈다. 三災가 든
사람은 짚으로 제웅을 만들고 거기에
생년월일과 이름을 써서 자신의 액을 막아
주도록 돌서낭에 의탁한다. 돌이라도 하나 더
보태 쌓아 올리며 자손의 무병과 출세를 비는
소박한 어머니의 심성은 우리네 믿음의
원천이다. 우주적 생명력을 담아내는 모성애는
어떤 종교도 뛰어넘는 확고한 우리의
지킴이다.

2, 3.

한 개인이나 가정에 재난이나 우환 등
좋지 못한 일이 있거나, 불행한 일이
예견될 때에도, 서낭당은 치성의 장소가
된다. 흔히 무당이나 經客 등이 당주네
식구들과 함께 와서 서낭제를 지낸다.
서낭당에는 정성을 드리기 위해 흔히

쇠붙이, 돈, 소금, 명태, 감자, 오색헝겊 등을
바친다. 특히 병환중에 있는 사람을
위해서는 환자의 옷이나 허재비를 걸어
준다. 폐백으로 오색천을 바치기도 하고,
제웅지성에 든 사람의 행운을 위해
서낭목에 제웅을 매달기도 한다.

163

慶南 河東郡 花開面 凡旺里, 서낭당

忠南 公州郡 維鳩面 文錦里, 서낭당

江原道 太白市 所道洞 당골, 서낭당

한밤중에 고개를 넘어다니면서도
든든한 것은 마을 입구에서 서낭님이
지켜 주고 있기 때문이다. 서낭님은
별스럽지 않다. 오래된 나무와 돌 몇 개
쌓아 올린 제단 그리고 그것을 싸고
있는 돌담 정도이다. 이처럼 마을
신앙의 초기 형태는 자연물로
형성되었다. 인공적이지 않고
자연스러워 항상 친근하다. 수령이
오래된 나무는 마을수호신 역할을
했다. 여름철에는 그늘을 만들어 주고,
열심히 치성드리지 않아도 늘 같은
모습으로 주민들의 안식처가 된다.
수목숭배와 바위숭배는 전국적인
분포를 보이는데, 이 마을의 서낭신은
돌을 세워 놓은 것이 전부다. 높이
65센티미터, 나비 43센티미터 정도의
돌을 길게 세워 놓고 신체로 삼아 실을
감아 놓았다.

江原道 溟州郡 連谷面 三山 一里,
서낭당

산에 의지해 살아가는 사람들에게
자연은 삶의 텃밭이다. 이 마을 서낭
역시 당집은 없고 신목과 돌제단으로
이뤄져 있다. 산삼 캐는 심마니는
산행에 앞서 동구 밖 서낭신목 앞에
머리를 조아린다. 부인에게 간다는
소리도 없이 떠난다는 불문율이
있지만 서낭당에는 반드시 고하고
떠난다. "서낭님 그저 이번 산행에
무사히 다녀오도록 도와주십시오.
육구 만달이 오고 두루부치등
큰 심을 캐도록 소원하옵니다."
이렇게 비는 곳도 서낭당이다.

大關嶺 國師城隍祭

대관령 국사성황제는 강릉 단오제의 주신격인 梵日國師를 모시는 제의다. 1967년 중요 무형문화재 제13호로 지정된 강릉 단오제는 대관령에 있는 산신각과 성황사에서 음력 4월 15에 제사를 지낸 후 시작된다. 강릉은 濊貊族이 漢의 속박에서 벗어나 독자적으로 기원전 30년경 東濊를 세운 역사 깊은 古都로, 조선조에 이르기까지 嶺東의 문화, 교통, 행정의 중심지였다. 따라서 강릉은 동예의 제천행사였던 舞天祭의 유풍을 단오제로 계승하고 있다 하겠다.

강릉의 향토지인 『臨瀛誌』에 의하면 대관령 성황신은 신라 때 승려였던 梵日이며 그는 지금의 명주군 구정면 학산리에 사는 처녀가 해가 든 샘물을 먹고 잉태하여 낳았다고 전한다. 그는 사후에 國師 칭호를 받았기에 범일국사라 불린다. 현재 대관령에서 산신으로 모시는 신은 김유신 장군이며 범일국사는 따로 성황신으로 모신다. 범일국사는 이날 神木에 降神하여 강릉시내로 내려와 婚配한 鄭氏家의 딸이 살던 집 근처의 여성황사에서 음력 5월 5일이 될 때까지 合神이 되는 것이다. 이후는 남대천 가설 단오제장으로 옮겨 각종 굿과 놀이, 제의로서 신봉하다가 5월 7일 送神祭로 끝맺는다.

1

2

1, 2, 3, 4.
국가 지정 기능보유자인 김진덕 옹이 집례하고 시장과 군수가 산신제와 성황제의 초헌관이 되어 시·군의 안녕을 빈다. 두 곳 다 삼헌관으로 제를 진행하고, 축문도 한문으로 읽는다. 먼저 대관령 산신각에서 명주 군수가 초헌관이 되어 제를 올린 다음 약 10미터 아래에 있는 성황사에서 국사성황제를 지낸다. 역시 김진덕 옹이 집례하고 강릉시장이 초헌관이 된다.

3

5   6

5, 6.
제의가 끝나면 무당들이 성황사 뒤의 야산으로
올라가 신목을 베어 온다. 무당이 바라를 치며
"국사성황님 바람따라 구름따라 강릉으로 함께
가십시다"라고 고축을 하면 여러 나무 중 미동을
하는 단풍나무를 신이 강림한 것으로 보고 벤다.
나무는 신목잡이인 송아치가 고르는데, 송아치는
몸과 마음이 깨끗하고 生氣가 맞는 사람이라야 한다.

7

8

7, 8.
신목을 베어서 성황사 앞에 당도하여 예단과 실을
걸고 부정을 가셔내는 부정굿을 하고 있다. 주민들
중에는 그해 운수가 나쁜 사람이나 소원을 비는
사람의 성명과 生年干支를 따로 예단에 써
신목가지에 실과 韓紙와 함께 매달고 빈다.

10

11

9.
강신한 성황신은 강릉을 향해 神遊를 하는데 무당들은
신맞이 노래인 영산홍가를 부른다. 이 노래는 "꽃밭일레
꽃밭일레 사월 보름날 꽃밭일레 오월 단옷날 꽃밭일레"라고
부르며 주민들도 따라 부르고 인근 마을에서는 나무에 불을
붙여 횃불로써 신을 맞이한다. 지금은 제등행렬로
대치되었지만 불꽃맞이는 가관이었다. 대관령 국사성황신
행차는 맨 앞에 성황신 위패를 안고 나서며 그 뒤로 신목,
제관, 무당, 관노가면극패, 농악패 등이 줄지어 강릉 시내로
향하는데 밤중에 정씨가에 도착한다. 대관령에서 내려오는
도중 구산성황당에 잠시 들러 점심을 먹고 무당들이
간단한 고축을 한다.

10, 11.
강릉 시내 홍제동에 있는 국사여성황사에 도착하면 합신을
위한 굿과 제례가 있게 되는데, 두 신은 음력 5월 4일까지
이곳에 있다가 남대천 가설제단으로 옮긴다. 남대천
단오장은 일주일 동안 수십만 명이 운집하는데 5월 7일까지
매일 제관들이 朝奠祭를 올리며 무당들은 열두 거리 굿을
하여 성황신이 한 해 동안 마을을 잘 보살펴 주기를 빈다.

9

江原道 溟州郡 注文津邑, 진이城隍堂

인물신으로서 여성이 많이 등장하는
지역이 동해안이다. 그 중에서도
주문진의 진이성황당은 특이한
성격과 설화를 지니고 있다.
대부분의 여성황당이 여신 신격인데,
이곳은 강릉 부사 鄭經世(1613년
재임)가 신격이다. 1600년경 연곡
현감으로 왔던 어떤 사람이 미역을
뜯는 진이를 보고 탐을 내어 수청을
들라 했으나 진이는 이를 거절하고
얼마 후 아들을 낳고 죽었다. 그 후
주문진은 흉어와 재액이 만연했는데
정경세 부사가 순시차 이곳에
들렀다가 진이 이야기를 듣고 사당을
세웠다. 이후에는 마을이 평온하게
되었는데 이를 기리기 위해
정 부사와 진이의 화상을 그려 함께
봉안했다는 것이다. 이 설화는
官奪民女形 설화로, 解冤해 준
관료가 그 지역에서 신격으로
등장하고 있다는 점이 흥미롭다.
주문진은 영동 동해안에서
둘째가라면 서러워할 정도로 큰
포구다. 여기서는 마을 어촌계를
중심으로 삼 년마다 풍어제를 지내고
매년 음력 3월 3일과 9월 9일에
진이성황당에 제를 지낸다. 제사일이
되면 제를 준비하는 사람들은 험한
것을 보지 않고 근신을 하는데
바닷일은 정성이 부족하면 나쁜 일을
당하기 때문이다.

2

3

2, 3.
제물 준비로는 먼저 화롯불에 새옹메를
짓는데, 절대로 뚜껑을 열어 보이지 않으며
메를 짓는 화부는 입에 韓紙를 물어 말을
하지 않는다. 말을 하면 부정이 끼고 메도
잘 되지 않는다고 생각하기 때문이다.
무릎을 꿇고 정성껏 메를 지어 소머리와
함께 제물로 바친다. 헌관들은 재배를
올리고 축문을 고한 다음 각 호구의 소지를
올리는데, 船主와 가정의 평안을 기원한다.
畫像은 약 오십 년 전에 옛 그림을
模寫하여 덧칠 했다. 가운데에는 정 부사가
좌정하고 있고, 오른쪽에는 정실부인,
왼쪽에는 진이와 그녀가 낳은 사내아이가
그려져 있다.

5

4, 5.
삼 년마다 지내는 풍어제는
동해안 별신굿 기능보유자인
김석출, 김유선 씨 일가를 불러서
하는데, 고기가 잘 안 잡히면
풍어제를 통해 빈다. 풍어제는
진이성황당 앞에서 부정굿,
골매기굿, 당맞이굿, 청좌굿, 각 댁
조상굿, 세존굿, 성조굿, 심청굿,
손님굿, 제면굿, 용왕굿, 거리굿 등
모두 열세 거리를 이틀 동안 한다.
굿이 진행되는 동안 해변가에는 각
선주들이 따로 마련해 온 제물을
용왕신에게 바치고 무녀들은
물국대라는 대나무로 선주들에게
바닷물을 적셔 주며 만선이
되기를 축원한다.

慶北 英陽郡 首比面 本新里, 玉女堂

주령고개에 위치하고 있다. 玉女堂 내부의
화상으로 좌측은 옥황상제, 우측은
옥녀이다. 옥녀는 본래 옥황상제의 딸이나,
인간세상에서는 이 고을 원님의 딸로
환생했다. 옥녀는 사후에 마을신이
되었는데 초승달 눈썹에 미소를 머금고
있는 모습이 인상적이다.

慶北 英陽郡 首比面 本新里, 水口堂

서낭신 내외분을 모신 이곳을 마을사람들은
수구당이라 부른다. 매년 정월 14일 밤 12시에
서낭제를 지낸다. 제물로는 메, 건어, 편,
삼색실과 등을 차린다. 축문을 읽고, 제가 끝나면
마을소지를 올린다. 소지에서는 농사의 풍년과
마을을 떠난 사람들의 무사함과 건강을 빈다.

慶北 盈德郡 蒼水面 新里，城隍堂

이 마을의 성황당은 열 사람이
모여서만 갈 수 있는 곳이라서
'열고개'라 부른다.
열고개성황당이 있는 골은
'하지막골'이라 부를 정도로
옛날에는 산적들의 횡포가 심했다.
한 선비와 부인이 열고개를 넘다가
변을 당했다고 전하는데,
도둑들한테 억울한 죽음을 당한
사람의 넋을 달래기 위해서 당집을
세웠다고 이 마을의 이장 이성은
씨는 말한다. 음력 1월 15일과 6월
15일에 성황제를 지낸다.
목욕제계하고 제관, 축관, 화주
등이 제물을 차려 놓고 축문과
마을소지를 올린다. 마을의 풍농과
길의 무사함을 빈다. 당집 안에는
오래된 축문과 선비 내외분의
화상이 있다.

江原道 太白市 黃池 三洞 절골, 城隍堂

내부에는 호랑이의 호위를 받고
있는 산신의 위엄있는 모습이
봉안되어 있다. 음력 정월 보름,
3월 3일에 제사를 지내며 8월
추석날에도 개인 致誠을 올린다.
마을 앞 야트막한 산중턱에
위치하고 있는데, 성황당 주변에는
금줄을 치고 각종 글씨를 써서
성황당 벽에 붙였다. 광업에
종사하는 사람들이 주로 찾는데,
"할아버님 도와주십시오"라고
빈다.

江原道 平倉郡 美灘面 平安里, 女城隍堂

마을에 흉한 일이 자주 생겼으나
現夢한 영좌선녀가 구름을 타고
내려와 이곳의 여신으로 좌정한
후 마을에 괴변이 없어지고
풍년이 들었다고 한다.
성황당은 고색창연하며 우측으로
기울고 있는데 주위는 수목이
우거져 신성한 분위기를 자아낸다.
당안에 畵像이 있는데,
영좌선녀는 중앙에 위치하고
좌우에 시녀가 그려져 있다.
병풍을 배경으로 하고 손에는
태극선을 들고 있다. 여신
좌우에는 장군들이 수호하고
있는데, 흰말을 타고 있다.

江原道 溟州郡 江東面 深谷里, 女城隍神
江原道 江陵市 南項津洞, 女城隍神

동해안 어촌에는 여신들이 마을을
지키고 있다. 그들은 풍어를 가져다
주고 재액을 막기도 한다. 성격이
남신보다 까다로운 이들 여신은
부정함을 가장 꺼리며 변덕도
심하다. 마치 바다와 같다고나 할까.
동해안 高城에서 蔚珍에 이르는
해안에는 당집을 지어 여신상을 모신
경우가 많고 향나무 같은 것을
신체로 삼는 경우도 있다.
이 여신들에는 보통 신의 도래에
따른 설화가 따른다. 설화의
특징은 해양문화의 속성을 지닌
수평·표류형인데, 畵像이나 位牌가 든
궤짝이 마을 해안에 표류하고
주민들이 이를 가져다 모셨다는
내용이 많다. 아울러 바다에 빠져
죽은 기생이나 처녀 등 원혼형
話素도 적지 않다. 그러므로 이들
여성신의 제의에는 몇 가지 독특함이
나타나고 있는데, 高城, 江陵, 三陟
등지의 여성신에게는 木造男根을
제물로 바치고 있다. 또 황소의
牛囊을 제물로 바친다든지, 남자
신격을 만들어 合神하는 경우도 있다.
동해안에 이처럼 여신신앙이 강조된
것은 여성이라는 생산적 의미가
풍어와 연계되어 나타난 것으로 볼
수 있으며, 바다를 여성으로 보아
제를 지내는 것으로도 파악된다.
심곡리의 여성황당에는 매년 음력
정월 보름과 5월 단옷날에 제사를
지내고, 강릉시 남항진동
여성황당에는 봄, 가을로 제사를
지낸다. 풍랑을 만났을 때
이 여성황신을 향해 기도하면
풍랑이 멎는다고 한다.

江原道 江陵市 江門洞, 女城隍神

어느 해인지 확실하지 않으나 큰 홍수가 났을 때 고리짝 하나가 현재 성황당 뒷산인 竹島峰의 나무에 걸렸다고 한다. 그 속에는 삼색천과 글씨가 들어 있었는데, 이튿날 노인의 꿈에 현몽하므로 흙으로 담을 쌓고 모셨다. 이후 성황님께 빌고 출어하면 만선이 된다고 하여 매년 정월, 4월, 8월 보름날에 마을에서 제사를 지내고 있다.

성황당 내부에는 畵像과 位牌를 보관하는, 여닫이 문으로 된 祭室을 따로 만들었다.

江原道 三陟郡 近德面 草谷里, 城隍堂

초곡리는 골짜기 사이에 마을이 위치하고
있어서 '새일'이라고도 하고 속새풀이
많아 그와 같이 부른다고도 한다.
약 사백오십 년 전에 생겼다고 하는데
백여 호에 사백여 명이 어업에 종사하고
있다.
마을에서는 음력 정월 보름날과 5월
단옷날에 '도신제'라고 하여 제사를
성황당에서 지낸다. 또한 음력 11월
3일에도 마을의 개척자인 '남성황신
생신'이라 하여 제를 지낸다.
제의 기금은 정월달에 농악걸립으로 모은
쌀과 돈을 적립했다가 사용한다.
제물은 제관들이 손수 잡은 문어, 홍합,
도미 등의 해물과 돼지머리, 나물, 두부,
시루떡, 삼색실과, 메 두 그릇, 포, 대추
등을 정성껏 마련하여 성황당 안에 따로
만든 제실에 진설한다.
제물은 반드시 생선을 넣는데 어장에서
잡은 가장 큰 것을 쓴다.
제관은 세 명으로, 生氣를 맞추어 선발하고
부정한 사람은 뽑지 않는다. 성황당에
제사를 지내러 들어갈 때는 부정을
떨치기 위해 짚을 태운 불 위를 타 넘는다.
이 마을 성황신은 마을을 최초로 개척한
분인데 화상은 부부신을 모셨다. 남신은
사모관대를 한 선비로 손에는 부채를
들었다. 여신은 한복을 입고 매화를 들고
있는 모습인데 화상은 백여 년 정도
되었다고 한다.
위패는 나무로 만들었으며,
'城隍之神位'라고 썼다. 성황신 좌우 벽에는
수부장군이라고 하여 전립에 칼을 차고
활을 맨 수호신의 화상이 붙어 있으며, 제실
밖에도 말을 탄 장군화상이 그려져 있다.
규모로 보아 동해안에서 몇째 안에 들 만큼
큰 성황당이다.

2

江原道 溟州郡 玉溪面 道直里，城隍祭

이 마을은 명주군의 동남단에 있다.
'道直'이라는 명칭은 글자 그대로 '길이
곧다' 는 말이다. 현재의 성황당은 고속도로
옆 야산 중턱에 있다. 한 칸 슬레이트
집으로 내부에는 마을의 수호신격인 남녀신
화상을 봉안하고 있다. 이곳에서는
삼 년마다 풍어굿을 했는데 요즘은
하지 않고 다만 성황제를 정월 보름, 단오,
섣달 보름에 지낸다. 도직리에는 여러가지
마을 신앙이 있다. 남자들이 마을 제사를
지내는 동안 주부들은 새벽쯤 산에 올라가
산맥이제를 지낸다. 바다쪽에는 짐대를
세워 놓았다. 짐대 위에는 '오리'라 부르는
새를 세 마리 올려 놓았는데, 마을로 들어오는
재액을 막아 준다고 한다.
단옷날 새벽 子時에 제를 지내기 위해
제물을 지게로 지고 성황당으로 향하고 있다.
성황당 입구에 이르면 그냥 들어가지 않고
짚으로 불을 해놓고 타넘는다. 그래야만 몸에
붙은 부정을 턴다고 믿기 때문인데,
이는 불의 정화력을 잘 보여준다.

3

3, 4, 5.

이 마을 성황제의 제관 역시 엄격한 근신을
하고 정결함을 유지하는데, 두루마기를
입고 儒巾을 쓴다. 제물은 바다에서 직접
잡은 생선류와 기타 酒果脯를 성의껏
마련한다. 제물을 진설하고 나면 마을의
안녕을 기원하는 축문을 읽고 소지를
올린다. 소지는 마을을 위한 都燒紙를 먼저
올리고 각 호구 수대로 소지를 올린다.
주신격은 선비의 모습으로 그려져 있으며
주위에 시녀들이 세 명 있다. 이 畵像의
주인공은 마을을 개척한 사람이라고도
하는데 주신을 호위하는 수부 장군상이
양쪽 벽에 걸려 있다. 한쪽 장군은 말을
타고 칼을 든 무서운 모습이고 반대쪽은
칼을 옆에 차고 있는 모습이다.

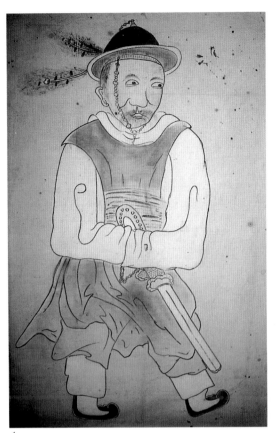

4

5

1

江原道 溟州郡 玉溪面 道直里, 산맥이제

골맥이에 고을을 막는다는 뜻이 있다면, 산맥이는 산을 막는 행위로 유추된다. 강원도에는 산맥이 신앙이 태백산맥을 중심으로 전하는데, 독특한 산악신앙이다. 명주군에는 이곳과 강동면 심곡리에 전하고 있으며 양양군 일대에 부분적으로 남아 있고 삼척 지방은 40개 마을에서 전승되고 있다. 이곳 사람들에 따르면, 산맥이는 "산을 멕이러 간다"는 뜻인데, 이는 산에 貢物을 바친다는 뜻으로 풀이된다. 산맥이제는 주로 음력 3월에서 5월 사이에 지내는데, 명주군 지역은 여성 중심이고 삼척 지방은 가족과 문중 중심이다.

산에 올라가서 정해진 집안 나무에 새끼로 만든 금줄이나 삼베를, 감거나 옆으로 길게 늘어뜨리고 그 앞에 제물을 진설한다. 주로 부녀자들이 가장의 건강과 가족의 무사함을 축원하며 때로 卜者라고 하는 무당을 불러 대신 빌도록 한다. 단옷날 주부가 산맥이줄을 산에다 걸고 내려오면 다시 남자가 줄을 만들어 부엌에다 걸어 놓는다. 이 줄을 '산'이라고

하는데, 길이는 1미터 정도이고 왼새끼로 꼰다. 이 줄에는 그해 처음 잡은 생선이나 처음 먹은 육고기, 닭발 등의 일부를 잘라 걸어 놓는다. 금줄을 쓰지 않는 집안에서는 삼베를 산의 나무에다 걸고 그 일부를 잘라 부엌 출입문 옆에 걸어 놓는다.

산맥이제를 행하는 가장 큰 목적은 산신령을 위하는 것이라고 한다. 다음은 조상신 위안제의 성격이 있는데, 삼베줄을 길이로 찢으면서 "조상님 좋은 길로 가시라는 뜻에서 길가름을 한다"고 말한다. 산맥이줄을 거는 나무는 가지가 많고 무성한 것을 택한다. 자손이 번창하기를 바라는 뜻이다. 한 번 정한 나무는 시어머니가 며느리에게 대물림을 한다. 마지막으로 호환방지의 성격이 있다. 산은 '山君', 곧 호랑이를 뜻하는 말로 산간 마을에서 호환을 막기 위해 앞산에 금줄을 쳐 놓았다고도 한다. 삼척 지방에서는 소가 아프거나 새끼를 잉태하지 못하면 집안에 걸어 둔 산맥이줄 앞에 간단한 제물을 차려 놓고 빈다.

2

2.
이 마을의 산맥이제에는 남자들이
참여하지 못한다. 새벽 바다에 동이 틀
무렵이면 깨끗한 몸과 마음으로 단장한
주부들이 아무도 몰래 부엌에 걸어 둔
산맥이줄을 벗겨서 제물과 함께
진설하고 산으로 떠남을 간단히 축원한
후 제물을 그릇에 담아 머리에 이고
앞산에 오른다. 이날은 단옷날인데,
산맥이를 지낸 다음이라야 단오놀이를
하러 간다. 정상에 오른 여인들은 서로
말 한 마디 안 나누고 자기가 정한
나무에 가지고 간 금줄을 감는다.

4.
부엌의 한쪽 구석에 V자 형태의
줄을 걸어 놓았는데, 단옷날
산맥이줄을 나무에 걸고 오면
집안 남자가 다시 만들어 걸어
놓는다. 소가 아프거나 집안에
좋지 않은 일이 생기면 산맥이줄
앞에서 축원을 한다.

4

3.
메 두 그릇, 무탕, 생선, 두부전,
시루떡, 과일 등 간결하지만
정성스런 제물을 산맥이줄 앞에
차려 놓고 간절한 기원 몇 마디를
한다. 절을 두 번 하고 나서
가지고 간 칼을 앞으로 던진다.
칼 끝이 자신과 반대쪽인 바다로
향하면 신이 반갑게 歆饗했다고
믿는다. 이럴 쯤이면 동쪽 바다는
차츰 여명이 된다. 동해의 둥근
해가 바다로부터 서서히 떠오를
무렵 부녀자들은 재생과 부활의
새로운 세계를 몸소 맞아들인다.
어둠과 밝음의 교차를 지켜보며
새 희망을 안고 산을 내려오는
것이다.

江原道 溟州郡 江東面 深谷里, 산맥이줄

새벽에 산으로 떠나기 앞서 부엌 벽에
걸어 둔 산맥이줄인 '산' 앞에서 축원을 한다.
제물로 무찌개와 나물, 생선, 시루떡, 메를
준비하며 산맥이줄에는 생선이나 닭고기를
사람이 먹기 전에 일부분을 잘라서 끼운다.

197

江原道 太白市 鐵岩 一洞 버들골, 虎食塚

태백산맥을 중심으로 태백, 정선, 영월,
삼척, 명주 등지 산간마을에는 호랑이에게
물려가거나 피해를 입은 사례가 많다.
조선조 태종 2년의 경우 강원·경상
지역에서 백여 명이 물려 갔다고
『朝鮮王朝實錄』에는 기록되어 있다.
현재까지 조사된 강원도의 호랑이 피해는
이백여 군데로 태백시에 오십여 개 지역,
정선군에 약 팔십여 개 지역, 삼척군에
칠십여 개 지역이다. 이 지역에는 호식총이
있는데 대체로 호랑이에게 잡아 먹히고
남은 遺軀를 화장하고 그 위에 자연석을
주워다가 돌무덤을 만든 것이다. 돌무덤은
50-160센티미터 정도 높이로 돌을 포개어
쌓은 곳도 있고, 돌이 없고
시루만 씌운 곳도 있다.
시루 구멍에는 길쌈할 때 쓰는
'가락꼬치'라는 쇠꼬챙이를 여러 개 꽂아
놓는데 脹鬼가 못 빠져 나오도록 하기
위함이다. 창귀는 다른 사람을 호랑이에게
잡아 먹히게 유인하는데 그래야만 자신이
빠져 나올 수 있다고 한다. 李奎景의
『五洲衍文長箋散稿』에도 창귀가 언급되어
있는데, 燕巖 朴趾源의 단편소설 「虎叱」에는
굴각, 이올, 죽혼 등의 창귀가 나온다.
호환을 예방하는 뜻으로 만든 호식총은
산간마을의 산맥이신앙과도 의미상
연관되며, 서낭당 안의 쇠말봉안이나,
범탈굿과 같은 부속의례 등은 호랑이
침입에 대한 신앙적 방어기재라고
하겠다. (p. 198)

江原道 太白市 禾田 一洞 창죽골, 虎食塚

江原道 溟州郡 連谷面 柳等里, 城隍祭

柳等里는 권시일이라는 분이 개척했다 한다. 소금강으로
향하다가 왼쪽으로 놓인 유등교를 건너 얼마간 들어가면
따로 당집을 안 만들고 자연석을 이용해 지붕과 제단을 만든
성황당을 볼 수 있다. 비가 와도 제사를 지낼 수 있을
정도다. 제사는 음력 3월 초정일과 9월 초정일 子時에
지낸다.

제관들은 모두 유건을 쓰고 베두루마기를 입는다. 제사
날짜가 다가오면 근신을 하고 외부 출입도 삼간다. 메, 탕,
삼색과일, 포 등의 제물을 지게에 지고 와서 진설한다.
위패는 없으나 한지와 실을 걸쳐 놓아 신체로 삼는다. 신에게
바치는 술은 약 일주일 전에 누룩으로 빚어 성황당 옆에
항아리째 묻어 놓았다가 제사 당일 꺼내 쓴다. 제 지내기
삼일 전에는 祭堂 주변에 황토를 뿌리고 금줄을 쳐 외부인의
출입을 막는다. 제사 끝에는 반드시 가가호호의 소원을 담아
소지를 올린다. 성황제가 끝나면 오른쪽 바위 위에 놓인
토기말에도 간단히 절을 한다.

江原道 溟州郡 連谷面 柳等里, 馬城隍堂

성황당 내부에 말을 봉안한 사례는 많다. 하필 말을 모시는 이유야 여러가지겠지만, 우선 말에 대한 숭배관에서 그 이유를 찾을 수 있다. 이는, 신화에 나오는 白馬나 神馬, 아기장수와 龍馬 전설에서처럼 말을 신격화한 것에서 비롯된다. 두번째로 馬病을 없게 해 달라는 뜻에서 馬祭를 지낸 것으로 보인다. 『高麗史』에도 사계절에 따라 馬祭를 거행했던 내용이 있고 『時用鄕樂譜』에는 「軍馬大王」이라는 노래가 실려 있다. 세번째는 성황신의 御馬로서 모셔진 것으로 파악된다. 여러 제보자들에 따르면, 말은 "성황님이 타고 다니라고 놓았다"는 것이다. 이는 성황신을 말로 대치하는 민속심리라 하겠다. 따라서 말은 성황신의 상징이라 하겠다. 마지막으로, 호랑이를 막기 위해 만들어 놓았다는 것이다. 그래서 성황당에 봉안된 말들은 대부분 호랑이와 대적하여 뒷다리가 부러지거나 목이 부러져 불구라는 것이다. 마신앙은 산맥이나 호식총과도 연계되는 산간 신앙이라는 점에서 중요한 의미를 갖는다. 강원도에도 성황당 안에 말의 형상을 한 동물을 봉안하고 있는 곳이 적지 않다. 말의 모양이나 크기도 각기 다르지만, 재질도 쇠로 만든 것, 진흙으로 빚은 것, 기와를 굽듯이 불에 구운 것, 나무로 깎은 것 들이 있다. 이곳에는 瓦馬가 10여 기 봉안되고 있다. 이 말들은 마을로 들어오는 호랑이를 퇴치했다고 한다. 모두 깨어져 불구인데 뒷다리가 없는 것이 많다. 크기는 모두 10센티미터 내외다. 성황제를 지내고 이 말들 앞에서 간단하게 소지를 따로 올려 肉畜이 번성하기를 기원한다는 점이 특징이다. 강원도 내에서 유일한 와마라는 점에서 의미가 있다.

江原道 三陟郡 未老面 삼거리, 靈堂

음력 정초에 택일하고 5월
단옷날에 영당에 모여 제사를 지낸다.
내부에는 '城隍之神位'라고 쓴
위패를 모시고 있다.
광서 15년(1889)에 영당을
중수한 것으로 되어 있어
오래 되었음을 알 수 있다.
삼척군에서는 유일하게 철마
19기를 따로 봉안하고 있다.
鐵馬는 마을의 악귀를
막는다고 한다.

江原道 三陟郡 新基面 西下里,
馬城隍堂

이곳 성황당에는 土馬 1기가
놓여 있다. 성황당은 마을
앞산 중턱에 있는데, 한 칸으로 된
양철 지붕이다. 외부에 금줄을
쳤고 주위에 수령이 오래된 나무가
서 있다. 내부에 위패나 화상은
없고 한지만 걸어 놓았고 그 옆에
토마를 봉안했다. 원래는 둘이
있었는데 하나가 없어졌다고 한다.
길이 27센티미터, 높이
11센티미터로 "성황님이 타고
다니라고 놓았다"고 한다.
성황제는 정월 대보름날 子時에
지낸다. 제관은 주민들 중 生氣가
맞는 사람을 고르고 부인과 합방도
금한다. 제물은 호구마다 돈을
거둬 酒果脯, 시루떡, 생선, 메 한
그릇을 놓는다.

江原道 三陟郡 未老面 活耆里, 馬城隍堂

삼척군 미로면에는 일곱 개 마을에서 말을 성황당에 봉안하고 있다. 미로면은 산간 마을로 이뤄져 있는데, 활기리에는 조선조의 개국과 관련된 유적이 많다. 고려 때는 穆祖 皇考妣가 살던 곳이라 하여 '皇基'라 했고 그 후는 '활게', '활지' 등으로도 불렀다. 현재는 쉰두 가구에 이백십육 명이 살고 있다. 마을에 '파촉대'라는 솟대가 세워져 있고 장승도 있다. 성황제는 1반, 2반 모두 정월과 동짓달에 택일해 지내고 단옷날에도 지낸다. 2반 성황당은 상촌 성황당이라 부르는데 산기슭에 있다. 내부에는 鐵馬 3기가 봉안되어 있다. 큰 것은 16센티미터, 작은 것은 5센티미터 정도이다. 이들 철마는 약 오십 년 전에 근처에 있던 주물공장에서 만들었다. 주민들은 이 철마가 나쁜 액을 막아 준다고 믿는다.

江原道 三陟郡 未老面 內未老里, 馬城隍堂

천삼백 년의 역사를 가진 이 마을은 李承休가 『帝王韻記』를 썼다는 天恩寺가 頭陀山 밑에 있다. 5월 단옷날과 음력 12월에 택일하여 성황제를 지낸다. 제관 2명, 都家 1명을 정해 진행하는데, 남자들만 참가하고 개가 죽은 곳이나 喪故가 난 곳에 가기를 꺼린다. 제물로는 고기, 해물, 메, 酒果脯를 준비한다. 성황당 내부에 시멘트로 제단을 만들었고 '城隍地神神位'라고 쓴 나무 위패를 모셨다. 그 앞에 철마 8기를 봉안하고 있는데, 함부로 만지면 나쁘다고 한다. 길이는 10센티미터에서 20센티미터 정도이다. 촛불 아래서 철마가 살아 숨쉬는 듯하다. (p. 208~209)

江原道 溟州郡 連谷面 退谷里, 馬城隍堂

이곳은 일명 '토일', '퇴일'이라고도 부른다.
이 마을은 임진왜란 때 軍糧을 헌납한 공로로
同知中樞 벼슬을 한 권신 대감이 살았고 그의
후손인 퇴곡 권칭이라는 사람도 이곳에 거주해
지명을 퇴곡이라 했다. 이 마을에는 원래 정씨가
살았는데, 권씨들에 의해 번성하게 되자 '정씨들이
떠난 마을'이라 하여 '퇴곡'이라 불렀다 한다.
그리하여 이곳 鄕言에 '정토일 권퇴곡'이라는 말이
생겨났다. 퇴곡리는 1리와 2리로 나뉜다.
1리의 성황당은 마을 중앙에 있고 매년
음력 9월 中丁日에 제를 지낸다. 성황당
내부에는 '城隍神位'라고 쓴 나무 위패를 모셨다.
畫像은 없고 철마가 왼쪽 제단 위에 4기 놓여
있는데, 모두 다리가 부러진 채로 있다.
이곳 심마니들은 길 떠나기 앞서 이 성황당에
간단한 기도를 올린다.

京畿道 楊平郡 江下面 聖德 二里 큰골, 城隍堂

큰골에는 '첩당'이라 부르는 당집과 사백여 년
된 엄나무 신목이 숲을 이룬다. 큰골사람들은
당집이 첫째부인이고 오히려 양지마을
당수나무가 첩당이라고 우기기도 한다. 이같이
마을을 갈라서 혈연공동체의 성격을 부여하는
측면도 마을지킴이모심의 특성이다.
당집을 들여다보면 5-10센티미터에 불과한
철마들이 수십 개 있다. 다른 곳의
철마처럼 이곳의 철마들도 예외없이 다리가

부러져 세 개씩만 지니고 있다. 호환을
막다가 다리가 부러졌다는 이야긴데
마을수호신 역할을 톡톡히 해내고 있는
셈이다. 이들 철마는 영험이 뛰어나서 함부로
집어 갔던 사람들이 화를 입었다고도
전해지며 감히 손대는 일은 없다. 원래
마을에는 옹기점이 있었는데 일이 잘되지
않으면 철제마를 만들어 치성을 드렸다고도
한다.

慶南 統營郡 山陽面 三德里 원항부락, 將軍堂

중요 민속자료 9호로 지정(1968. 11. 23)된 祭堂으로 장군신은 갑옷을 입고 칼을 잡고 있는데 약 오십년 전에 충무 사람이 그렸다고 한다. 크기는 가로 85센티미터, 세로 120센티미터이며, 최영 장군 또는 이순신 장군이라고도 전한다.
장군상 앞에 있는 대목마는 龍馬라고 하는데, 높이 93센티미터, 길이 155센티미터, 허리 둘레 96센티미터로, 소나무로 만들었다. 눈과 입은 음각이고, 귀와 다리는 따로 깎아서 꽂았다. 놋쇠로 만든 용마를 분실하고 오십 년 전에 새로 만들었다.
대목마 옆의 소목마는 높이 65센티미터, 길이 68센티미터이며, 다리와 목을 따로 만들어서 조립했다.
마을의 안녕을 위해 영험한 용마를 안치하고 있다고 전한다.

慶南 固城郡 馬岩面 石馬里, 石馬

馬像을 이 마을에서는 馬神 또는 馬將軍이라 부른다. 마을 어귀 馬壇에는 암수 한 쌍의 석마를 모시고 제사를 음력 정월 보름날 子時에 지낸다. 큰 석마는 높이 50센티미터, 길이 138센티미터이고, 작은 석마는 높이 45센티미터, 길이 97센티미터이다. 도 지정 민속자료 1호(1974. 2. 16)로 제관으로 선정된 사람이 콩 한 말을 제물로 석마에게 바친다는 점이 특이하다. (p. 213)

마을지킴이와 마을굿 – 그 날줄과 씨줄
朱剛玄

마을지킴이의 유형과 실제
張正龍

마을지킴이와 마을굿 - 그 날줄과 씨줄

朱剛玄

경희대 강사·민속학

1. 서론

우리는 이제 과거와는 판이하게 다른 시대를 살아가고 있다. 그럼에도 불구하고 오늘날 우리 한국 사회 곳곳에는 과거로부터 전해져 온 민속유산들이 여전히 유전(遺傳)하고 있는 중이다. 그 중에서도 우리 겨레의 마을 생활과 밀접한 연관을 맺어 오면서 곳곳에서 현존 민속으로 생동하고 있는 마을굿과 마을지킴이들이 단연 돋보인다.

집안지킴이와 마을지킴이로 가를 수 있는 민중의 지킴이는 오랜 세월 다양한 이름으로 불려 왔다. 이 글에서는 옛 선비들이 즐겨 한자로 쓰던 용어인 음사(淫祀)·성황제(城隍祭)·천제(天祭)라든가 일제 식민 통치의 영향인 부락제(部落祭)·부락신앙(部落信仰)·신사(神祀)[1] 같은 명칭을 쓰지 않기로 한다. 막상 생활현장에서는 지역·신격 등에 따라서 대단히 복잡다양한 명칭들이 병존하고 있으나, 각기 다른 현장용어 중에서 어느 하나를 딱히 집어서 쓸 수도 없는 형편이라 용어의 통일을 기하기 위해 마을의 굿 자체를 의미하는 말은 '마을굿'으로 기왕에 채택하여 써 왔고[2], 그 수호대상은 '마을지킴이'라는 용어로 일괄하여 쓴다. 민중들 스스로는 '당제모심', '동

제모심', '산제모심', '마을굿', '당산제', '서낭굿', '도당굿', '산님', '산신님', '국사서낭', '호구별상', '골매기할배' 등의 자연스런 현장용어를 쓰고 있고, '마을신앙'이니 '민간신앙'이니 하는 표현은 거의 쓰지 않기에 마땅한 선택이 어려운 것이다. '무속'같이 두루 쓰이는 용어도 실은 그 말쓰임새가 근·현대에 들어오면서부터 시작된 것임을 유의해야 한다. 더욱이 기독교적 세계관의 유일신(唯一神) 같은 개념은 애초에 없는 것이다. '신령님'이라 했을 때 그 개념은 미분성(未分性)을 면치 못하는 것이다.[3] 그러면서도 막상 금기를 지키고 몸을 정갈히하여 무언가를 모시는, 우리 민중의 '신앙'을 대하는 세계관을 이해해야 할 것이다. 그리하여 마땅한 말을 고르다 보니 '마을을 지켜 준다'는 소박하면서도 폭넓은 뜻을 함축하고 있는 '마을지킴이'라는 표현을 쓰게 되었거니와, 앞으로도 '지킴이'같이 아름다운 우리말을 갈고 닦을 일이다. 말하자면, '지킴이'를 민중들의 신앙상징을 압축하는 통칭어로 사용하려 한다.[4]

마을지킴이를 이해하기 위해서는 여러가지 방법이 동원될 수 있을 것이다. 과연 그 지킴이들 개개를 잘

217

찢어내고 현미경을 들이대듯이 분해시켜낼 때 우리는 지킴이들의 구체적인 모습에 도달하게 된다. 그러나 우리는 과거와는 분명히 다른 시대에 살고 있다. 따라서 지금의 우리가 선조들로부터 전해져 온 이들 문화유산을 바라볼 때 간과해서는 안 될 점은 우리가 지니고 있는 여러 판단들이 '과학'이라는 이름으로 적절하게 포장된 외래적 시각일 수 있다는 것이다. 선조들의 생활과 풍습을 알아보는 데서 그치지 않고 그들의 생활양식을 보다 가깝게 이해하는 방식, 매우 어려운 이 길을 택하기 위해 몇 가지 논의틀을 조립해 본다. 그 하나는 선조들의 마을지킴이 이해방식을 문헌을 통하여 살펴보는 일이다. 이는 이들 지킴이의 역사성을 살필 때 더할 나위 없이 중요한 지름길이다. 다른 하나는 그러한 전통들이 근·현대 사회로 접어들면서 분해되어 나간 역사를 함께 살펴보는 일이다. 과거로부터 오늘에 이르는 '역사 속의 민중과 민속'을 함께 살펴볼 일이다.[5]

그러나 그것만으로는 충분하지 않다. 각각의 현장에 널려 있는 당산제, 산신제, 서낭제 등 이름은 달라도 동일 목적을 공유하고 있는 이들 지킴이들을 이해하려면, 선조들의 원초적 세계관을 살피는 것으로부터 출발해야 한다고 믿는다. 그 세계관은 포착하기 어려운 점이 한둘이 아니고 그야말로 일괄적으로 정리하여 '이거다'라고 제시하기에도 난처할 정도로 여러가지 사안들이 중첩적으로 얽혀 있다. '마을굿은 복합문화이며 적층문화이다'라는 표현을 쓸 때, 복합성과 적층성(積層性) 그 자체가 이미 날줄과 씨줄이 얽혀서 오랜 세월 동안 쌓여 온 문화틀이란 사실을 환기시켜 준다.

마을굿의 역사적 변천이 종적인 굿의 역사로서 날줄을 이룬다면 씨줄은 지킴이모심 자체의 여러 횡적인 측면들, 그리고 지킴이를 새롭게 이해하는 하나의 방식으로 월(月)·화(火)·수(水)·목(木)·금(金)·토(土)·일(日)에 깃들인 하늘·해·달·별·흙·나무·바람·쇠붙이 같은 세계, 그리고 '사람이 주인이다'라

는 아주 단순하면서도 지극히 전래적인 준거틀로 설명된다. 굳이 음양오행(陰陽五行)이니 하는 말을 쓸 필요도 없이 이들은 모두 우주만물의 자연적 세계관에 기초한 이해방식이기도 하다. 그러나 결국 그 자연이란 것도 인간이 극복해야 할 하나의 대상으로 간주되며, 그들 모두는 사람 중심의 세계관에서 비롯된 것임도 말해 준다. 단순 소박하게 자연을 숭배하는 이들의 의식(儀式)조차 결국은 인간 스스로를 위한 과정임을 지킴이들은 보여주기 때문이다. 물론 이러한 의식 속에서 전근대 사회의 시대적 제한성과 비과학성을 발견할 수 있음도 숨길 수 없는 사실이다. 더욱이 지킴이들에 매개되어 있는 기복신앙적인 측면은 낮은 생산력 사회에서 보이던 제한된 세계관으로 파악될 수 있기 때문에 무조건 옹호하기만도 어렵다. 오히려 이에는 엄정한 비판이 전제되어야 마땅하다. 그러나 하늘과 땅이 열리고 나무, 불, 돌, 쇠, 물, 그리고 사람이 중심이 되어 엮어 가는 자연과 인간의 친화 속에서 지킴이들은 새롭게 보일 수 있을 것이다.

논의를 정갈하게 하기 위해 선조들의 마을지킴이 이해방식과 지킴이 자체의 변천사를 한 소절로 다루고, 두번째로 지킴이를 모시는 여러 갖춤새들을 일곱 가지로 나누어 설명해 보기로 한다. 바로 한국의 마을굿과 지킴이를 이해하기 위해 한 축은 종적·질적 지렛대를 이용하고 다른 축은 횡적·양적 지렛대를 사용하여 마을굿과 지킴이를 각기 다른 프리즘으로 조망할 것이다. 물론 '굿의 사회사'라는 사회·정치적 측면의 상호연관된 지렛대도 칼날의 양면처럼 중요시될 것이나, 이 글에서는 작게 다루기로 한다.[6] 종횡으로 얽힌 두 개의 축이 옳게 결합되어 이해될 때 우리는 진정 지킴이 이해에 도달할 수 있다. 가령 제주도 당나무에 널브러진 화려한 '물색'의 민중적 미의식을 이해하지 않고서 어떤 올바른 지킴이 이해에 도달했다고 단언할 수 있겠는가. 바로 이 글은 마을굿의 대동성을 통한 열린 세계로의 지향과 그 각각

의 마을에 모신 지킴이들의 날줄과 씨줄을 엮어 하나로 만드는 작은 작업인 셈이다.

2. 마을지킴이의 날줄

1. 선조들의 마을지킴이 이해방식

아침에 판교원을 떠나
남으로 구성현 가는데
길 옆에 오래된 성황당
숲은 어이 그리 무성하뇨

예로부터 전하기를
저 숲에 귀신이 있다 하면서
오가는 길손들
저저마다 복받고자 하더라

지전을 나뭇가지에
시새워 걸어 놓고
숲속 성황당 향해
정성으로 비는 말

앞길 가는데
만사형통 하옵시여
말은 부디 등창 나지 말고
말발굽 탈도 전혀 없기를

금은 비단 퍼내고
간 곳마다 술과 밥에
근심걱정 말도록이
제발 돌봐 주옵소서

내 이 비는 말듣고서
긴 한숨 지었노라
거기 무슨 신령 있어
재앙과 부 준단 말가

우연히 전해 내려온 소문

정말로 속았거니
괴이한 이 행사가
어리석은 사람들 속여만 주누나

차라리 그 나무 찍어
불을 때고
우등불 지펴 요사스런 여우
부닐지 못하게 해야지

좋은 나무 다시 심어
열 길 높이 기른 후에
삼복철 더위에도
시원하게 하여 보세나

큰집 지을 재목은 되지는 못할망정
더위 먹은 사람들 위해
시원한 그늘에서 바람쏘이게 위로해야지

조선시대 선조조와 광해군조에 살다 간 석주(石洲) 권필(權韠, 1569-1612)의 시 「서낭당의 노래」이다. 그는 관념론과 숙명론에 반대하여 이같은 시를 지어 유교적 지식인으로서 민중의 지킴이에 대해 강한 비판의식을 나타냈다. 그러나 이같이 비판적 글들을 통하여나마 석주가 살던 시절에도 서낭당이 있어 길손들의 지킴이로 모셔졌음을 알게 된다. 원문에는 '성황당(城隍堂)'이라 썼지만 석주가 시에서 그린 것은 정작 군·현 단위에서 모시던 성황당이 아니라 당대 민중들이 구어체로 '서낭당'이라 부르던 전래 토속신앙인 것이다. 서낭당이 길가에 위치했다는 사실, 숲으로 이루어졌으며 신목(神木)이 있어 지전(紙錢)을 걸어 두었고 오가는 길손들이 무언가 소원을 빌면서 모셨다는 사실 등은 오늘날까지 유전하는 현존 서낭당의 모습과도 일치한다. 권근(權近)의 후손으로서 사대부 출신인 석주가 바라본 지킴이에 대한 이해방식은 바로 당대 유교적 지식인들의 세계관을 잘 드러내 주고 있다.

몇 가지 사례를 더 더듬어 본다. 시대를 거슬러올

라가 일찍이 고려시대 무신란 이후에 이규보(李奎報, 1168-1241)가 장시「노무편(老巫篇)」을 통하여 무당을 공격하고 태고(太古)의 풍(風)이 복구되기를 기원하였음도 같은 맥락을 지닌다 하겠다. 안향(安珦)이 경북 상주에서 무당을 다스렸다는 기록이나 권화(權和)가 요민(妖民) 이금(伊金)을 처단하였다는 기록도 전해진다(『高麗史』列傳). 민중을 난세에서 구원해 주겠다는 미륵이니 제석(帝釋)이니 하는 무당들이 도처에서 횡행하여 신진 사대부들과 갈등을 빚었다는 많은 기록들로 미루어 이들 민간 기도처나 신격 대상들이 이미 대립·갈등을 빚었음이 명백하다. 바로 고려의 지방 군현제를 떠받치고자 성립시켰던 성황사가 존재하는 가운데 민간의 서낭당 같은 음사(淫祠)들이 병존했던 것이다. 다음의 자료는 군·현 단위의 지킴이 모습을 잘 보여준다. 즉『강남악부(江南樂府)』에 전해지는 전라도 순천 지역의 성황신은 전형적인 '성황당'의 모습을 보여준다. 물론 유교적 가치관에 부합되는 성황신을 말한다.

> 김별가(金別駕)는 뛰어난 사람이네
> 살아서 평양(平陽)의 군장(軍長)이 되지는 못했어도
> 죽어서 성황신이 되었다네
> 신의 음덕이 후손들에게 전해져 보살펴 주시니,
> 대대로 문관과 무관에서 어진 신하가 많구나.
> 그대는 보지 못하였는가,
> 진례산(進禮山)이 높고 높아 오래도록 무너지지 않은 것을.
> 지금까지 봄과 가을에 제사 드린다네.[7]

이러한 병존은 오늘날 보기에는 두 가지 측면을 지닌다. 그 하나는 민중의 지킴이모심을 음사라고 비판하면서 이를 통제하기 위한 장치로 국가 및 지방 단위의 지킴이를 봉헌해 온 사실을 통해 지킴이의 신분적 질서체계, 혹은 지킴이를 통한 민중통제책을 살펴볼 수 있다는 것이다. 즉 읍치(邑治)마다 여단(厲壇), 사직단(社稷壇), 성황사를 두었으니 이는 중앙 정권과 지방 토호들과의 대립관계도 잘 암시해 준다. 이미 고려 초기에도 각 지방의 성황사가 국가가 아닌 지방 세력들에 의해 건립되었음은 그것이 자신들의 조상을 성황신으로 배향(配享)함으로써 그 지역의 지배권력을 오랫동안 존속시키기 위함이었다.[8] 다른 하나는 민중들의 지킴이나 국가적 지킴이나 당시대의 '주술에 의탁하는' 시대적 제한성을 잘 보여준다는 것이다. 여말선초의 지킴이에 대해서는 좀더 살펴볼 필요가 있다. 오늘날의 지킴이를 이해하는 데서도 중요한 대목이기 때문이다.

오늘날과 같은 형태의 마을굿과 지킴이들이 전국적으로 정착된 것이 언제부터였는지를 알아보려면 우선 마을 형성 자체가 어느 시점에서 가능했느냐 하는 측면을 고려해야 할 것이다. 우리 역사에서 마을공동체의 형성 과정상 몇 개의 자연촌이 서로 결합해서 '리(里)'라는 독자적 촌명을 가질 정도로 성장하여 마을다운 자연촌이 된 시기는 바로 여말선초였으리라고 여겨진다. 오늘날 실제적인 마을굿 논의를 구체적으로 가능케 하는 향촌사회와 마을굿의 직접적 관련성은 '리(里)'로 발전된 자연촌에 이르러서야 파악될 수 있다고 본다.[9]

역사문헌에서, 여말선초의 마을 단위 지킴이들에 관한 명쾌한 자료는 아직 확인되지 않고 있다. 그러나 조선초의 몇 가지 기사를 통하여 이른바 음사의 실태를 유추할 수 있을 것이다. 민중들의 지킴이모심에 대한 본격적인 회유·통제책은 조선시대 개국과 더불어 본격화되었다. 여말선초에 이르러 제법 마을이 커지고 '리(里)'가 독자적 단위로까지 성장하게 되었을 때, 우리가 오늘날 말하는 것과 같은 의미로서의 마을지킴이에 대한 정치적 고려가 본격화되기 시작한다. 사찰을 중심으로 행해지는 불교의식이나 무가(巫家)를 중심으로 행해지는 음사를 혁파하기 위한 첫 과제는 집마다 사당을 세우고 신주(神主)를 만드는 것으로서, 이미 고려말에 정몽주(鄭夢周)

나 문익점(文益漸) 같은 신진 유교세력에 의해 건의된 바 있으나, 뒤이은 고려의 멸망으로 그 과제는 조선 왕조로 넘겨진 것이다. 조선 왕조가 세워진 지 두 달 후인 태조 원년 9월에 가묘(家廟)를 세우고 음사를 엄단할 것을 도평의사사(都評議使司)의 배극렴(裵克廉), 조준(趙浚) 등 대신이 왕에게 올린 것을 효시로 하여 그 후에 풍속을 규정하는 소임을 맡은 사헌부가 중심이 되어 주자가례(朱子家禮)의 보급을 추진했다. 당시에 음사라고 하면 오신(娛神)행위와 야제(野祭)를 통한 재화예방(災禍豫防)이 대종을 이루었다. 오신행위는 장례 전일에 무격(巫覡)을 초청하여 밤낮으로 음주작락(飮酒作樂)케 했으니, 그것은 조상신을 위로하는 것으로서 당시 세속에서는 그같은 행사를 하지 않으면 부모를 박대하는 불효로 간주되었다. 야제는 질병으로 사망케 되면 앞으로 오는 재액을 방지하기 위해 주식(酒食)을 성찬(盛饌)하고 무격이나 승려를 초청하여 가무와 범패(梵唄)를 행하고 남녀가 군집하여 환희함으로써 풍속을 퇴폐케 했다고 전해진다. 실상 주자가례를 따르는 일은 유교의 교화는 물론이고 경제력이 뒤따라야 하는 것이었기에 민중들은 대개 전통적인 관행을 지켰던 것이다. 그리하여 음사를 유교적인 의례로 변화시키는 데 근 백여 년의 세월이 걸렸으며 그나마 완전한 것도 못 되었다.[10]

민중들이 모시는 서낭당에 대해서는 음사라고 공격을 멈추지 않으면서도 중앙정부는 물론 각 관아에서도 성황당, 여단, 사직단을 설치하였고 향교에는 문묘(文廟)를 설치하여 소상(塑像)을 모셨다. 세종 6년에는 단묘제도(壇廟制度)를 실시하였다. 세종이 "경들은 봉작(封爵)과 사당을 세운 옛날의 제도를 들려 달라"고 하니 "본국에서 봉작하는 산신은 산꼭대기에 사당을 세우고 상하가 모두 제사 지낸 지가 이미 오래 전부터였습니다"고 했다는 『세종실록(世宗實錄)』(世宗 6년 甲辰 2월 丁巳)의 기사로 미루어 이미 오래 전부터 지킴이를 모셔 왔음을 알 수 있

다. 또한 "민간은 음사를 금해야 하는 것이 사람의 바른 마음이라 생각됩니다"라고 하거나 "현(縣) 사람들이 모여 음사를 행하므로 산기슭에 단을 만들어 치제(致祭)케 했다" 는 등의 기록은 당시 음사의 존재를 잘 알려 준다. 그리하여 선초(鮮初)에는 이사지법(里社之法)이 이루어지게 된다.

"이사지제(里社之制)란 각처 향촌에서 백 호를 단위로 단을 세워 토지신이며 천신을 제사하여 풍년을 비니 윤년으로 제관이 나와 춘추 두 번 제사 시에 미리 제수(祭需)를 마련하되 일양일시(一洋一豕)와 주과(酒果) 등을 준비하고 제사가 끝나면 회음(會飮)하는데 먼저 동리인이 지켜야 할 「맹서(盟誓)」를 읽는다. '우리 한 동리 이웃들은 각기 예법을 따라 세력을 믿고 약자를 능욕하지 말 것이며 동약(洞約)을 어긴 자는 마을에서 제재한 다음 관에 넘긴다. 혹시 가난해서 자급이 어려우면 동리에서 두루 그 집을 보살피되 삼 년 동안에 자립하지 못하면 마을의 모임에 참여시키지 않는다. 길흉대사에는 서로 돕고, 중의를 따르지 않거나 간허(奸許)한 자 등 모든 부정한 자는 모임에 참여시키지 않는다.' 독서(讀誓)가 끝나면 연령순으로 좌정하고 화기애애한 음복연에 들어가니 경천목린(敬天睦隣)의 양법(良法)이다. 이 법을 시행케 하되 우리나라는 자연촌의 민호가 적으니 자연촌락의 전통을 존중하여 함부로 합병하여 백 호를 기하지 말고 호구의 다소며 지리의 원근을 헤아려 혹 40호 혹 50호마다 이사(里祠)를 세워 제사 지내도록 하고 지금부터는 법령을 따르지 않고 동리에 신당을 따로 모셔 음사를 행하면 모두 태워 엄히 다스리도록 하여야 한다."[11]

요컨대 위의 기록은 당대 민중들 사이에서 광범위하게 유전되고 있었던 지킴이들인 '음사'를 국가에서 아예 합법적으로 관장하고, 통치를 따르지 않는 음사들은 모조리 태워 버리라는 지킴이의 정치적 해결방식을 잘 보여주는 대목이라 하겠다. 그러나 정

작 이사지법은 제대로 실현되지 않았다. 그 이유는 상·하민 사이에 젖어 있는 불(佛)·도(道)·무격(巫覡) 등의 인습과 그 잠재적 기능을 치국의 차원에서 아주 무시해 버릴 수가 없었기 때문이었다. 주자가례를 그대로 수용할 수 있는 경제력과 유교적인 소양도 전제되어 있지 못한 상태였기 때문에, 선초에는 주자가례의 보급에 많은 어려움이 따랐던 것으로 보인다. 이는 민중들 사이에 광범하게 존재했던 다양한 민중조직들을 상층부 주도의 '향약(鄕約)'이라는 하나의 틀로 묶어 세우려는 노력이 완전한 성공을 보지 못했던 것과 같은 궤를 지닌다. 따라서 향약에 있어서의 상하합계(上下合契)처럼 일정한 타협책이 마련된다. 가령 나무를 깎아 만든 남자의 성기를 걸어 두었던 '부근당(付根堂)'을 적절하게 융합하여 '부군당(府君堂)'이라 한 것도 이와 유관하다. 『문헌비고(文獻備考)』에 "본조 풍속에 도하 관부들에는 으레 수호신을 모신 한 작은 숲을 두고 그 사당에 지전을 걸고 부군이라 일컫는다(本朝國俗 都下官府 例置 祠掛紙錢 號曰府君)"고 했으니 '부근'이 '부군'으로 바뀌었음을 알 수 있다. 그러나 여전히 민간에는 '음사'로서의 부근당이 통제 불가능할 만큼 널리 퍼져 있었다.

후에도 이에 대한 대비책은 성리학적 이념에 입각한 『삼강행실도(三綱行實圖)』,『소학(小學)』등의 윤리서와 향사례(鄕射禮), 향음주례(鄕飮酒禮)의 보급운동으로 계속 이어졌다. 민중들 사이에서 광범위하게 유포되어 있던 마을지킴이를 일괄적으로 유교적 통치구조 속으로 끌어 넣기에는 무리가 많았기 때문이다. 당시 민중들이 마을지킴이를 모셨음에 반하여 양반 사대부들은 향음주례를 즐겼다. 향음주례는 온 고을 유생들이 모두 모여 술을 마시고 약(約)을 읽으면서 잔치를 하는 예절을 말했다. 조선 초기와 후대의 자료들에 나타나는 향음주례를 살펴본다.

"빈객과 주인이 읍(揖)하고 사양(辭讓)하면서 자리로 올라가는 것은 존경과 겸양을 가르치기 위한 것이요, 손을 씻고 세면을 하는 것은 청결을 가르치기 위한 것이요, 처음부터 끝까지 매사에 반드시 절을 하는 것은 공경하는 마음을 가르치기 위한 것이다. 이와같이 존경하고 청결하고 공경한 다음에 서로 접촉하면 난폭하고 교만함이 사라지고 환난이 종식될 것이다. 주인이 빈객과 그 수행한 사람을 가리는 것은 현자와 우자를 구별하기 위함이요, 빈객을 먼저 대접하고 수행인을 후에 대접하는 것은 존귀함과 비천함을 밝히기 위한 것이다. 현자와 우자가 가려지고 존귀함과 비천함이 밝혀지면 사람들은 권면(勸勉)할 것을 알게 될 것이다. 그러므로 술을 마실 때는 즐겁게 하되 음탕한 지경에 이르지 않고, 엄숙하되 소원한 지경에 이르지 않는다. 신(臣)은 경계하지 않고서 교화가 이루어지는 것은 오직 음주(飮酒)로 인한 것으로 생각된다."[12]

"읍 사람들이 봄·가을로 마련하여 고을의 술 마시는 예를 만들었는데, 나이 팔구십이 된 이가 한 자리요, 육칠십이 된 이가 한 자리요, 오십 이하를 한 자리로 만드니, 나이로써 구별하게 한 것이다. 사람을 시켜 서문(誓文)을 읽고 말하기를, '부모에게 불효하는 자는 쫓아내고, 형제끼리 화목하지 않은 자는 쫓아내고, 붕우(朋友)에게 신의가 없는 자는 쫓아내고, 조정을 비방하는 자는 쫓아내고, 수령을 헐뜯는 자도 쫓아낸다. 첫째 덕업(德業)을 서로 권할 것, 둘째 허물은 서로 잡아 줄 것, 셋째 예속을 서로 이룰 것, 넷째 어려운 일에 서로 구휼할 것이니, 무릇 같은 시골의 사람들은 각각 효성과 우애, 충성과 신의를 다하여 모두 후한 마음으로 돌아가라' 하니, 다 읽고 모두 재배(再拜)하고 음사(飮射)의 예를 행했다."[13]

참으로 점잖고 고상한 의례이다. 조선시대의 지배층이 즐기던 생활풍습을 잘 보여주고 있다. 그에 비하면 민중들의 지킴이모심은 '음사' 정도로 치부되었던 것이다. 뼈대 있는 양반과 무지렁이 민중들 사이의 대립모순은 바로 이들 지킴이모심에서도 분명하였다. 참으로 양반들은 민중들의 굿을 그대로 두기보다는 과감하게 불살라 버리는 노력도 감행하였다. 숙종 29년(1703) 제주 목사(牧使) 이형상(李衡祥)이 제주도에서 자행한 마을지킴이 탄압은 매우 상징적인 일로 전해진다.

"섬의 곳곳에 도로가 나무로 당을 만들고 매년 정월 초하루부터 보름에 이르기까지 무당들이 독기(纛旗)를 앞세워 모시고 나희(儺戲)를 꾸며 꽹과리와 북을 치며 깃발과 창검을 앞세워 온 동네를 돌아다니면 관원 이하 온 마을사람들이 다투어 물품과 곡식을 바쳐 제사를 드린다. 사람들은 모든 질병과 생사화복(生死禍福)을 음신(淫神)에게서 구하여 극복하려 하므로 자연 무당들의 횡포가 심하고 그 무리 또한 많아 백성들의 피폐가 크다. 이들은 일반 사람들에게 재물을 강요하고 신당에 소를 잡아 제사지내며 심지어는 마소를 탈취하는 등의 행패가 극심하였다. 이에 지역 주민들의 호응을 얻어 신당 129개소와 신당에 관계되는 기물, 의복까지 부수고 불살랐다. 이에 무당들이 스스로 그 일에 손을 떼고 농사일에 종사하게 되었다".[14]

이 기록만 가지고는 제주도의 마을지킴이들이 모두 사라진 것으로 판명된다. 그러나 정작 사실은 달랐다. 그가 무격 사백 명을 귀농시켰다고는 했지만 그들 대부분의 무격들은 농어업에 종사하면서 무업(巫業)을 행하고 있었을 터이니 사실은 과장된 표현이 아닐 수 없다.[15] 또한 조선조가 숭유배불정책을 표방했다 해도, 다른 지역에서 볼 수 없는 불사(佛寺) 파괴 정책을 시행한 것을 보면 당시 제주도의 불교는 토속성이 농후하여 무속과 동류가 아니었던가 하는 짐작도 든다.[16]

민중들의 마을지킴이모심은 매우 완강하고도 끈질긴 것이었다. 그러나 기록에 나타나지 않았다고 해서 사대부들은 모두 지킴이를 모시지 않았다고 보는 것은 매우 큰 잘못이다. 정작 민중들의 마을굿에도 많은 양반들이 실제로 참여했으며, 유교적 의례가 적절하게 개입되어 융합은 되었을지언정 민중들 고유의 문화는 그대로 전승된 것이다. 각 지역에서는 지방 토착세력의 한 상징물로서 지역마다 지킴이들이 존재했고 중앙에서 내려오는 관리는 늘 지방제의에 참가하여 민심을 무마하였으며 관아에서 직접 제를 올리는 모습도 매우 자주 확인되기 때문이다. 지킴이는 지방 토착세력들이 중앙관리에 대항하여 텃세를 내세울 수 있는 가장 큰 무기의 하나이기도 했다. 지역 민중들과 타협하기 위해서도 서울에서 내려온 관리들은 타협책을 연출해야 했다. 가장 대표적인 사례의 하나가 강릉 단오제이다. 여기서는 무격신앙과 지방 관아의 제사 형식이 적절하게 결합된 흔적을 볼 수 있을 뿐만 아니라, 민중들의 생활관습이 지닌 강한 힘도 엿볼 수 있다.

"읍에는 각기 성황당이 있어 봄과 가을에 제사를 지낸다. 그러나 강릉만은 제사를 지내는 일 외에 유달리 이상스런 일이 있다. 매해 4월 15일이면 이곳 강릉의 시임호장(時任戶長)은 무격을 거느리고 대관령 위로 나아간다. 여기에는 신당이 한 칸 있다. 호장은 신당에 나아가 고유(告由)하고 무격으로 하여금 나무 사이에서 신령을 구하도록 한다. 나무 하나에 광풍이 불어 나뭇잎이 스스로 흔들리면 신령이 내렸다고 하고 그 나무의 가지 하나를 자른다. 호장은 건장한 이로 하여금 나뭇가지를 받들고 가게 하고 이것을 일컬어 '국사신(國師神)의 행차'라고 한다. 화각(畵角)이 앞에서 인도하고 무격들은 징을 치고 북을 두드리며 따른다. 호장은 대창역(大昌驛)의 말을 타고 뒤를 밟아 천천히 간다. 길에는 이를 보려는 자가 담과 같이 늘어서 있어 혹은 지포(紙布)를 찢어 신목에 건다거나 혹은 술과 안주로 무격을 위로한다.… 한편 대관령에서 받들어 온 신목은 그 다음날 성황당에서 불사른다. 강릉읍의 습속(襲俗)에는 이같은 일이 당연한 것이라 생각되며 그 유래는 이미 오래되었다. 만약 이것을 치르지 않으면 비바람이 곡식을 손상하고 금수는 해를 끼친다고 한다."[17]

오늘에까지 유전되는 강릉 단오제의 현존 민속은 이같이 유교적 기풍과 민중 생활풍습의 긴밀한 결합도를 잘 보여준다. 다음과 같은 『동국세시기(東國歲時記)』의 자료들도 양반과 상민이 함께 결합했음직한 마을굿을 자주 보고해 주고 있다.

"청안(淸安)의 풍속에 3월초가 되면 그 현의 우두머리가 읍민들을 거느리고 국사신(國師神) 부부를 동면(東面)에 있는 장압산상(長鴨山上)의 큰나무에서 맞이하여 읍내로 들어온다. 그리고 무격으로 하여금 주식을 갖추어 놓게 하고 징과 북을 울리고 치며 떠들어대면서 현아(縣衙)를 비롯하여 각 관청을 돌며 그 신에게 제사를 지낸다. 이십여 일 뒤에야 그 신을 도로 그 전 큰나무로 돌려보낸다. 이런 행사는 이 년 만에 한 번씩 행한다."[18]

"경상도 웅천(熊川) 풍속에 토착민들이 매년 4월에 웅천 신당으로부터 신을 맞이해 하산하여 종과 북을 치면서 여러가지 놀이를 한다. 원근에 세상 사람들이 앞을 다투어 모여서 제사를 지낸다. 10월에는 또한 이렇게 하는 것이 상례로 되어 있다."[19]

구전하는 전라도 민속(전남 영암군 시종면 옥야리)에서도 다음과 같은 사례가 보인다.

"서기 1010년에 친송책(親宋策)의 계속과 강조(康兆)의 난을 평계삼아 거란의 성종이 사십만 대군으로 침입하자 강조는 분전하다가 패사했으며, 이로 인해 개경(開京)이 함락되므로 왕이 나주(현재는 영암) 남해포로 피신, 남해당이 위치한 곳에서 왕이 야영중 잠을 이루자 꿈 속에 수신(水神)이 나타나 이곳을 빨리 피신하라 하여 눈을 떠 보니 바닷물이 없어져서 몽탄으로 피신했다. 이때 문신 하공진(河拱辰)이 적진에 들어가 볼모를 자청해 거란의 철병을 도모하매, 왕은 무사히 환궁하게 되었다. 왕이 이곳을 남해당이라 이름짓고 제각(祭閣)을 세워 전남의 6개 고을 군수로 하여금 제를 모시게 명했다. 그후 남해포의 제를 용왕제, 포제, 당제, 중사제, 대왕제 등으로 부르게 되었으며 제관 세 명과 수령이 동참하고 제사비용도 국가에서 부담하거나 지방세비에서 부담했다. 남해 신사당터는 묘지가 되었다."[20]

그러나 이같은 굿에서조차 보편적이면서도 가장 널리 행해지던 의례의 문화적 주도권은 여전히 민중들에게 있었을 것이다. 또한 기록에 자주 등장하지 않지만 순수한 민간인들 사이에서 마을 단위로 행해지던 마을굿들이 비교할 필요도 없이 월등히 많았을 것은 의문의 여지가 없다. 반촌은 물론이고 조선 후기에 다수 확산되고 있었던 민촌에는 으레 이들 지킴이들이 중요한 역할을 했을 것으로 여겨진다.

여기서 우리는 제(祭)와 굿의 차별성과 동질성을 보게 된다. '굿이냐 제냐' 하는 문제는 이같은 역사성과 관련이 있다. 양자는 사실상 같은 말이다. 그러나 그 역사적 연원은 매우 다르다. 원래 우리의 모든 굿들은 그대로 '굿'으로 불려 왔다. 말하자면 '굿'이란 말이 보다 민중식 표현에 속한다고 볼 수 있다. 제는 분명히 유교식 가치관이 주입된 결과이다. 민중들의 혼례풍습에서 주자가례의 교조적 강요가 '반친영(半親迎)'이라는 타협책을 마련한 것처럼, 민중들은 유교에서 요구하는 '제'를 적절하게 받아들여서 타협을 이루게 된다. 그 타협책의 소산으로 의례 자체에 축문이 붙고 다소 유교적인 제례가 첨가된 것이다. 그러나 지킴이나 신체(神體), 굿의 목적 등에는 아무런 변화도 불러일으키지 못했으니 굿이 지닌 넓은 포용력이 여기서도 유감없이 발휘되었다 하겠다. 바로 마을굿은 불교건 유교건 자신의 품에 안아서 녹여내어 용해시키는 방식으로 민중들의 생활과 풍습을 존속시켜 왔던 것이다. 즉 제와 굿이라는 용례(用例)가 같은 뜻으로 함께 쓰여 왔음은 민중들의 슬기로운 타협책의 소산으로 보인다. 보다 정확히 말하자면 전통적 굿판에서 유교식 제를 적절히 수용한 결과로 보인다. 이에 따라 우리는 지금 당산제니 당산굿이니, 서낭제니 서낭굿이니 하는 말을 혼용하고 있으나 둘 다 같은 뜻을 지닌다.

역사는 한쪽으로만 서술되기 십상이어서 글줄 아는 양반들이 모두 '제(祭)'라고만 써 놓은 기록을 빼고는, 민중들이 모시던 지킴이에 대한 기록들은 별반 눈에 띄질 않는다. 옛 문헌도 충분하지 않은 터에 기록의 정확성마저 문제가 되니 지킴이의 원류를 찾아보는 일이 쉽지가 않은 것이다. 그러나 마을지킴이는 매우 널리 유전되어 왔다. 특히 민중 생활풍습의 여러 모습들, 구비로 전승되어 온 무당의 노래나 민요, 풍물굿 등에서 지킴이를 모셔 온 민중들의 어제와 오늘을 확인하는 일은 매우 손쉬운 일일뿐더러, 이들은 '쓰여지지 아니한 역사'인 지킴이에 대한 대단히 정확한 자료가 되기도 한다. 가령 제주도 마을굿의 마을본풀이에는 그 마을의 지나간 역사가 굿판에서 다시금 재현되어 '살아 있는 역사'로서 오늘날까지 전승되고 있는 중이다. 즉 본풀이는 살아 있는 마을의 역사로서 당신, 일반신, 조상신 등 모든 신들의 근본을 풀이하는 산 신화이다. 본풀이는 조상들이 살아온 내력이며, 공동체 성원들의 삶의 내력들을 신화로 만들어 놓은 민중의 역사이다. 마을신의 생생하게 살아 숨쉬는 모습을 보여주고 있기 때문에 이를 통해 마을공동체의 산 역사를 추정할 수 있고, 특히 당(堂) 본풀이는 마을공동체의 형성 내력을 증언해 준다. 강원도나 영남에서 자주 보이는 골매기도 오랫동안 마을을 지켜 온 마을의 살아 있는 역사신으로서 마을공동체 형성에 관한 정확한 연원을 알려 준다. 구체적 사례로서, 전라남도 완도군(莞島郡) 장좌리(長佐里)의 마을굿을 살펴보자.

장사의 뼈는 초목과 더불어 썩었어도
의연한 혼백 아직 바람, 우레의 노여움
머금었도다
귀신이 영웅다워 이 당에서 받들어지며
꿩털을 꽂고, 나무로 모습을 만들었도다
저 어떤 사람인가? 괴이하게 웃으며
신의 모습을 망가뜨려 강가에 던지다니
백 년 세월에 한 칸 당집이 쓸쓸하고
철 따라 복날이고, 섣달이면 마을의 북소리

임억령(林億齡, 1496 - 1568)의 「송(宋) 대장군」이라는 장시에서 해마다 송 대장군을 받들고 굿을 하게 된 내력을 노래한 대목이다. 고려시대의 장군으로 알려진 전설의 인물 송 장군은 장보고(張保皐)의 근거지로 전해지는 장좌리의 마을신으로 지금도 좌정하고 있다. 장좌리에는 동쪽 앞바다 삼백 미터 떨어진 장섬[將島] 위의 동백나무숲에 당집이 자리잡고 있으며 매년 정월 보름날 당제를 지낸다. 마을에 전해지는 전설에 의하면 마을의 주신(主神)인 송 대장군이 누구인지는 정확지 않으나, 이 당집은 고려 원종 때 일어난 삼별초의 난 중에 이곳 완도를 점령했던 송징(宋徵) 장군의 사당일 것이라는 설이 전해진다. 이를테면 반란군의 한 대장인 송 장군이 이 고장에 머물면서 굶주리는 사람들에게 정부의 곡식을 나누어 주고 섬사람들을 따스하게 돌보아 준 데서 송 장군을 마을신으로 모시게 되었다고 한다. 민간전승에서 영웅으로 불리는 인물이 16세기의 시에 반영되어 사람들이 굿을 올린다는 기록이 있는 가운데, 지금도 장좌리 당집에서는 송 장군을 모시고 있다. 바로 이 섬과 깊은 연관을 맺은 인물에 대한 살아 있는 역사가 증명되는 것이다. 마을의 신격들은 이같이 마을공동체의 살아 있는 역사로도 지금껏 작용을 하는 것이다.

일제 말기에 일본인 무라야마(村山智順)가 조선 팔도의 마을굿을 널리 조사했는데 당시만 해도 매우 많은 의례가 존재하여 있었음을 보고하고 있다. 물론 그의 보고는 일제 식민통치 기관을 활용한 조사로 '음흉한 의도'에 비추어 자료 자체의 일정한 한계를 분명히 지니고 있고, 현행(現行) 비율의 신빙성에도 문제가 있지만, 당시의 유일한 전국적 통계라는 점에서 주목을 요한다. 그는 현행 비율과 비현행 비율을 다음과 같이 제시하였다.[21]

(전국 : 58 / 42, 단위 : %)

도명	현행	비현행	도명	현행	비현행
경기도	38	62	경상남도	61	39
강원도	81	19	제주도	75	25
충청북도	70	30	황해도	51	49
충청남도	20	80	평안남도	63	37
전라북도	17	83	평안북도	72	28
전라남도	35	65	함경남도	81	19
경상북도	51	49	함경북도	90	10

그리하여 그는 책의 서문에서 다음과 같이 기술하였다.

"종래 조선의 부락제를 거의 돌아보지 않았다. 20-30년 전까지만 해도 상당히 성대하게 개최했던 곳도 있었으며 따라서 부락제의 존재도 꽤 잘 알려져 있었다. 그 후 혁신의 추세에 눌려서 쇠퇴하게 되어 여기에 부수된 신악(神樂)이나 그 밖의 행사도 폐지되거나 그 규모가 작아졌고 제사 지내는 시간도 한밤중이 되었다.··· 하지만 지금도 부락제가 전국에 걸쳐 많이 행해지고 있다."[22]

마을굿은 일제 말기에 이르기까지 전국에 걸쳐 여전히 많이 행해지고 있었던 것이다. 이로써 전래의 지킴이 범위가 상상 이상으로 폭넓고 그 생명력 또한 강인한 것이었음을 짐작할 수 있을 것이다. 오늘날도 과학문명이 발달했다는 현실과는 별도로 마을굿이 여전히 하나의 민중적 생활풍습으로 관철되고 있는 중이다. 물론 사람들의 예지(叡智)가 깨어 가

면서 관념에 의탁하는 주술적 세계관이 사라지고, 마을공동체적 삶의 토대 자체가 와해되어 마을지킴이는 소멸을 면치 못했거나 현존하는 것들조차 옛 모습을 잃어 가고 있는 중인 것도 사실이다. 그러나 재미있는 사실은 마을사람들 스스로의 판단과 노력에 의해 소멸했던 마을굿이 새롭게 되살아나는 마을도 있다는 점이다. 이는 민족문화의 강인한 생명력을 보여주는 또다른 측면이다.

지킴이들이 완강하게 지속되어 온 연유를 공동체 신앙의 측면에서만 바라보아서는 안 된다. 굿은 그 자체가 굿놀이라는 놀이양식으로서 존재하며 제의를 집행하고 마을집단이 어울려 공동의 제축을 여는 대동놀이라는 데 주목해야 한다. 또한 굿은 회의양식이다. 마을굿을 전후하여 동회가 열려 마을의 대소사를 결정하는 회의장치로서도 기능했던 것이다. 향촌사회의 농민민주주의적 요소를 강하게 지니고 있는 이 같은 자치성은, 굿이 마을을 유지시키는 중요한 매개물로 기능했던 역사적 사실에서 그 힘을 얻고 있는 것이다. 다음의 충청남도 서산군 천수만 창리마을의 한 가지 사례는 제의를 모신 후의 대동회의와 대동놀이가 전체 마을굿에서 차지하는 중요성을 잘 설명해 준다.

"1985년의 영신제(靈神祭)를 끝내고 열린 마을회의는 당주집에서 음력 초사흗날 아침에 열렸다. 여기서 토의된 내용은 다음의 네 가지였다. 제비(祭費) 결산(총 예산 24만원), 굿의 영험성이 떨어졌다는 이야기(간척사업으로 인해 마을의 상당이 무너져 상당제를 못 지낸 이야기), 양식장 문제(간척공사로 인한 생존 문제 토의), 동제추렴(동제추렴이 적어진다는 걱정과 어촌계 장년층이 주도하여 당제를 살려 나가야 한다는 결론). 대동회의 참가자는 모두 성인 남자층으로 두 개의 방에 나뉘어 제물을 음복하고 이어서 바닷가에서 대동놀이를 펼쳤다. 마을풍물꾼들이 악기를 들고 나와 흥을 돋구었고 노래자랑 대

회를 개최하여 상품을 나누었다. 한창 때에는 남사당패도 불러오고 줄다리기도 대동적으로 놀았다고 한다."[23]

마을굿과 대비하여 공동 노동의 제축으로서 일과 놀이가 순환되는 체계인 두레굿은 또다른 하나의 집단굿으로서 존재하면서 굿을 지탱해 주었다. 민중 변혁 운동이 고양될 시점에는 민중들을 결집시켜내는 대동의 장으로 설정되기도 했다. 마을지킴이를 여전히 모시고 있으며 마을굿이 생생하게 살아온 마을일수록 단합이 잘되고 공동체적 분위기와 상부상조하는 끈끈한 정서가 보장되어 있음은 마을굿이 지닌 사회적 기능을 잘 함축시켜 준다고 하겠다. 이는 '굿의 사회사'라는 측면으로 이해가 가능한, 어쩌면 굿의 가장 본질적인 측면인 셈이다.

2. 서세동점 시대의 세계관 대결과 그 응전방식

이제 굿판은 그 자체의 많은 힘을 잃게 되었다. 전근대 사회에서 민중들의 집회양식으로서, 모임틀로서, 믿음틀로서 자리잡아 온 마을굿이 차츰 밀려오는 외압에 의해 더욱 비판을 받게 되었다. 이는 '굿적 세계관'과 '제국주의 세계관'의 대립이라 일반화시킬 수도 있을 것이다. 제국주의 지배에 의해 자주적 세계관이 왜곡·변질된 현실은 한마디로 제국주의 세계관에 의해 굿적 세계관이 뒤집어진 상황으로 요약할 수 있다. 조선 후기를 거치는 동안 민중들의 자주적인 대동의 문화틀로 자리잡아 온 마을굿이 동학을 기점으로 외래 문명관에 의해 급속한 변화를 겪게 된 것이다. 물론 우리의 굿 가운데는 봉건성에 기초한, 낡고 후진적인 요소들이 없지 않고, 이는 중세 사회의 낡은 유산이라 일괄할 수 있는 것들이다. 그러나 문제의 초점은, 그러한 봉건성의 탈피와 극복이 자주적인 노력에 의해 이루어졌는가, 아니면 외압에 의하여 강제퇴장당한 것인가에 놓인다. 우리의 굿 역시 여타 제3세계 나라들처럼 강제퇴장을 요구받음으로써, 더이상 마을굿이 존재할 수 있는 온전한 토대가 상실되어 버린 것이다.

제국주의는, 마을굿을 성립시키는 사회경제적 토대의 물리적 파괴는 물론, 식민 지배를 용이하게 하기 위한 미신화 획책에 주력했으니, 굿은 미신이란 곡해 아래 급격히 굴절되고 만다. 즉 마을굿 자체에 녹아 있던 변혁에의 열려진 토양(가령 동학 같은)을 온존시켜 나갈 근거를 상실당한 채 거칠게 차들어오는 식민 문화의 홍수 아래 무방비 상태로 노출되었던 것이다. 우리를 강점한 일제는 이미 생활과 풍습에 관한 기초 조사를 완료하고 이를 통제하기 위한 만반의 준비를 갖추어 두었던 것이다. 흡사 아프리카를 침략해 강제적 개종을 일삼은, '총과 대포를 앞세운 선교사'들의 선례를 본받아 이제는 우리를 '문명개화'라는 시험대에 올렸던 것이다. 그들의 '문명개화'는 제국주의의 또다른 표현이었을 따름이다. 초기 선교사를 통한 서구문화의 지킴이 이해방식 역시 제국주의 세계관에 비추어 자존의 문화를 한껏 '미신, 조야한 것, 더럽고 차원이 낮은 것'으로 간주하는 식이었는데, 일제의 한국문화 이해방식은 백인이 인디언의 문화를 박제화시켜 나갔던 것과 마찬가지로 제국주의적 관성에 의한 것임을 알아야 한다. 세계사는 더이상 어느 일방적인 척도로써 가늠할 수 있는 것이 아님에도, 힘있는 자들의 논리에 의거하여 제3세계의 나라와 민족들의 생활과 풍습상에 일대 응단 폭격이 가해진 것이다. 제국주의 세계관에 의해 자주의 세계관이 변질되어 나간 사실을 우리의 마을굿은 웅변해 주고 있으며, 오늘날 다수의 대중들을 장악하고 있는 지킴이에 대한 주체성 없는 이해방식의 뿌리도 이로부터 출발한 것이다. 이러한 지킴이 이해방식은 구체적으로 몇 가지 방향으로 작동되었다.

첫째 일본 제국주의의 등장은 치명적이었다. 일본은 굿판을 차츰 압박해 가면서 자국에서는 마쓰리(村祭)를 모시면서도 정작 식민지 조선에서는 일체 박멸시키거나, 아니면 왜곡되게 온존시키는 방향으로 굿판을 정리해 나갔다. 일제는 우리 민족의 자주성과 역사적 동질성을 파괴하기 위해 미신화 정책을 주요 식민지 정책으로 채택했다. 총독부의 이와같은 획책은 매우 체계적으로 진행되었으니, 조선총독부 학무국은 신사(神社)·신도(神道) 정치를, 경찰국은 취체행정(取締行政)을, 사회과는 사회교화 운동을 진척시켰다. 또한 제반 법규적 억압장치를 통하여 전통문화 말살 정책을 폈으니, 특히 마을공동체의 단결심과 귀속감을 고취시키는 집단놀이는 낭비로 규정되어 말살을 당하게 되었다. 3·1운동 이후에는 종교단체의 분열·어용화를 꾀하면서 민족자주 세력을 약화시키기 위해 유사종교(類似宗敎)를 적극 비호·장려하고 첩보활동을 시키고 친일 여론 조성에 이용함으로써 민족적 자각을 마비시키려고 획책하였다. 총독부의 이러한 사업을 위하여 식민통치 세력에 의한 이론적인 뒷받침이 요구되었으니 강력한 경찰력에 힘입어 조사된 조선총독부 중추원의 편찬사업이 그것이다. 민족생활사 전반에 걸친 편찬서를 확실하고도 완벽한 식민통치 자료로 삼고자 하였다. 총독부의 이러한 사업은 이미 식민지 대만(臺灣)에서 연습되고 훈련을 거친 것들이었다.[24]

둘째는 기독교와 그 독선적 배타주의를 들 수 있다. 아프리카와 아시아로, 그리고 그 밖의 여러 민족이 사는 영토와 문명 속으로, 서양문명과 새로운 복음을 전도한다는 사명감으로 밀려들어온 기독교는, 우리에게도 예외없이 문화적 충격을 안겨 주었다. 이를테면, 기독교는 '우상타파'와 '새로운 신문명의 보급'이라는 구실 아래 민족적 삶의 총유적(總有的) 개념인 각 민족의 민족문화를 파괴·비하·왜곡시켰으며, 굿에 관한 극단적인 배타성을 보임으로써 '굿은 미신'이란 심성 유포에 주춧돌 역할을 해 온 점이 지적될 수 있을 것이다.[25] 개신교 전래 초기의 선교사 게일(J. S. Gale)의 말을 들어 보자.

"조선의 큰길이나 샛길에서 마주치는 장승들의 드러난 이빨과 이글거리는 눈은 무의식중에 이스라엘인들이 숭배하는 다곤(Dagon), 발(Ball), 몰록(Molock), 그모스(Chemosh)와 같은 신이나 우상들을 생각하게 할 것이다. 미국인들은 우상에 관해 들었고 박물관이나 성경책을 통해 그런 것을 보았다. 그러나 우상을 실제로 자기 눈으로 볼 수 있으리라고는 거의 생각하지 않았다."[26]

그는 조선에서 '우상'을 본 것이다. 박물관이나 성경책에서나 나오던 우상이 한국의 가로변에 널려 있다는 사실을 감격스럽게 기술하고 있다. 물론 그가 관찰한 것은 거리에 자리잡은 마을지킴이 장승이다.

민족문화와 기독교의 충돌은 이미 개신교 이전에 천주교와도 있었다. 황사영백서사건(黃嗣永帛書事件)은 말할 것도 없고, 때로는 그 극단적 배타주의가 외세를 업고서 자주문화와 격렬한 대립을 야기한 경우까지 있었으니 일명 '이재수(李在守) 난'으로 불리는, 1901년에 제주도에서 천주교와 그 신자들에 대항해 일어난 제주 민중의 항거를 하나의 실례로 들 수 있다. 그리하여 오늘날 제주도 마을굿판에서는 이재수가 살아 있는 신화적 인물로 전승되고 있는 것이다.

신축년 난리에 이재수가 장두질을 하여
스물다섯에
이 당을 성교(聖敎)꾼들이
부숴 버리기 때문에
이재수 장수가 일어난 지
올해가 63년째입니다.[27]

부연하여, 다음의 글은 같은 시기에 서양의 기독교도들에 의해 자행된 제주도에서의 지킴이 파괴를 잘 전해 주고 있다.

"제주도의 경우 아낙네들의 신앙인 당 신앙과 신목의 경우도 박해를 받았습니다. 제주도에는 곳곳에 수백 년이 넘은 '팽나무' 등이 신목이 되고 있는데 이 팽나무를 천주교인과 신부들이 파괴합니다. 적극적으로 미신을 타파한 셈이 된 거죠. 특히 제주도 남쪽 지방에 가면 '뱀 신앙'을 볼 수 있습니다. 천주교에서 뱀이라면 '사탄' 아닙니까? '사탄을 숭배하다니 이건 말이 안 된다'라며 주민들의 머리속에 들어 있는 미신을 적극적으로 타파해야겠다는 생각이었을지는 모르겠습니다만, 하여튼 몇 군데의 신목을 잘라버리고 당을 파괴합니다. 그리고 그때 잘라 버린 나무를 가지고는 '공소(公所)'를 짓는 데 썼던 것입니다. 그러니까 '일거양득'이겠죠. '미신타파'에도 좋고, 재목 얻어 가지고 공소를 짓는 데 쓰고 '일석이조'였던 셈입니다."[28]

셋째는 개화주의와 산업화의 모순을 들 수 있다. 문명된 세계로 나가자는 것은 전혀 나무랄 것도 없었으나, 민중들의 도도한 맥이 반일 의병투쟁으로 전개되어 나가던 시점에서 자주성을 잃었던 한계가 무수히 드러난다. 개화주의와 지킴이의 관계를 살펴보면, 발전 혹은 발전론이 근대화, 개화, 산업화 등과 일치하면서 소위 개화 이래 오늘에 이르기까지 민족 내부의 모순을 불러일으키면서 굿을 파괴해 온 과정을 들 수 있겠다. 먼저, 이른바 개화주의자는 쉽게 일제 침략 세력의 전위병으로서 자주문화를 파괴시켜나갔다. 개화 물결의 상징이었던 신소설들에 나타나는 천편일률적인 '미신타파'란 목소리는 일본 제국주의자들의 견해와 다를 바 없었다. 낡은 사고를 탈피하고 중세사회의 제한된 세계관을 벗어나야 한다는 자주적인 뜻에서가 아니라 무조건 외래문화를 선호하는 경향으로 치달은 것이다. 민중생활 전반에 걸쳐서 신식 우선주의로 자기것을 비하하는 태도는 오늘에까지 외세주의자들에 의해 견지되고 있다. 배운 사람일수록, 외국문명에 접해 본 경험이 많은 사람일수록 자문화를 비하시켜 온 저간의 과정은 이를 잘 설명해 주고 있다. 다수의 민중들이 민요를 부르고 풍물을 즐기고 있을 때 피아노나 엥까만이 선진적인

것이라고 사태를 호도시킨 것이다. 한때 60년대 논쟁사를 채워 주었던 '전통단절론' 같은 비주체적 입장은 이를 연이은 것으로 보인다. 이는 우리에게, 곧 식민지하 민족해방의 역동적 주체가 기층 생산농민과 노동자로 채워지고 수많은 지식인 중심의 개화주의 세력이 식민 옹호 세력으로 재편되어 갔던 역사적 맥락에서 이 문제를 바라보도록 요구한다. 다음으로 산업화의 모순을 들 수 있는데, 이 역시 개화주의 혹은 근대화의 모순과도 그 맥락을 같이하고 있다. 근대화론의 극단적 폐해로서 70년대의 새마을운동을 통해서 기층문화가 파괴되어 나간 정도는 어쩌면 그 이전 일제강점기의 폐해 이상가는 것이었다. '미신 없는 마을', '근대화된 농촌 건설'을 위해, 또는 '도로를 넓힌다'는 미명 아래 서낭당은 불도저로 밀리고 당목(堂木)과 장승은 잘려 나갔다. 마을에 전해지던 풍물악기들도 '미신문화'라 하여 부숴 버린 마을까지 생겨났다. 특히 제주도 신당파괴 운동은 '괄목할 성과'를 거두었다. 농민들의 생활문화인 풍물까지 미신으로 치부할 정도로 정책 입안자들의 수준은 전혀 민중의 세계관을 이해하는 것이 아니었다. 게다가 미국식 상업주의 문화의 홍수는 고유의 대중문화를 상실케 하는 결정적 요인이 되었다. 농민들이 마을굿을 모태로 한 자존의 문화틀을 잃어버리게 되었을 때 그 공백은 농민들 스스로 무장하여 건설한 문화가 아니라, 전혀 이질적인 외래적 노래와 춤 같은 것들로 채워지게 되었다.

이제 굿판은 사라지고 있다. 무장해제당한 이들은 이제 굿판 역시 텔레비전을 보듯이 '구경거리'로만 받아들이고 있다. 과연 '창조자의 문화'가 아니라 '구경꾼의 문화'로 전락해 가는 이들 민족문화가 그 응전력을 계속 지닌 채 살아갈 것인가. 이는 농촌 자체가 분해되고 있는 사회정치적 처지에 의한 것이기도 하다. 민중들의 자존심을 손상시키고 '위에서 주어진 문화'만을 향유하도록 강요하는 비창조적인 문화생활에서 비극은 싹트고 있다. 누군가 '침묵의 문

화'라 했던가. 민중들이 그들 스스로 창조할 수 있는 문화를 상실했을 때, 그 공백은 어떤 것으로도 대신 메꿀 수가 없는 것이다. 민중들 스스로가 장승을 깎고 풍물을 잡고 마구잡이춤을 추었을 때의 생활정서는 고귀하기만 한 것이다.

아직은 모든것을 예단하기에 이르다. 지금에 이르기까지 존속되던 굿적 세계관의 흔적들이 어떻게 될 는지 그 누구도 섣부르게 예단할 수는 없다. 우리 지킴이를 이해하는 방식은 이같이 다소 복잡한 논거틀을 지니고 있으면서 많은 질문과 해답의 과제를 동시에 안겨 주고 있는 것이다. 다만 확실한 것은 민족문화의 자생력이 의외로 강한 측면도 있다는 점이다. 유구한 역사 속에서 민중 생활풍습의 전형적인 측면으로 전승되어 온 이들 지킴이를 대상으로, 때가 되면 어김없이 굿판이 열려 그나마 농촌에 자리잡은 농민들을 중심으로 근근이 명맥이나마 유지될 전망은 확실하다. 더욱이 대학사회를 중심으로 불붙기 시작한 '우리것'에 대한 이해와 전승 노력은 이들 마을굿에까지 미치고 있다. 대중집회 마당이나 축제를 암시하는 '대동제'라는 명칭이 보편화된 것은 불과 1980년대 이래의 일이다. '대동제'는 '대동굿'을 말함이며 그 역사적 기원은 마을굿인 셈이다. '천하대장군, 지하여장군'이라 부르는 동구(洞口)의 지킴이 장승이 이제는 '통일대장군, 민주여장군'이라는 새로운 이름으로 학교 교문에도 섰다. 이는 '가장 전통적인 것'을 '가장 한국적인 것'으로 인정하는 추세가 산업사회 속에서도 강화되고 있음을 반영한다.

바로 지킴이와 마을굿 같은 민족문화 유산은 엄청난 외래문화 속에 처해 있는 위기감과 낙관적 전망을 함께 보여주고 있다. 그야말로 분단의 장막을 걷고 통일된 나라에서 농촌이나 도시나 각 지역사회가 자주적으로 발전할 수 있는 올바른 그릇을 확보하는 날, 이들 마을지킴이와 마을굿에 담겨진 대동의 정신과 상부상조하던 미풍양속은 새로운 틀로 바뀌어 나갈망정 후대에까지 전승되어 나갈 것이다.

3. 마을굿의 씨줄

1. 마을굿에서 지킴이를 모시는 여러 갖춤새들

마을굿은 대동제의, 대동회의, 대동놀이라는 굿의 사회사를 이루는 세 가지 틀에 의해 규정된다. 마을지킴이를 모시는 의례로서의 대동제의, 마을굿을 전후하여 마을사람이 회의를 통해 제관을 뽑고 제비 결산을 하며 일 년간의 마을 대소사를 결정하는 대동회의, 마을굿을 파하고 집단의 공동체놀이를 즐기는 대동놀이라는 범주는 마을굿의 삼대 핵심이다.[29] 이들 중 마을지킴이와 직접적으로 연관이 깊은 것은 대동제의다. 그러나 마을굿이 끝나고 대동으로 즐기는 대동놀이 역시 마을굿의 일환이며, 마을 집단의 대동일을 민주적으로 토론하는 마을회의 역시 중요하다. 그럼에도 지킴이 자체와의 직접적 연관성 속에서는 대동제의가 본론인 까닭으로 제의 부분을 유심히 살펴보아야 한다.

대동제의는 주로 연초의 신구(新舊)가 교차되는 분기점이나 농사를 끝낸 시월 상달에 이루어지며, 마을사람 모두가 금기를 행하는 신성주간(神聖週間)의 설정과 파제(罷祭) 후의 난장으로 연장되는 대동놀이에 이르기까지 일관되게 마을공동체 성원 전체의 정신적 연대감을 획득하는 대단히 중요한 계기를 이룬다. 대동제의는 마을지킴이 자체를 의미하는 신격, 제를 집행하는 제주 및 제관, 굿을 행하는 제일, 마을굿의 물적 토대인 제비, 마을지킴이에게 올리는 제물, 마을사람들이 부정을 가리는 금기, 실제로 마을굿이 집행되는 의례의 순서로 검토가 가능하다.

신격(神格), 그리고 마을굿

신격은 마을굿 의례를 가능케 하는 제1의 전제 조건이다. 신격은 바로 마을지킴이 자체를 말한다. 국수당, 당산, 당목, 산신각, 탑, 장승, 서낭당 등 마을 공간 전반에 걸친 신격뿐 아니라 여러 인격신에 이르기까지의 모든 신격은 의례로 모셔지는바, 이들을 통틀어 마을신앙이라 부를 수 있다. 각 지역에 따라 신격의 양상을 체계화시킬 수도 있으나 그 다양성의 범위가 워낙 넓기에 일반화시키기에는 곤란한 점도 많다. 그러나 각 지역의 신격은 자연지리적인 조건이나 사회정치적 여건에 따라 집단적으로 다르게 생성된 측면도 강하기에 지역별로 신격을 어느 정도는 분류할 수 있다. 개괄적이나마 전국 마을굿 현황이 최초로 보고된 것은 불행하게도 우리의 손이 아니라 일제식민지 시대의 일본인에 의해서였다. 조사방식은 물론이고 지킴이에 대한 관점 자체가 식민 통치의 시각으로 이루어졌다는 제한성이 뚜렷하기는 하나 해방 이전 전국 마을굿의 제명과 사용 현황을 유일하게 전해 주고 있다.[30]

(단위 : 곳)

제명	사용현황	제명	사용현황
동제	85	당제	18
성황제	48	천제	12
산신제	37	이사제	11
당산제	34	여제	10
산천제	33	합계	340
산제	31	기타	165
동신제	21	총계	505

위에서 볼 수 있듯이 마을굿 중 동제가 단연 수위를 차지하고, 그 다음은 성황제, 산신제 등의 순으로 나타난다고 보고하고 있다. 동제는 전국적으로 분포되어 있으되 경상도·경기도·강원도·충청도 등에, 성황제는 강원도·평안도에, 산신제는 강원도·충청남도·경기도, 당산제는 전라도·경상도에 많이 나타난다고 했다. 마을지킴이들은 대략, 동신(洞神)·동구신(洞口神)·산신(山神)·도산신(都山神)·상산신(上山神)·백산신(白山神)·주산신(主山神)·산신령(山神靈)·신령(神靈)·산천신(山川神)·산천존신(山川尊神)·명산신(名山神)·대천신(大川神)·정신(井神)·수신(水神)·수구신(水口神)·수중용왕(水

中龍王)·수부신(水府神)·용왕신(龍王神)·주산토지신(主山土地神)·당산토지신(堂山土地神)·당신(堂神)·본당신(本堂神)·도당신(都堂神)·당산신(堂山神)·마당신(馬堂神)·성황신(城隍神)·후토지신(后土之神)·토신(土神)·지신(地神)·토지신(土地神)·노신(路神)·이사지신(里社之神)·이직지신(里稷之神)·제방신(堤防神)·석신(石神)·부군신(府君神)·부군산신(府君山神)·목신(木神)·화신(火神)·천신(天神)·천룡신(天龍神)·용신(龍神)·천왕신(天王神)·수호신(守護神)·여신(厲神)·여역신(癘疫神)·질병신(疾病神)·좌청룡신(左靑龍神)·우백호신(右白虎神)·오방지신(五方之神)·오방장군신(五方將軍神)·장군신(將軍神) 등으로 보고되었다. 이들 지킴이 명칭의 다수는 대개 구어체로 불리던 것을 한자나 일본식 표기로 채록한 것으로 여겨진다.

그 후 삼십여 년이 지나서 1960년대에 이루어진 보고서에는 분단으로 인해 남한 쪽 사정만 통계에 잡힌다. 앞 보고서와 일치되는 점도 있으나 차이점도 드러난다. 당의 명칭은 상당히 다양한데 대체로 그 지역별 유형이 분명해진다. 경기·충청 지방에는 산신당, 강원도에 성황당, 영·호남에 당산 등으로 나타난다. 이들 명칭을 좀더 세부적으로 살펴보면 경기지방에서는 산제당·산신당이 가장 많고, 강원도에는 성황당, 충청북도에는 성황당과 산신당, 충청남도에는 산신당, 전라남북도에는 당산이 압도적으로 많고 경상도에는 서낭당이 주종이나 골매기가 다음으로 많다. 이는 다음과 같이 요약된다. 첫째, 산신당의 명칭은 경기도와 충청도 서해안 지역이 중심이 되며, 둘째, 성황당은 강원도와 경북, 충북 등 산간 지역이 중심이고, 셋째, 당산은 영남·호남 지역에서 널리 불린다. 넷째, 제주도는 보편적인 명칭이 없다고 할 수 있다.[31]

그러나 60년대 이후에 조사되었고 현금에 보다 본격적으로 세세하게 조사, 보고되는 각 지역 마을굿

현황은, 지역적 차이는 물론 존재하지만 마을지킴이들이 같은 지역에서조차 극히 다양한 양상을 나타내고 있음이 확인되고 있다. 앞선 시기의 보고들이 보다 추상적인 개론 단계라면 현금에는 각 지역내에서도 많은 변별성을 보여주고 있다.

○ 경기도 화성 지역
제명 : 산제, 군웅당제, 당제, 미륵당제, 당고사, 서낭제 등
신격 : 산신, 당신, 당할아버지, 당할머니, 할아버지, 할머니, 미륵님, 성황님, 서낭, 마서낭, 본당, 공주 군웅신, 각시, 부군, 수살참봉[32]

○ 충청남도 금산 지역
제명 : 탑제, 탑고사, 산신제, 유황제, 둥구나무제, 대동산신제, 향목제, 거리제, 천제, 용왕제, 고목제, 목신제, 화재막이, 당산제, 목신제, 노송제 등
신격 : 산신, 탑, 당신, 둥구나무신, 용왕 등[33]

○ 전라남도 진도 지역
제명 : 거리제, 당산제, 도제, 산신제, 망제, 별신제, 동제, 용왕제, 이사제, 장성제, 샘제, 노신제, 영등제, 여제, 미륵제, 갯제
신격 : 천신, 지신, 산신, 용왕신, 열성신, 당할머니, 당할아버지, 마을터주신, 거리신, 잡신, 역사인물, 마을인물 등[34]

따라서 '마을지킴이의 지역적 분포는 이렇다'라고 일괄 주장하기는 곤란한 점이 한둘이 아니다. 또한, 지역적 분포와는 다른 차원에서 마을지킴이를 마을의 입지구조상 세 가지 범주에서 논의할 수 있을 것이다. 그 하나는 마을로 들어오는 입구에 모셔지는 여러 지킴이들로서 서낭당이나 장승, 솟대, 수구막이 등이 그 대표적인 사례. 이들은 개개 마을의 하위 신격이다. 물론 동해안이나 강원도 일대처럼 마을에 따라서는 서낭이 주신으로 되는 경우도 얼마든지 있

다. 또 하나는 마을 안에 주신으로 자리잡는 당산이다. 흔히 본당(本堂)이라 하는 것으로 호남 일대에서 당산님이라 부르는 것들은 대개 이 경우에 속한다. 마지막 하나는 국사당처럼 마을의 진산(鎭山)에 자리잡아 마을과 마을을 지켜 주는 신격이다. 그러나 이러한 세 범주도 철저하게 구획되지는 않는다. 첫번째의 장승이나 서낭당이 그대로 마을의 주신으로 자리잡는 경우도 매우 많기 때문이다. 특히 강원도 지역의 경우에는 서낭신이 주신인 경우가 대부분이다. 두번째의 경우도 마을의 야트막한 야산에 자리잡은 산신이 주신이 되는 경우도 많지만, 마을 입구의 장승이나 벅수 등이 주신으로 되는 경우도 많다. 세번째의 국사당만 해도 단위 마을뿐 아니라 인근의 여러 민촌들이 연합하여 모시는 경우가 많기에 지역 제의권과 결부시켜 살펴보아야 한다. 특히 일개 자연마을 단위에서 모셔지는 지킴이들과는 달리 지역 전체에서 공동으로 모셔지는 지킴이들은 세심한 관찰을 요한다. 오늘날 제의 자체가 축소되어 가면서 여러 지킴이들이 사라지고 하나의 지킴이만이 잔존하는 경우가 많으나, 고래의 원형을 조사해 보면 여러 지킴이들이 중층적인 구조를 이룬 경우가 많았음을 알 수 있다. 그러므로 오늘날 잔존하고 있는 제의 구조만을 가지고 논의를 진행할 때는 지킴이의 올바른 이해에 도달할 수 없다.

또다른 문제도 있다. 즉, 한 마을내에서도 여러 지킴이들이 복합적으로 나타난다는 점이다. 가령 상당이나 중당·하당의 개념, 혹은 해안에서처럼 상당·중당·하당·갯당의 질서정연한 체계를 갖추는 경우도 많다. 심지어는 오당이나 십이당처럼 매우 많은 당들이 결합하여 단일 제의권을 형성하는 복잡한 경우도 있다. 가령 다음의 경기도, 충청도, 전라도 세 사례에서 복수당을 살펴볼 수 있을 것이다.

○ 경기도 화성군 송산면 고정리 우음도──2월 보름 당제가 열리는 우음도에서는 마을지킴이가 어

232

머니, 딸, 사위 등으로 분화가 이루어짐.

　본당 : 섬 정상의 숲속에 있으며 도당할아버지, 소
　　　당할머니, 소당할아버지, 소당애기씨, 말구
　　　중 등으로 이루어짐.
　군웅당 : 갯가에 있으며 바위로 이루어짐.
　각시당 : 갯벌 복판에 바위로 이루어짐.[35]

○ 충남 서산군 근흥면 신진도——상당·중당·하당
으로 이루어짐.

　상당 : 산 위의 산신당을 비롯한 다섯 당이 자리잡
　　　은 당집.
　중당 : 동구 고갯녘의 돌무더기와 나무로 된 서낭
　　　당.
　하당 : 마을 대동우물.[36]

○ 광주시 충효동 평촌——대보름 당산제가 열리
는 평촌은 닭뫼, 동림, 버성골, 담안 등 작은 네 마을
이 모여 이루어졌으며 십이 당산으로 존재함.

　제1당산(귀목-금산 중턱), 제2당산(팽나무-우성
마을), 제3당산(귀목-할아버지당산), 제4당산(귀
목-할미당산), 제5당산(귀목-할미당산 옆), 제6당
산(귀목-우성마을), 제7당산(팽나무-우성마을), 제
8당산(귀목-우성마을), 제9당산(귀목-우성마을),
제10당산(귀목-우성마을), 제11당산(귀목-우성마
을), 제12당산(귀목-닭뫼마을)[37]

　제주도의 경우는 더욱 복잡하다. 마을의 주신은
본향당(本鄕堂)이지만 갈래당(가지당)이 다수 존
재하여 한 마을 안에서도 매우 복합적이며 당 이름
을 보통 '마을명＋지명＋제명＋제일＋성별＋당'
으로 표기하여 '상명리 느지리 캔틈 축일 할망당' 하
는 식으로 부르게 된다. 당 이름만 보아도 어느 마을
에 어떠한 신이 어느 지점에 좌정하여 어느 날에 단
골 신앙민들이 찾아와 당굿을 하여 모시는 신인가를
알려 준다. 마을에 갈래당이 많음은 여자가 시집 갈
때 반드시 자기가 살던 마을에 있는 당의 돌을 가지

고 가서 시집 간 동네에서 자기만의 당을 모시는 '신
당 가지치기'가 살아 있기 때문이다. 특히 신의 계보
에 따라 당이 분화되는 양상이 뚜렷하다. 대표적 사
례로 부신(父神)인 소로국천국과 모신(母神)인 금
백주 사이에서 난 18남 28녀가 각 마을의 신이 되는
송당계(松堂系) 신화를 살펴보면 당의 분화가 매우
뚜렷해짐을 알 수 있다.

　그러함에도 불구하고 모든 의례는 지킴이들의 위
계 질서에 따라 이루어지고 독자적인 의미와 차별성
을 지닌다. 따라서 마을지킴이를 일괄하여 정리할 수
있는 완벽한 틀은 사실상 존재하지 않는다. 각 지역
단위의 지킴이들에 대한 일정한 통계틀을 제시하여
거칠게 일반화해 볼 수는 있지만 각 지역이나 마을
실정에 모두 들어맞는 틀은 구성될 수가 없다. 그러
나 어떤 전형성은 추출해 볼 수가 있다. 즉 어느 마
을에나 외부에서 들어가는 입구와 마을 중심지, 배후
근거지 등에 지킴이가 자리잡고 있다는 점이다. 이는
마을터를 정하는 풍수와도 관련이 있는 대목이다.

　마을지킴이는 또 여신과 남신으로 갈라지기도 한
다. 골매기여서낭, 국사여서낭, 하르방당, 할망당, 당
할아버지, 당할머니 등 의인화된 방식으로 성별에 의
해 가를 수도 있을 것이다. 그 다음으로는 마을지킴
이가 자리잡은 제장(祭場)의 형태로 가를 수도 있
다. 당의 형태는 대개 돌무더기, 신목, 당집 등으로
가를 수 있으며, 각각의 형태가 독립적으로 나타나는
경우도 있지만 신목과 돌무더기, 신목과 당집, 돌무
더기와 당집이 병존하는 형태로 존재하기도 한다.[38]
당집 역시 과거에는 초가나 터주가리 등이 주종이었
고 와가(瓦家)도 다수 존재한다. 경기도 일원에는
지금도 터주가리형의 당집이 다수 남아 있어 고형의
당집 모습을 잘 알려 준다. 현존 민속에는 보다 현대
화하여 슬레이트 집도 다수 존재하며 아예 콘크리트
슬라브 집으로 만든 곳도 나타난다.

　요컨대 마을 신격은 마을사람들의 절대적 합의 아

래 채택되기에, 신격들의 영험성이 강조되며 신을 모신 곳은 신성공간으로 간주된다. 마을공동체 성원들은 바로 공동체의 신을 외경하며 그를 위해 부정을 가리고 금기하며, 치병초복(治病招福) 등 신덕(神德)을 바라게 되며, 자신과 마을의 생존을 위한 방편으로 신의 영험을 믿음으로써 제의를 지속시킨다.

제관(祭官), 그리고 지킴이

제관 및 제주는 제의를 집행하는 사람을 말한다. 제관명은 당주(堂主), 도가(都家), 집사(執事), 화주(貨主), 축관(祝官), 제주, 집례(執禮), 독축(讀祝), 초헌관(初獻官), 아헌관(亞獻官), 종헌관(終獻官), 유사(有司), 존위(尊位), 좌상(座上) 등 다양하게 나타난다. 아무래도 가장 많이 쓰이는 명칭은 당주, 제관, 축관, 도가, 화주, 유사 등이다. 제의를 주도적으로 집행하는 인물과 제물을 준비하는 사람, 축만 읽는 사람 등의 역할 구분에 의하여 세분화되는 경우도 많으며 간단히 지내는 경우에는 당주 한 명이 하거나 당주 내외가 함께 하는 식으로 이루어지고 잡일을 도와주는 사람이 따른다. 유교식 축문이 없는 경우에는 축관이 아예 존재하지 않는 경우도 많다. 축관은 제법 글월을 읽을 수 있는 사람으로 선정하는 경우가 보통이다.

제관 선정에서도 유교와 전래 무속의 대립·갈등을 쉽게 찾아볼 수 있다. 가령 제주도의 이사제(里社祭)는 마을의 사회적 관행과 질서를 유지해 온 남성 위주의 천신신앙이며 지연공동체의 신앙으로서 남성 위주의 마을굿을 통하여 전통사회의 정치와 행정기반을 강화하고 있다. 제관 역시 음력 12월 또는 6월에 향회(鄕會)에서 선출하는데, 마을마다 12제관을 다 뽑는 경우도 있고 간소화하여 7-8제관으로 향제하는 경우도 있다. 12제관은 제관(초헌관·아헌관·종헌관), 집례, 대축(大祝), 알자(謁者), 찬자(贊者), 찬인(贊人), 봉로(奉爐), 봉향(奉香), 봉작(奉爵), 사준(司樽), 전작(奠爵), 전사관(典祀官), 도예차

(都預差) 등으로 삼 일 동안 합숙을 하며 금줄을 쳐서 출입을 막는다. 이는 남성 중심으로 치르는 유교식 마을제인 이사제가 여성 중심의 무속신앙과 유기적 관계가 있으며 제관의 성격도 두 가지로 존재하였음을 보여준다. 즉 유교식 제례가 굿에 침투한 결과로 보인다.[39]

제관이 될 수 있는 기본 조건은 매우 까다로운 절차를 요구한다. 제관을 통해 신과 접하고 지킴이를 모셔야 하므로, 그에게는 다양한 금기가 요구된다. 마을사람 중에서 생기복덕(生氣福德)을 가려 뽑되, 무병하며 가정에 초상·출산 등이 없는 사람으로 제반 금기를 가린다. 집안 여자가 생리가 있어도 안 되며, 만일 날을 받아 놓고 초상이나 기타 불상사가 생기면 제를 연기한다거나 제관을 바꾸어야 한다. 마을에 따라서는 부부가 함께 선정되어 제를 집행하기도 한다. 마을사람 전체의 태어난 날과 시를 가려 제일과 맞추어 보아 가장 잘 맞는 사람이 생기복덕을 갖춘 사람이다.

어떠한 경우에도 일단 제관으로 뽑히면 엄격한 금기를 행해야 한다. 제관의 금기는 마을 공동의 제의를 주관하는 사람으로서 당연히 요구되는 것이지만 제관 당사자의 평안을 위해서도 필수적이다. 제를 잘못 지내 탈이 생겼다는 뒷소리를 들어서는 안 되며 성성이 부족하여 탈이 생기는 결과는 제관 당사자에게도 돌아오기 때문이다. 마을을 위해 고생하는 제관에게는 마을사람들이 제비에서 쌀가마니를 준다거나 마을 공동 부역에서 빼 주는 등의 대가를 지불함은 당연한 일이다. 그만큼 제관 노릇은 힘든 일이라 누군들 쉽게 하고자 하질 않는다.

제관은 대개 제를 올리기 전에 마을회의를 통해 공동으로 선출한다. 제관으로는 대개 마을의 장년층 이상이거나 '깨끗하다'는 소리를 듣는 사람이 선정된다. 집안에 아이들이나 젊은 여자가 없어서 피부정(월경과 출산) 등을 아예 피할 수 있는 조촐하고 단출한 집안의 사람이 선정되는 경우가 많으며 평소

234

품행이 단정한 사람을 뽑는다. 이처럼 공동체 전체의 운명을 걸고 회의를 거쳐 제관을 선출한다는 사실은, 사제로서의 직분이 전문화되어 있지 않다는 것, 분화된 체계가 아니었다는 것을 알려 준다. 마을지킴이는 사제를 신과 인간의 매개자로 보는 고등종교의 이원론적·지배적 종교관에 기초해 있지 않으므로 제의 자체의 해방력을 보장해 주는 것이다.

마을굿의 제관은 보통의 마을사람들 중에서 선출하므로 그들 자신이 어떤 영적인 영험력을 지니는 것은 아니나, 막상 굿판에서 영기(靈氣)를 느끼는 경우가 자주 있다. 마을굿의 신대를 잡을 때, 대를 통해 신이 내리는 경험을 하게 된다. 대에 매달린 방울의 떨림은 순전히 공동체의 신명이 제관에게로 전화(轉化)된 것으로 보아야 한다. 마을사람들이 전부 주시하는 가운데 대가 떨리면서 신이 내려 줄 것을 바라는 대잡이는 바로 집단의 염원이 상징화된 경우다. 또한 당에 올라가 제를 지내다 보면 어디선가 말발굽 소리가 들린다거나 천둥 소리 같은 굉음이 들려온다는 경험을 토로하는 제관들이 많음도 바로 마을지킴이의 영험성을 보여주는 것이다.

제관 문제에서 중시되어야 할 점은 무당의 역할이다. 대개의 경우에 마을굿에서 무당의 역할은 보조적인 기능을 지닌다. 무당이 개입하지 않는 경우는 물론이고 무당이 적극 개입하여 굿을 주관하는 경우에도 마을굿의 주체는 어디까지나 마을사람들이다. 외형상으로는 무당이 당굿을 이끌고 나가지만 굿을 가능하게 하는 모든 토대는 바로 마을사람들의 집단성에 기초하기 때문이다. 그러나 제주도의 '당매인 심방'에서처럼 당을 대대로 모셔 온 심방의 존재에서 무당과 마을굿의 관계가 밀접함을 알 수 있다. 또한, 경기도 일원에서 보이듯 마을의 단골이 당굿 형식으로 참여하여 굿을 이끄는 모습에서도 비슷한 결론을 이끌어낼 수 있을 것이다.

하나의 제관이 선출되어 제를 끝내기까지의 표본 사례로서 1986년 전남 보성군 문덕면 덕치리 덕봉마을의 화주를 맡았던 이희술(李喜述)의 경우를 통해 선출방식, 하는 일, 금기 등 전 과정을 살펴보자.

"화주는 생기복덕을 보아 뽑으면서도 철저한 금기가 참고된다. 예를 들면 초상, 임신, 산고, 부인의 월경이 있는 집은 피한다. 설혹 이런 일이 있는 사람은 본인이 자청해도 화주가 될 수 없다. 일단 화주가 정해지면 모든 당산 일은 그의 주재하(主宰下)에 수행된다. 즉시 거두어진 쌀은 화주에게 넘겨지고 화주 부부는 필요한 준비를 시작한다. 가장 먼저 하는 일은 당산과 샘 및 자기 집에 금줄을 치고 황토를 까는 일이다. 또 마을 앞 백여 미터 전방에 입석이 있어 그곳에 금줄을 치는데 궂은 사람이 마을로 들어오는 것을 막는다. 화주는 마을에서 마련해 준 쌀로 제수를 준비한다. 그 쌀로 메, 떡, 술 등의 제물을 마련하고 나머지는 팔아서 다른 제물을 장에서 사 온다. 장은 그때 날짜에 따라 형편되는 대로 본다. 화주로 뽑히면 그때부터 매일 목욕한다. 물은 반드시 마을의 동남간에 있는 샘물만 이용한다. 소변 후에는 손을 씻고 대변 후에는 목욕을 해야 한다. 이 일이 귀찮아서 당산제가 끝날 때까지 거의 음식을 먹지 않는 일이 많고 화주가 되는 일을 피하기도 한다. 화주 부부가 제물을 장만하기 위해 장을 보러 갈 때, 평상복을 입고 가나 가기 전에 목욕을 한다. 장에 가는 도중에 대소변을 보면 손을 씻는다. 만일 도중에 상을 당한 사람을 만나도 인사말을 하지 않는다. 장에서는 과일, 야채, 김, 어물 등을 사며 육류는 사지 않는다. 값은 깎지 않는다. 음식은 화주집에서 만든다. 음식에는 고춧가루를 넣지 않으며 맛을 보아서도 안 된다. 화주는 제물의 장만에 모든 책임을 지고 있지만, 음식은 대개 부인의 손에 의해 만들어지며 남편은 금줄·황토·제비 등에 관한 일을 주로 맡아 본다. 화주는 당산제를 모신 그해 내내 금기를 지켜야 하는데, 예를 들면 상가 출입을 하지 않는다거나 개고기를 먹지 않는 것 등이다. 이런 의무 수행에 따른 고통을 보상

해 준다는 의미에서 일 년 동안 여러 마을일에서 제외시켜 준다."[40]

제일(祭日), 그리고 지킴이

마을굿은 매년 올리거나 윤년으로 하는 경우, 별신제처럼 삼 년 혹은 십 년에 한 번 하거나 간지(干支)에 따라 '인년(寅年)이 되는 해에 행한다'는 경우 등 여러가지가 있다. 이를 크게 정기제와 특별제, 그리고 마을에 궂은 액이 낀다거나 전염병이 돌 때 행하는 임시제 등으로 가를 수 있다. 평상시에는 매년 올리다가 일정한 해에 별신으로 크게 올리는 등 제의 이중성도 나타난다. 또한 제주도의 경우처럼 정초의 신년과세와 여름의 마불림제같이 한 마을에서 두 번 이상의 마을굿이 이루어지기도 한다.

전국적으로 볼 때 제일은 정초와 보름, 그 다음으로는 10월 상달에 집중된다. 이는 마을굿이 풍농을 기원하는 의례임을 알려 주며, 10월 상달의 경우처럼 일 년 농사의 고마움을 지킴이에게 인사 올리는 성격도 지닌다. 같은 정월이라도 정초와 보름이라는 시간적 간극을 두는 것은 생업과 관련이 깊다. 정초는 한 해의 시작이라는 의미를 지니며, 보름은 달이 만월이 되어 풍요다산(豊饒多産)을 기원하는 때이기 때문이다. 온갖 민속행사의 대다수가 대보름을 중심으로 설정되어 있음도 이와 유관한 일이다. 그리하여 새해를 '우주창조의 해마다의 반복'이라는 관점에서 엘리아데(Mircea Eliade)는 다음과 같이 서술하고 있는 것이다.

"새해는 우주창조를 재연(再演)하는 것이므로 거기에는 시간을 그 시초에서부터 다시 한 번 출발시키는 것, 즉 천지창조의 순간에 존재했던 원초적 시간, '순수한' 시간을 회복하는 것이 포함된다. 새해의 시작이 정화의 계기, 죄악과 마귀 혹은 단순히 속죄양을 추방하는 계기가 되는 것은 이 때문이다. 왜냐하면 그것은 단지 어떤 시간적 단위가 끝나고 다른 단위가 시작되는 것(근대인은 바로 이런 식으로 생각하지만)으로 그치지 않고 지나간 해, 지나간 시간을 소멸시키는 일이 되기 때문이다. 사실 이것이 제의적 정화의 참뜻이다. 거기에는 단순한 정화 이상의 무엇이 있다. 즉 개인 및 공동체 전체의 죄와 과오가 마치 불에 태워지듯 무화되는 것이다."[41]

지킴이를 모시는 제일은 대개 날을 정해 놓고 행하는 방식, 택일로 하는 방식으로 대별된다. 택일은 제관의 생기복덕(生氣福德)을 보아서 간지(干支)가 맞는 날을 택한다. 마을굿은 하루에 끝나는 간단한 경우도 있지만 보통 첫날에는 상당(上堂)을 모시고 다음날에 하당(下堂)을 지내는 식으로 이루어진다. 십이당처럼 마을의 지킴이가 복합적으로 자리잡는 경우에는 각각의 당마다 돌아가면서 제를 올리기 때문에 제를 올리는 데만도 반나절 이상의 시간이 소요되는 경우도 있다. 규모가 큰 별신굿 같은 경우는 장기간에 걸쳐서 지내게 된다.

제를 올리는 시각은 대개 저녁에 당에 올라 야간, 혹은 밤 12시를 전후하여 외부세계와 차단된 밤에 이루어지는 경우가 보통이나 장승굿처럼 낮에 이루어지는 경우도 있다. 제를 올리는 시간이 밤에 집중되어 있다는 사실은, 지킴이를 모시는 과정이 인간이 활동하는 시각과는 동떨어진 성스런 시간임을 알려 준다. 그러나 차츰 굿이 약화되면서 밤에 지내던 것을 편의적으로 낮에 지내 버리는 경우도 혹간 나타나고 있다.

제비(祭費), 그리고 지킴이

굿을 이루게 하는 물질적 토대로서 제비의 중요성이 강조된다. 제비의 염출 방법에는, 전답이나 바다 같은 동네 공동재산에서 나오는 수확물로 제비를 충당하는 경우, 그때그때 걸립하는 경우, 또는 대동계 계금(契金)을 이용하는 경우, 해안에서 어촌계 공동자금을 활용하는 경우 등 여러가지가 있다. 제비를 축적시키는 방법 자체가 공동체 전체의 부담으로 이루어진다는 사실은 굿의 물적 토대와 관련하여 제의의 자주성·자기완결성·대동적 참여성이란 점에서 중요하다. 지킴이를 몇 개의 마을이 공유하고 있을 경우에 제비 갹출이 보다 복잡해진다. 가령 서너 개의 마을이 하나의 산봉우리를 지킴이로 공유하고 있을 경우에, 이는 여러 개 마을이 하나의 제의권으로 묶인 것을 의미하며 제비 마련도 각 마을 공동임을 의미하게 된다. 다음의 세 가지 사례는 물적 토대가 마을굿과 관계 맺는 중요성을 잘 보여준다.

○ 대전시 유천동(柳川洞)—하나의 당을 중심으로 일곱 개 마을이 '유향계(柳鄕契)'를 묶어서 마을굿을 지낸다. 계안(契案)은 각 마을, 갹출 금액, 마을 대표, 제의 참가 인원 등을 알려 준다.

기(記)
· 철도(鐵道) 중평부락(中坪部落)
일금(一金) 81,000원 27명
대표(代表) 이용규(李容珪) 외 26명
· 유천(柳川) 1, 2부락
일금 63,000원 21명
대표 변채수(卞採洙) 외 20명
· 물문거리
일금 48,000원 16명
대표 김중락(金仲洛) 외 15명
· 상평(上坪) 1부락
일금 45,000원 16명
대표 허위(許渭) 외 15명
· 상평 2부락
일금 42,000원 14명
대표 유병원(柳柄元) 외 13명
· 상평 3부락
일금 42,000원 14명
대표 박노춘(朴魯春) 외 13명
· 신장노거리
일금 57,000원 19명
대표 홍충희(洪忠熹) 외 18명[42]

○ 함경남도 덕원군 적전리(赤田里)—이백 호의 마을이 제사 단체인 아홉 개의 몽리(蒙利)로 나뉜다. 각각의 몽리가 각각의 제사를 지내면서 동시에 몇 개의 몽리가 합하여 하나의 커다란 제사를 지낸다. 몽리는 바로 제사공동체의 성격으로 보인다. 함경도에는 도청(都廳) 같은 형태도 있어 거기서 공동제사를 행하고, 제사기구를 보관하기도 한 예가 나타난다.[43]

○ 함경북도 북청 청흥리—청흥리는 김씨 문중의 경제적 집단으로서의 동족부락이었다. 김씨 시조의 제향(祭享)을 목적으로 하는 제전(祭田)과 위토(位土)가 압도적 다수였던바, 이천 평을 시제계(時祭契)에서 유지하였으며 묘소 유지를 위하여 4개소에 약 백 정보의 산림을 산당(山堂)과 함께 보유하였다. 이들 토지는 거의 종계(宗契)의 절목(節目) 규정에 의하여 소작을 주어 그 수입으로 조상 제향에 충당하고 나머지는 부락의 공동행사비에 충당하였다. 또한 도청(都廳)과 서재의 경영과 유지를 위하여 공동경리를 수행하였는바, 과거에는 이를 위한 공유재산이 있었으나 지주의 사적 소유로 넘어간 후 동족들의 일시적 갹출에 의한 약간의 동산을 기금으로 양사계(養士契)에 의해 유지하였다.[44]

제비는 대개 공동 갹출에 의해 쌀이나 돈으로 거두는데, 이는 마을사람들의 대동참여라는 점에서 중요한 의미를 지닌다. 마을에 따라서는 각 호마다 돈을 내어 통소를 잡고 마을굿이 파한 후에 고기를 나누어 갖는 식으로 제비가 할당되기도 한다. 이 경우 제비 액수는 소값에 따라 결정된다. 정초부터 보름에 이르기까지 마을풍물패가 마을을 돌며 공동계금을 마련하는 대동걸립이 자주 동원되었으나 차츰 마을풍물패 자체가 소멸되면서 걸립 기능도 많이 축소되었다. 대동걸립은 도중에 집집마다 악귀를 쫓고 복을 불러들이는 집굿도 겸하게 되므로 실제로 마을 전체를 제축의 분위기로 몰고 가는 데도 크게 기여한다.

이같은 이유로 걸립에 매구, 지신밟기, 뜰밟이 같은 다양한 이름이 붙었으며 그 자체가 본굿 못지않게 중요한 기능을 지녔다. 이미 조선 후기에도 매귀희(魅鬼戲)·걸공(乞供) 같은 말이 있어 "문밖에다 으레 매귀희를 설치한다. 쟁반에 쌀을 담아 문밖에 내놓는데 이름하여 화반(花盤)이라 한다. 매귀희가 마을을 돌면서 돈과 쌀을 구걸하는 것을 일명 걸공이라고도 한다"[45]고 하였다. 잡귀를 쫓는 매귀희는 오늘날의 매구굿을 말하며, 걸공은 돈이나 쌀을 걷는 걸궁 혹은 걸립, 상에 쌀을 차려 놓고 돈과 실을 올리는 화반은 현존 민속의 꽃반임을 알 수 있다. 마을 공동재산으로서의 동중답(洞中畓)이나 산제답(山祭畓)·당산제답(堂山祭畓) 식으로 아예 마을굿만을 위해 독립적으로 떼어진 공동재산이 다수 존재했으나, 일제 식민지 초기에 토지 조사 사업으로 인해 마을 공동 토지가 대거 사라지면서 굿의 물적 토대 자체가 와해되어 나간 측면도 살펴볼 수 있다.

또한 모든 마을굿에는 원칙적으로 마을회의가 수반되었다. 제비를 각 호마다 부담한다는 결정이나 비용할당, 제물 종류와 분량, 제관선정, 제비결산, 기타 평가작업, 연중행사 결정, 기본재산 관리 및 보고, 마을 공동시설 관리 및 보고, 동장이나 이장의 수당 주기, 품앗이 품 결정, 풍물패 악기 보수 및 구입 등 마을회의의 기능은 이들 제비와 밀접한 관련을 맺는다.

제물(祭物), 그리고 지킴이

제물은 대개 굿에 참가하는 사람들의 직접 생산물이 주종이 된다. 물론 굿의 성격이나 지역에 따라 제물 차림은 다양하며 구입해 온 물품을 쓰는 경우가 보통이나 원초적 형태는 생산수확물을 올리는 것으로 나타난다. 농경사회에 알맞게 알곡이나 어물, 고기, 산채 등이 가장 원초적인 제물이었다. 대개 마을굿에서는 삼색실과와 탕, 떡, 술, 메, 육류나 어물, 포, 나물 등이 기본을 이룬다. 떡은 백설기와 팥시루가 주종으로서 지킴이의 대상에 따라 달라진다. 소식(素食)을 즐기는 신이냐 육식을 즐기는 신이냐에 따라 제물 자체가 다르게 차려진다. 이들 제물은 생산의 결과를 신에게 올린다는 의미를 내포하고 있는 것이다.

제물을 준비하는 과정도 경건성을 갖춘다. 장에 나가 제물을 구입하는 일도 아무나 해서는 안 되며 부정을 가려 제주들이 직접 사 오거나 마을회의에서 깨끗한 사람을 선정하여 구입하도록 한다. 일단 시장에 나가서도 물건값을 깎지 않는다거나 궂은일이 생긴 집에서 물건 구입하는 일을 피하고 최상품을 사는 방식으로 금기를 한다. 일단 사 온 제물들도 정해진 사람의 집에서 정갈하게 준비해야 부정을 타지 않으며, 제수거리를 다듬는 물도 당우물을 사용하여 준비하는 일이 보편적인 현상이다. 대개의 마을당에는 인근에 당우물, 당샘이라고 부르는 샘물이 있어 보통 때는 쓰지 않고 제의를 올릴 때나 쓰게 된다. 술도 단술, 혹은 조라술이라 하여 정성스레 담가서 제일 전에 당집이나 신목 밑에 보관하여 잡스러운 일이 닥치지 못하도록 갈무리하는 경우가 많다. '정성을 갖춘다'는 표현이 가장 적합한 용어일 것이다.

제물을 진설하는 일도 일정한 격식을 따른다. 본굿에서는 격식을 차리지만, 당에 따라서 특히 하위신으로 내려가 간단하게 올리는 경우에는 간단하게 차린다. 제가 파하면 제물의 일부를 한지에 싸서 당 근처에 묻기도 한다. 엄격한 격식을 따르지 않고 간단한 상 차림으로 행하는 수도 많지만 유교식 제례가 침투한 좋은 사례가 제물 진설에서 나타난다. 삼색실과와 포, 탕, 메 등이 쓰임은 일반 제사와도 비슷하다. 또한 홍동백서(紅東白西), 조율이시(棗栗梨柿), 생동숙서(生東熟西), 어동육서(魚東肉西), 두동미서(頭東尾西), 좌포우혜(左脯右醯) 같은 법칙을 가능한 한 따르려는 측면도 보인다.

그러나 막상 굿판에서는 유교식 제사에는 쓰이지 않는 독특한 상들이 다수 존재함으로 해서 차별성을 지닌다. 가령, 고기를 시누대에 주먹만하게 끼워서 바친다거나 짚을 깔고 시루째 떡을 놓으며 그릇이 없이 과일이나 메를 올리는 등의 방식은 유교식과는 전혀 다른 매우 원초적인 형식으로 인정된다. 당에 올리는 기본 상 차림 말고도 제주도 마을굿처럼 각자 자기 집에서 상을 차려서 들고 나와 굿판에 수십 개의 상이 즐비하게 늘어서 있는 경우도 볼 수 있다. 더욱이 무당이 개입하는 당굿에서는 무당들의 견해를 좇아 제물뿐 아니라 다양한 지전이나 지화(紙花)가 오름으로써 굿의 무속적 성격을 더해 주기도 한다.

더 나아가 파제(罷祭) 후 대동적으로 나누어 먹음으로써 제의 공동체 안에서 나눔의 공동체인 음복(飮福)을 갖는 것이다. 경건한 제의가 파한 뒤 균등하게 나눔의 잔치를 가짐은 무엇보다 중요하다. 특히 고기가 귀했던 시절에는 모처럼 소를 잡아 공동으로 나눔으로써 소 잡는 잔치가 되기도 한다. 국가적으로 소를 함부로 잡지 못하게 했을 때, 마을굿을 계기로 모처럼 소를 잡는 잔치는 당대 사회에서의 매우 커다란 기쁨이었던 셈이다. 즉 먹을 것이 귀했던 시절에는 음복 자체가 커다란 즐거움을 안겨 주었다.

금기(禁忌), 그리고 지킴이

금기는 제의를 집행하는 사람들의 마음과 몸가짐을 말한다. 당에 황토를 뿌려 금기를 행하고, 제관 선출 과정뿐 아니라 제관 자신의 행동도 일체 금기를 하고 금기주간의 설정으로 전 공동체가 공동금기에 돌입한다. 일단 제관으로 선정된 사람은 부부관계를 금하는 등 금욕을 행하고 바깥 출입도 삼간다. 쥐 같은 동물도 잡아서는 안 되며 초상집이나 병에 걸린 집, 출산한 집에 가서도 안 된다. 집 앞에는 금줄을 두르고 황토를 펴서 잡스러움이 들어오지 못하도록 배려한다. 마을 공동우물에도 금줄을 두르거나 뚜껑을 덮어 제를 지내고 나서야 먹게 된다. 제를 지내기 전에는 당을 깨끗이 청소하여야 함은 물론이다. 경기 일원의 터주가리형 당집은 아예 해마다 새 볏짚으로 당집 자체를 갈아 준다.

제일 전의 며칠간만 금기를 하는 것이 아니라 제관으로 선정된 그 한 해 동안 내내 금기를 지킬 정도로 엄격하게 하는 경우도 많다. 특히 찬 우물물에 목욕하는 일은 매우 중요한 일이며 아무리 추운 날이라도 반드시 찬물로 정성을 다해야 한다. 심지어는 변소만 갔다 와도 손과 얼굴을 씻는 경우도 있다. 그만큼 엄격히 금기를 지켜서 지킴이를 모시는 일에 차질이 없도록 한다. 만약 금기를 제대로 지키지 못하면 마을굿의 영험이 떨어지고 제관 자신이 커다란 화를 입는다고 믿기 때문이다. 그 어려운 일을 하는 것은 오로지 마을 대동의 일을 위하여 고생을 감내해야 하기 때문이다. 비단 제관만 금기를 행하는 것이 아니라 마을 전체가 금기에 돌입하여 공동우물을 청소하고 타동 사람들이 출입하지 못하게 한다. 마을에 산기(産氣)가 있는 여자는 타동으로 보내거나 인근 피막(避幕)에 임시 거주하도록 배려하기도 한다. 피막은 거의 사라지고 충청남도 서해안 일대에서만 간혹 발견되지만 예전에는 비교적 넓은 지역에서 이루어지던 관행이었다. 제를 올리는 과정에서도 선정된 제관들만이 당에 오르거나 마을사람들 중에서 깨끗한 사람들만 당에 갈 수 있다고 믿는다. 금기를 어겨 신의 노여움으로 마을 전체가 커다란 액운에 빠져들었다는 식의 이야기가 자주 나타나는 것은 그만큼 금기의 중요성을 말해 주는 것이다.

반면에 파제 후에는 음복을 행하며 풍물패가 온통 악기 소리로 시끄럽게 부산을 피운다. 금기와 제의의 엄숙성이 들뜬 축제의 부산함과 대조를 이룬다 하겠다. 즉 금기는 공동체 전체의 운명을 건 금욕과 절제의 시련을 위한 경건한 준비 자세이며, 뒤이을 제축의 폭발력을 잠재우고 있는 내재적 힘인 것이다.

의례(儀禮), 그리고 지킴이

의례는 굿의 본령이라고도 할 수 있다. 종교적 행위를 의례라 한다면, 마을굿의 의례는 마을공동체 신앙민중들의 의례라 하겠다. 이들 의례는 마을신격의 종류, 마을마다의 오랜 전통, 같은 마을의 경우에도 요소요소마다 자리잡고 있는 신격의 차이에 따라 다양한 형태로 나타난다. 가령, 거리신으로서의 장승제와 비의적(祕儀的)인 산신제는 그 의례의 개념, 형식, 주관자 및 참여자, 제물, 제의를 집행하는 시각 등에서조차 차이가 나는 경우를 흔히 보게 된다.

또한 의례는 무당의 개입 여부, 유교식이냐 아니냐의 여부, 풍물의 개입 여부 등에 의해 다양하게 구분되나, 공통점은 어느 경우에도 의례의 주인공이 마을 민중들 자신이란 점이다. 은산 별신제의 경우처럼, 무당이 개입하여 당굿 형식으로 굿을 치게 되나 대[竿]를 잡는 것은 마을 제관들이다. 마을 제관들은 부정을 가리고 신중하게 대를 잡아 그 대가 울려야 신이 내려온 것으로 인정한다. 따라서 대가 내리지 않으면 제관들은 다시 강으로 내려가 손과 얼굴을 씻고 제에 임하는 것이다. 이는 공동체의 전체적 염원이 제관을 통하여 반영되는 것으로 인식하는 까닭이다. 더욱이 전라도 지역의 당산제처럼 마을풍물패가 중심이 되어 지킴이를 모시는 경우에는 풍물패 전체가 굿의 주역이 되는 것이다. 제관이 중심이 되어 제를 집행한다고 하더라도 마을사람이 모두 동참하여 굿놀이도 즐기고 행사를 거들게 되므로 어떤 형식의 굿이라도 굿판의 주역은 동민 전체가 되는 것이다. 물론 상당과 하당을 갈라서 상당에는 부정한 사람이 못 올라가고 하당에만 누구나 참석할 수 있다거나, 여자는 상당에 오를 수 없고 하당에 가서야 참가할 수 있다는 식의 제의도 자주 보고된다.

무당이 개입하는 경우 대개 마을공동체의 단골무당에 의해 당굿 형식으로 이루어지나 단골판의 쇠퇴와 더불어 다수 사라지고 있다. 유교식 지킴이 의례는 축문이 있는 경우와 없는 경우로 대별할 수 있으나 유교식이라고 하더라도 제례 절차상의 유교적인 측면만 제외하고서 보면 다분히 전래 토속적인 형식을 그대로 지니는 경우가 보편적이다. 유교식의 제례가 강하게 침투하였다 하더라도 민중들의 지킴이모

심은 굿적인 형식이 강하기 때문이다. 마을풍물패가 대동으로 판을 짜서 굿에 참여하는 호남의 당산굿 형식도 주목할 만하다. 굿판의 크기 자체로만 본다면 산제처럼 소박하게 제관 한두 사람만이 올라가 소찬(素饌)으로 지내는 경우도 있을 것이고 별신제처럼 대규모의 제축으로서 모시는 경우도 있을 것이다. 또한 같은 마을의 경우에도 산제는 소박하게 밀의적(密儀的) 형식으로 올리고 하당제는 떠들썩한 축제 형식으로 지내는 등의 외형적 차이가 존재하는 경우가 자주 있다.

지킴이 의례는 결국 각각의 지킴이에 대한 모심이므로 대상신의 종류에 따라 다양한 형식의 제를 올리게 된다. 가령, 웃당으로서의 산제는 제관만이 소박하게 올리나 하당은 무당을 불러다가 당굿으로 올리고 거리제인 장승제에서는 마을사람들만이 풍물을 치면서 올리는 식으로 각각의 신격에 따라 상이한 차별성을 보여주기도 한다. 또 산제 자체를 마을풍물패가 당산에 올라가서 행하고 마을내의 각각의 당을 찾아다니면서 굿을 치는 식도 있다. 이같은 차별성은 어디까지나 각각의 신에 따른 차별성에서 기인하는 것으로 보인다.

어느 마을굿이나 가장 중요한 의례 절차는 한지를 태우는 대동소지와 개인소지로 보인다. 축이 없는 마을굿에도 이들 소지만은 반드시 존재한다. 가령 축문을 읽고 나서는 반드시 소지를 올리며, 축문이 없는 경우에도 소지를 올리나, 소지를 올리지 않으면서 축문만 읽고 마는 경우는 좀처럼 보기 힘들다. 마을굿의 의례에 있어, 외침하는 세력에 대한 내부적 응집력으로서의 수호신적 기능을 하는 벽사의례(辟邪儀禮)나, 억압적 지배층에 대한 민중들의 자기결단 의식이자 공동체 성원 공동의 바람이기도 한 대동소지와 개인소지는 바로 굿의 절정에 해당한다. 유교식 축문이 준비되어 사람들이 알거나 모르거나 어려운 한자투의 축문을 읽는 경우도 대단히 많으나, 그보다 마을사람들의 심성에 다가오는 것은 비나리로서의

대동소지와 개인소지이다. 유교식 축문이 한문투성이라고 하여 반드시 그 내용이 비민중적인 것만은 아니다. 유교식 축문이라고는 해도 각각의 내용에는 마을의 안녕과 생업의 풍요 등을 비는 공동체의 염원이 잘 드러나는 것이다.

일반적으로 의례가 끝나면 뒷굿 형식의 굿이 별도로 준비된다. 마을지킴이 말고도 마을을 떠도는 온갖 잡귀들도 있다는 소박한 믿음 때문에 그들도 풀어먹인다는 뜻에서 뒷굿이 이루어지기도 한다. 이같이 마을지킴이 의례의 전 과정은, 굿을 굿답게 만들어 주는 의례 장치로서의 민중의 건강한 비나리를 통해 개인과 대동의 문제가 부각되는 민중의례인 것이다. 동시에 앞에서 언급되었던 대동음복(大同飮福)의 장(場)도 중요하다. 공동체의 나눔과 단결의 장으로서 음복이 지닌 즐거움은 곧 마을굿 의례의 또다른 핵심이기도 하다.

2. 마을지킴이를 새롭게 이해하는 방식

하늘이 열리고 땅이 열려서

천지혼합(天地混合)으로 제이르자
천지혼합을 제일롭긴
천지혼합시 시절(時節)
하늘과 땅이 굽이 엇어
늬 귀 줍쑥허여 올 때
천지가 일무꿍돼옵데다.
천지가 일무꿍돼여올 때
게벽시(開闢時) 도업(都業)이 돼옵데다

제주도 큰굿에서 서두에 부르는 초감제 첫머리 베포도업침의 한 대목이다.[46] 제주도의 무당인 '심방'들은 마을굿을 할 때면 초감제로 시작해 천지만물이 생성된 배경을 노래하곤 한다. 무가의 서두 내용을 풀어 보면 다음과 같다.

태초 이전에는 천지가 혼합하여 하늘과 땅의 구별이 없는 채 어둠의 혼돈상태였다. 이런 혼돈에서 하늘과 땅이 갈라져서 천지가 개벽하게 되었는데 하늘에서 아침 이슬이 내리고 땅에서는 물 이슬이 솟아나서 음양이 상통하여 개벽이 시작되었다. 그래서 하늘은 갑자년(甲子年) 갑자일 갑자시에 자방(子方)으로 열리고, 땅은 을축년(乙丑年) 을축일 을축시에 축방(丑方)으로 열렸다. 그 후로 하늘은 점점 맑아져 청색을 드리웠는데 하늘 위에도 세 하늘, 땅 위에도 세 하늘, 지하에도 세 하늘, 이렇게 삼십삼천으로 갈라지고, 땅은 애초의 백사지 땅에서 산이 생기고, 그 산에서 물이 나와 초목이 움트게 되었다.[47]

이렇게 인간이 사는 세상이 열리게 된 것이다. 심방은 이를 마을굿판에 아뢰면서 굿을 시작하게 된다. 멀리 북쪽으로 올라가서 함경도 함흥 지방에서 큰굿을 할 때 부르는 무가에도 창세신화(創世神話)가 전승되고 있다. 일찍이 민속학자 손진태(孫晋泰)가 『조선신가유편(朝鮮神歌遺篇)』에 수록한 자료들이 바로 그것이다. 이들 구전문학은 아직 분화되고 있지 않다는 점에서 종교 주술이나 인류 기원 문제에 연류(連類)되어 있다는 사실을 말해 준다. 이들 신들에 대한 이야기는 신화체계를 형성해 주는 것이다.[48] 이같이 굿노래에는 역사 이전 시대의 꿈이 잠복되어 있다. 마을지킴이를 모시는 일은 분명히 마을 자체를 위한 굿이기는 해도 그 굿판에서는 우주만물의 생성 과정이 구송(口誦)되는 것이다. 그리하여 신명으로 그득 찬 마을굿판은 오랜 세월 이 땅에서 살아온 우리 겨레의 역사가 생생하게 재현되는 역사의 한마당이 되기도 한다. 이제 세계는 활짝 열려서 하늘이 생기고 땅이 생겨나 해, 달, 별이 생기고 천지만물이 조화를 이루게 된다.

즉 하늘은 인간에게 남은 유일한 '거룩함'인 것이다. 하늘의 신이 더이상 종교생활을 지배하지 않을 때에조차도 별들의 영역, 하늘의 상징, 상승의 신화와 제의 등은 '거룩한 것'의 질서 가운데서 탁월한 위치를 유지한다는 사실을 주목해야 한다. '천상적'인 거룩함은 상징을 통하여 여전히 활동하고 있기 때문이다.[49] 마찬가지로 땅 역시 인간이 대지에 발을 딛고 살아 나가는 기름진 토양으로서 하늘과 더불어 여전히 활동하고 있는 것은 당연한 일이다.

해, 달, 별, 그리고 지킴이

『삼국지(三國志)』에 기록된 이후로 후대에 자주 재인용되곤 하는 우리의 고대풍속에 관한 기사에는 일 년 농사를 끝내고 10월에 지내는 시월 상달고사가 있다. 여기에는 하늘에 감사드리는 의미가 잘 각인되어 있다. 경기·서울 지방의 경우 10월 상달에 마을굿이 집중되어 있는 것은 10월 상달굿이 고대사회의 10월 제천의식에서 유래했기 때문으로 볼 수도 있다. 오늘날 제주도굿에 유난히 하늘로부터 천신의 자손들이 벌을 받아 내려왔다는 이야기가 많이 전해짐도 하늘과 지킴이의 관련성을 보여준다.

그러한 하늘의 첫주인은 역시 자연물로서의 태양이다. 육당(六堂) 최남선(崔南善)은 역사의 첫장을 넘기는 시점에 태양숭배를 알맹이로 하는 민족종교가 있었다고 언급하면서 '밝의 뉘'를 말했다. '밝'은 광명과 신이요, '뉘'는 세계이니 '밝의 뉘'라 함은 광명세계, 곧 '신의 뜻대로 하는 세상'이란 의미를 나타내는 말이라고도 했다. 요컨대 조선에는 예로부터 고유신앙이 있어 그 명칭은 '밝의 뉘', 뒤에 변하여 '부루'요, 그 주지(主旨)는 천도(天道)를 실현함에 있는데, 이 민족교는 유교·불교에 앞서서 있어 왔고, 또한 유교·불교가 들어온 뒤에도 그대로 나란히 존립했다고 했다.[50]

육당이 거창하게 태양을 매개로 하여 민족종교로 논의를 끌고 나가고 있을 때 실상 전국의 마을 곳곳에서는 실생활 민속으로서의 하늘에 대한 민중적 개념들이 유전되고 있었다. 마을굿에서 하늘에 대한 신심은 천단(天壇), 천제당(天祭堂), 천왕당(天王堂) 같은 신당으로 구체화되었다. 이는 인간이 살지 않지만 보다 하늘에 가깝게 다가간 높은 산정에 자리잡아 하늘을 향해 신심을 표시하는 마니산이나 태백산

의 천단(天壇) 같은 것과는 달랐다. 생활 속에서 천지만물을 관할하는 하늘에 대한 민중들의 의식이 마을신으로 귀결된 것이다. 하늘의 여러 만물조화 중에서 역시 해와 달, 별에 대한 신심이 가장 클 수밖에 없으며, 그 중에서도 마을지킴이에 있어서는 해보다는 달과 별에 집중되었다.

대개 여신이 남신보다 많고 그 주류는 유구한 풍요다산의 여신인 지모신(地母神) 신앙이었다고 할 때, '남신-태양-천신'에 대응되는 '여신-달-지신'의 음성원리 체계를 거론하지 않을 수 없다.[51] 마을굿에서 달과의 만남은 매우 결정적이며 그대로 풍요를 기원하는 상징이 된다. 달이 차고 기우는 일은 이제 인간사를 점치는 중요한 단서가 된다. 마을굿을 올리는 날을 정함에 있어서 만월이 된 보름이 중시된다는 사실은 풍요를 비는 염원과 깊은 관련이 있다. 만삭의 여인이 생산을 상징하듯 정월 대보름은 한 해의 풍농을 가져다 주는 결정적 시간으로 설정된다. 마을 대보름굿이 암시하는 정서는 보름달에 기초한 만물조화의 세계이다. 이는 농업생산 절기를 중심으로 이루어진 세시풍속과도 관련이 깊다.[52]

별과의 만남은 '칠성(七星)'으로 정리된다. 칠성은 수명장수와 부귀를 점지하는 신으로, 북두칠성은 일(日)·월(月)·화(火)·수(水)·목(木)·금(金)·토(土)의 정수(精髓)로 간주된다. 그 기원은 원시시대까지 올라가며, 고구려 벽화나 『삼국유사(三國遺史)』 김유신조(金庾信條)에도 그에 관한 기록이 있다. 벽화에 나타난 별자리 그림은 칠성신앙이 매우 오래 전에 이루어졌고 별의 운행을 통한 점성술도 오래된 것임을 알려 준다. 고려시대 이규보(李奎報)의 시 「노무편(老巫篇)」에도 "벽에는 단청신상을 그려 놓고 칠원성군(七元星君)과 구요성(九曜星)은 액장에 그려 붙었다"는 구절이 나온다. 이들 칠성은 이 땅에 들어온 불교와 결합해 절의 칠성각이라는 형태로 나타났다. 불교문헌에 전해지는 북두칠성염송의궤(北斗七星念誦儀軌), 북두칠성연명경(北斗

七星延命經) 등은 불교와 도교의 결합도를 잘 보여 준다. 도교에서는 칠성이 인간의 길흉화복을 관장한다고 '칠아성군(七牙星君)'이라고도 한다. 이러한 칠성은 집안지킴이로서 기자(祈子)나 산육의례(産育儀禮)로 정착되었거니와 마을굿 자체로서는 그다지 두드러지지 않는다. 다만 마을의 당에 칠성을 모신 경우는 자주 발견된다. 이 경우 대개 다른 지킴이들과 함께 존재하며 칠성신장(七星神將) 형식으로 나타난다. 마을굿당으로서의 칠성당이 넓게 분포되지 않은 것은 대개의 사람들이 인근의 절을 다녔고 그 절마다 칠성각이 존재하여 마을 자체로서는 독자적으로 칠성을 모실 필요가 없었던 탓으로 보인다. 다만 집안지킴이로서는 강하게 자리잡아 칠월 칠석의 집안의례로 전승되어 왔다. 마을굿에서는 고사 형식으로 칠석날 우물고사를 행하는 경우도 있다.

그러고 보면 하늘에는 구름도 있고 비도 있고 바람도 있다. 물론 서리와 우박도 있고 벼락도 존재하여 벼락대신 같은 신격도 생겨난다. 구름은 으레 마을굿의 지킴이들이 좌정할 때 구름을 타고 앉은 형상으로 입체화된다. 이들은 상호연관이 깊으며 구름이 비가 되고 바람이 비바람이 되기도 하는 등 하늘을 떠돈다는 동질성을 확보한다.

그 중에서 마을지킴이와 밀접한 관련을 맺는 것은 아무래도 바람이다. 푄(Föhn) 현상이라고 구체적으로는 몰랐을지라도 이미 민중들은 그러한 현상이 계절적으로 일어난다는 사실을 체득하고 있었다. 또한 사계절마다 고유의 바람이 어떻게 부는가를 잘 알고 있었으며, 그런 바람이 어떤 속성을 가지고 인간에게 영향을 끼치는가도 잘 알고 있었다. 민중들은 농사에 피해를 주거나 고기잡이배를 뒤집어 버리는, 인간의 생존을 위협하는 바람에 대해서는 준비를 게을리할 수 없었다. 그 대표적인 지킴이가 영등신(靈登神)이다. 영등신은 개인 의례로 다수 행해지나 마을공동체 전체의 행사가 되기도 한다. 영등신은 조선 후기 자료에 다음과 같이 나타난다.

"영남 지방의 풍속에 집집마다 신을 제사 지내는데 그 신을 이름하여 영등신이라 한다. 무당이 영등신이 내렸다고 마을을 돌면 사람들은 다투어 맞이하여 즐긴다. 이달 초하루부터 사람을 꺼리어 교접(交接)하지 않는데 15일, 혹은 20일까지 간다."[53]

"제주도의 풍속에 2월 초하룻날 귀덕(歸德)·금녕(金寧) 등지에서는 장대 열두 개를 세워 놓고 신을 맞이해다가 이에 제사를 지낸다. 또 애월(涯月)의 주민들은 말머리의 형상을 한 나무를 채색비단으로 써 꾸미어 약마희(躍馬戱)를 행한다. 이것은 신을 즐겁게 하려는 행사로 보름까지 하다가 그만둔다. 이것을 영등이라고 한다."[54]

경상도의 풍습을 기록하여 귀중한 자료를 남겨 준 조선 후기의 이옥(李鈺)은 『봉성문여(鳳城文餘)』에서 '영등신(影等神)'이라 표기하고 나서 다음과 같이 적어 놓았다.

"매년 2월 길일에 집집마다 영등신에게 제사를 지내는데, 삼 일 전에 문전에 붉은 흙을 깔아 사람을 들어오지 못하게 하고, 그날 닭 울기 전에 집 식구들이 새옷을 갈아입고 마당에 밥·국·인절미·떡·술·어육·나물을 정갈하게 차려 놓고 대나무로 제사 지낸 곳에 한 나무를 세우고 그 위에 찬물을 올리고 매일 아침 새 물로 바꾸기를 15일까지 한다. 집안에 질병이 없고 풍년이 들며 재물이 느는 것은 모두 신이 내려 준 것이라 운운한다. 영남 읍민 모두가 제사를 지낸다. 그 지방 사람들의 말에 옛날에 영등신을 섬기기를 심히 엄히하여 고을 원님이 고을을 위해 복을 청하는데 원님의 부인이 방 가운데 앉아서 기다리고 있으면 밤중에 분명히 느끼는 것이 있어 신이 가고 나면 옷이 땀에 젖었다. 대개 옛 두두리(豆豆里)류로 음사(淫祠)의 귀신이다."[55]

이들 영등은 그 지역 명칭에 따라 영동할만네, 영동할맘, 영동할마니, 영동할마시, 할마시, 영동바람,

풍신할만네, 영동마고(麻姑)할마니 등 여러 명칭이 존재하거니와, 이는 바람에 대한 지킴이모심의 방식을 잘 보여주는 사례.[56]

흙, 그리고 지킴이

이제 하늘에서 인간이 사는 땅으로 내려오게 된다. 천지가 열린 터전에 인간이 내려오게 된다. 땅의 기본물질은 물과 흙이니 그 지킴이모심도 각별했다.

"환웅이 무리 삼천을 이끌고 태백산 꼭대기 신단수 밑에 내려와 여기를 신시라 이르니"(『三國遺史』) 하는 식으로 시작되는 우리 겨레의 개국신화가 바로 그것이다. 단군신화에는 우리 겨레 초창기의 가려진 역사가 비밀스럽게 숨겨져 있는 것이다. 이 역시 입에서 입으로 구전되어 오다가 후일에 여러가지 윤색을 거쳐 문자로 정착되었다. 이제 땅은 인간이 발붙이고 사는 곳이라 마을굿과 여러가지로 직접 관련을 맺게 된다.

토지신은 땅에 뿌리내리고 있는 사람이 가장 중시해 온 지킴이다. 지킴이모심을 음사라고 꾸짖은 유교적 지식인들에게도 토지신은 중요했으니 토지지신(土地之神)이라 하여 국가적으로 모셨다. 사람들의 땅에 대한 믿음은 몇 가지 단계로 설정된다. 크게는 도읍을 정하는 일에서부터, 작게는 자리잡을 마을을 정하고 각각의 집터를 정하는 일이다. 이에 대해 이중환(李重煥)은 『택리지(擇里誌)』 「복거총론(卜居總論)」 지리조(地理條)에서 "대저 살 곳을 택할 때는 처음에 지리를 살펴보고 다음에 생리(生利), 인심(人心), 산수(山水)를 돌아본다"고 했고, 지리는 "첫째 수구(水口)를 보고 다음에 야세(野勢), 산형(山形), 토색(土色), 수리(水理), 조수(潮水) 등을 본다"고 했다.

어느 집에서나 터주가리 등을 만들어 터주신, 혹은 터줏대감에게 집안고사를 올린다. 마을굿에서는 당을 배치하는 일이 중요하니 결코 땅의 형국과 무관할 수 없다. 마을의 형국을 잘 살펴 웃당을 모시고 아랫당을 일구고 거리에는 거리당을 모신다. 국사당, 당산, 거리당 같은 구분은 마을땅의 형편과도 관련이 깊다. 앞이 허한 곳에는 탑을 세워 막아 주기도 하고 행주형(行舟形) 지세에는 솟대를 세워 마을을 묶어두기도 한다. 심지어 곳에 따라서는 마을 전체를 돌아가면서 한 마을 곳곳에 무려 십이당을 설정하고 매 당마다 제를 올리는 경우도 있다. 좋은 땅을 택하여 마을지킴이를 모시는 의식은 바로 땅에 대한 선조들의 독특한 이해방식을 보여준다.

제주도의 경우를 보면 땅을 찾는 과정과 마을지킴이가 얼마나 깊은 관련을 맺고 있는가를 보여준다. 제주도 마을에는 반드시 마을마다 하나씩 본향신(本鄕神)이 자리잡아 마을 안의 토지, 마을사람들의 출생, 사망 등을 관장하여 수호한다. 이는 토지관(土地官), 토주관(土主官)이라고도 하며, 마을의 주인과 같은 것이라 생각된다. 본향당신들의 본풀이를 보면 외지에서 입도(入島)한 신들이 자기가 차지할 마을을 찾아다니는 대목이 있는데, 이미 한 마을을 선점한 토지신이 있으면 그 마을에 좌정할 수가 없다. "이 마을의 당도 물도 나무도 모두 내 차지다. 다른 마을로 가 보라"고 하여 거절하는 장면이 많이 나온다. 그래서 여기저기 찾아 돌아다니다가 아직 차지한 신이 없는 마을을 찾아내어 정착하는 과정을 설명한다. 이는 처음 개척한 선조가 정착지를 선정하여 개척하기 시작한 과정의 반영이라 볼 수 있다.[57]

땅에 대한 지킴이모심은 가장 직접적으로 마을 풍물굿패의 지신밟기·마당밟이·뜰밟이에서 두드러진다. 각 집과 마을마다 신들이 자리잡고 있다는 믿음은 바로 집지킴이와 마을지킴이가 밀접한 관계를 맺고 있음을 보여준다. 특히 집안의 터주는 지신(地神), 터줏대감, 터대감, 토주(土主), 후토주임(后土主任), 대주(垈主), 터주가리, 터주지신으로 불리며 인간과 대지가 맺는 신심을 잘 보여준다.

지신밟기는 새해 일 년간의 제액초복(除厄招福)을 위해 지신에게 올리는 제의이다. 지신을 달래야

한 해가 탈이 없다고 하여 신년초 의례적 행사로 지신밟기를 행한다. 지신밟기 시기는 정월 초이튿날로부터 정월 16일 사이에 하는 것이 통례이다. 가가호호를 돌아다니는 지신밟기를 통해 가호의 안녕을 빌어 주고 쌀과 돈을 거두어 제비를 마련하게 된다. 연이어 제일이 되면 마을풍물패들은 당산님 앞에 가서 의례를 집행하고 마을 대동우물에 가서 우물고사도 행한다. 전라도의 경우에는 보통 들당산굿, 당산굿, 마을샘굿, 마을마당굿으로 이루어지는 마을굿을 치고서, 집굿으로 들어가 문굿, 조왕굿, 철륭굿, 샘굿, 곳간굿, 외양간굿, 측간굿, 성주굿, 마당굿 등을 치게 된다. 전북 임실군 필봉마을을 하나의 사례로 잡아 좀더 자세히 살펴보자.

"마을사람들의 오랜 논의의 결과, 날짜와 순서가 정해지면 우선 당산굿부터 치고, 그 다음 마을의 공동샘굿을 치는 것이 보통 순서이다. 그 다음부터 집돌이를 하는데 우선 문굿을 치고 들어가 마당을 작신작신 밟으며 아주 신나게 마당굿을 친다. 놀이꾼들은 첫집부터 끝집까지 종일 줄기차게 쫓아다니면서 노는 괴력을 발휘하는 등 많은 사람들이 어울려다니는 어루기 과정을 만들어낸다. 마당굿을 치는 동안 집주인은 두부국이나 삐죽을 끓여서 술상부터 내오는데, 치배들은 '짐 난다 짐 난다 두부국에 짐 난다'라고 외치고 한바탕 굿을 조였다가 맺는다. 이때 치는 굿의 길이는 짧기로 유명하다. 어느 정도 술과 음식으로 기운을 회복하고는 치배들이 몰아 조왕(竈王)으로 들어가 조왕굿을 친다. 이때 솥뚜껑 엎어 대주(大主)의 밥그릇에 쌀을 담아 촛불을 켜 놓고는 대주를 불러다 우선 덕담을 한다. 축원을 같이 외치는데, '오방신장(五方神將) 합다리굿에 객귀 귀신을 몰아내고 명과 복으로 굿을 치세' 하며 좁은 부엌 구석에서 한바탕 싸잡아도 굿을 친다. 그 다음 짧은 질굿을 치면 장독으로 가서 철륭굿을 치는데 이때는 식구들의 건강과 직결되는 장이 잘 담가져야 한다는

덕담을 예의 치배들과 대거리를 하고는, '아래철륭 웃철륭 좌철륭 우철륭'하며 한바탕 논다. 다음은 샘굿으로, 샘에 가서 물 한 그릇 깨끗이 떠 놓고 주로 농사의 풍요로움을 비는 덕담을 하고, '아따 그 물 좋구나, 벌컥벌컥 마시자', 또는 '아들 낳고 딸 낳고 미역국에 밥 말아 먹자' 등의 축원을 한다. 그 외에 노적굿이나 집당산굿은 형편이 닿는 대로 치는 수도 있지만, 위 세 가지는 어느 집이나 꼭 친다. 이렇게 모든 집들을 돌아다니며 신명판을 조금씩 더해 가다가 보름날 뒤 판굿으로 이어지는 못 말리는 판이 되어 버린다."[58]

흙과 관련하여 가장 중요한 마을지킴이의 다른 요소는 돌이다. 흙이 돌이 되고 돌이 흙이 되는 원리 속에서 돌은 흙의 결정체가 된다. 돌은 작은 돌무더기부터 커다란 바위에 이르기까지 매우 다양하고도 광범하다. 그 옛날 원시시대에 동굴은 인간에게 긴요한 살림터였다. 동굴은 비바람과 맹수, 더위나 추위로부터 인간을 보호하는 안식터였다. 그리하여 인간들은 사냥하는 모습이나 주술을 행하는 모습들을 다양한 암각화나 동굴벽화로 남겨 두었다. 선사시대에는 '바위그늘 문화'도 이룩되었으니 이들 자연 대상물은 일찍이 인간의 원초적 신앙행위와 깊은 관련을 맺었다. 돌은 그 항구불변성으로 해서 거기에 초자연적인 힘과 영험이 깃들여 있는 것으로 믿고 고대로부터 이를 신성시하여 주술적인 신앙의 대상으로 삼은 것이다. 지금도 마을에 가면 선돌이나 입석이 현존한다. 마을 입구나 복판에 서 있어 마을지킴이가 되는 것이다. 이들 중에는 지금으로부터 약 백 년 전에 생긴 것도 있지만 우리가 연대를 측정할 수 없을 정도로 오래 전에 세워진 것들도 있을 것이다. 고고학자들의 많은 연구들은 이들 바위들이 단순한 돌멩이 이상임을 알려 준다. 이들 유전(遺傳)하는 민속들이 이제는 단순한 마을신앙 형태 정도로만 잔존되고 있는 것이다.

이제 이들 바위들이 인간사의 보다 복잡다단한 삶의 형편과 밀접한 관계를 맺기 시작하면서 그 쓰임새에 따라 산신바위가 되기도 하고 생김새에 따라서 기자(祈子)바위로 둔갑하기도 한다. 거대하거나 묘하게 생긴 바위에 대해 민중들은 외경심을 갖기 마련이었다. 산신제에서 대개의 신격 대상은 수목이나 산중의 커다란 바위였다. 바위틈이나 암벽의 그늘, 편편한 제단형의 바위, 기묘한 형상을 한 바위 등이 주로 신격의 대상으로 모셔졌다. 바위 중에서 특별히 기자바위라 지칭된 바위는 마을의 아녀자들이 아기 낳기를 희망하는 대상물로 긴요하게 숭배되었다. 생김새가 남녀의 성기를 닮았을 때는 성신앙의 대상이 되기도 하여 많은 구전설화가 생겨나고 좆바위, 씹바위, 공알바위, 자지바위 등의 다양한 이름으로 모셔지는 것이다.

커다란 돌만 지킴이의 대상이 되는 것이 아니다. 비교적 작은 돌들이 모여서 탑을 이루고 돌무더기를 이루어 탑신앙이나 서낭당이 되었다. 누석단(累石壇)이라고도 부르는 이같은 신앙은 워낙 광범하여 가히 한국 마을신앙 중에서 손가락으로 꼽는 반열에 끼어 있는 것이다. 서낭당의 돌무더기는 지나가는 길손들이 하나씩 돌을 던지면서 소원을 비는 가운데 이루어진 것이다. 길 가는 나그네가 행로의 안녕을 기원하는 이같은 일은 교통수단이 발전하지 못했던 시절에 호랑이 같은 맹수나 도적 따위로부터 보호받고자 하는 염원이 반영되어 있다. 탑을 세우는 것도 마찬가지여서 마을사람들이 대동으로 공동체의 지킴이를 세우는 일에 참가한다. 탑은 마을의 하위신으로 자리잡거나 때로는 주신으로 자리잡아 탑제를 올리게 된다. 탑 역시 작은 돌을 하나씩 쌓아 올려 신앙화시킨 것이다. 마을에 따라서는 수구막이라 하여 마을 입구 허한 곳을 막아 주는 역할도 하게 된다. 수구막이 중에는 단순하게 커다란 바위 위에 거북돌을 올려 두드러진 표지(標識)를 하기도 한다.

돌과 마을굿의 관계는 제주도 마을굿에서 보다 분명해진다. 바람이 잦고 돌이 흔한 제주도에서는 돌담을 쌓고 그 안에 당목(堂木)을 심어 지킴이로 모신다. 제주도의 여인들은 시집 갈 때 살던 마을의 당에 가서 돌을 가져다가 시집 온 동네 당에 모셔 둔다. 친정 동네의 당이 시집 동네의 당에 가지를 치는 것이다. 또한, 제주도의 많은 지킴이들은 대개 바위구멍에서 나온다. 그 구멍은 용암굴을 연상시켜 주기도 하고 뱀구멍처럼 밑으로부터 솟아나오는 형국이기도 하다. 땅에서 솟은 신들, 가령 북제주군 구좌면(舊左面) 송당리(松堂里)의 당신은 알송당의 '고부니물'이라는 곳에서 솟았고, 제주도 당신 본풀이에 남신은 한라산이나 기타 제주도의 여러 곳에서 솟았다고 설명하는 이야기가 다수 존재한다. 탐라의 시조인 삼성(三姓) 고씨(高氏), 양씨(梁氏), 부씨(夫氏)가 나왔다는 삼성혈(三姓穴)의 용출신화(聳出神話)도 이의 일종이다. 이러한 동굴의 신화적 상상력은 일찍이 단군신화에서 호랑이와 곰이 동거한 사례에서 이미 나타났던 것이다. 이것은 세계적으로 농경민족 사이에 널리 분포되어 있는, 동굴로부터의 인류 출현의 변형으로 보인다.[59]

돌은 인공적으로 다듬어져 석장승이 되거나 마을미륵이 된다. 개중에는 제법 섬세한 가공으로 인공미를 연출한 것들도 있다. 그러나 그 '인공의 미' 역시 지금 우리의 입장에서 보면 자연적 세계관이 그대로 묻어 나오는 것이다. 석상 중에서 보다 중요한 것으로는 마을미륵이 있다. 언젠가 올 미래불 미륵이 우리 한국의 마을마다 자리잡고 있는 것이다. 조형적 손질을 가한 것도 있지만 개중에는 미륵인지 그냥 돌멩이인지 구별이 되지 않는 경우가 더 많다. 따라서 입석, 기자바위, 좆바위, 미륵바위 등이 함께 같은 뜻을 공유하거나 각각의 다른 기능을 가지면서 공존하게 된다.

돌은 이제 두레굿 의례에서도 중시된다. 들독, 등돌, 든돌, 진쇠돌, 당산돌, 신돌, 초군돌, 차돌백이 등으로 불리는 들돌은 무거운 돌을 들어올리는 거석행

위로서 신성한 당집이나 제장(祭場)인 당나무 밑에 놓여 있거나 장자집에 있는 업(業)으로 풍요와 방액(防厄)의 기능을 가지고 있다.[60]

더 나아가 돌은 민중들의 변혁운동에서도 중요한 역할을 담당했다. 대보름에 동편과 서편으로 편을 갈라 돌싸움을 전개하고 이긴 편이 풍년이 든다는 모의전투는 과거 고구려시대로부터 전해지거니와, 이는 오랜 옛날 사냥이나 전투의 흔적을 잘 보여준다. 후대에 내려와 이들 풍속들은 침잠을 거듭하면서 사라지게 되었지만, 유사시에 민란의 도구로, 외침하는 세력에 대한 방비책으로 돌싸움의 위력은 대단했다. 심지어 국가적으로도 투석꾼을 모아서 군사조직을 묶을 정도였다. 행주치마 전설이 그득한 행주산성에 옛날 서낭당터가 병존하고 있음은 서낭당 돌무더기와 석전(石戰)이 무관하지 않음을 잘 보여준다.

나무, 그리고 지킴이

하늘로 향한 인간의 외경심은 수직적 우주관과 관계가 깊다. 즉 우주층을 연결시킬 수 있는 우주축으로서 우주나무가 쓰이는 것이다. 이 중에서 나무는 땅속 깊이 파고드는 뿌리로서 지하계까지 이어져 있고 솟아오르는 식물의 생장력으로 하늘 꼭대기까지 뻗어오르는 상징성으로 인해 천계와 지상, 하계를 연결하는 우주축으로 적합한 것이다. 이는 어쩌면 북아시아 전 지역을 휩쓴 샤머니즘의 문화파동이라는 맥락에서 이해될 수도 있을 것이다.[61] 일찍이 천상에서 지상으로 내려오는 통로로서 나무가 기능했음을 알려 주는 단군신화의 신단수(神壇樹)는 신단(神壇)과 신수(神樹)의 결합으로도 볼 수 있으니 우리 겨레의 역사도 초창기부터 나무의 돋보임이 각별했다. 오늘날 서낭당의 신수라거나 그 앞의 적석(積石-제단)도 우리 민속 중에 생생히 남아 있는 환웅 '신단'의 한 잔재 모습이라고 볼 수 있는 것이다.[62]

사람은 많이 살아야 기껏 백 살을 넘지 못한다. 반면에 정상적으로 자란 나무는 몇백 년을 살아도 울창한 나뭇가지를 드러낼 뿐 여간해서 죽는 법이 없다. 사람이 커다란 나무에 외경심을 갖는 것은 당연한 일이다. 따라서 나무가 외경심의 대상이 되고 마을지킴이로 모셔짐은 당연한 일이다. 신목, 당수나무, 당나무, 당목, 서낭목 등으로 불리는 나무들은 단독으로 모셔지기도 하나 숲 자체가 신격화된다. 그리하여 오늘날까지 유전되는 현존 민속에서 나무를 매개로 한 신앙을 자주 보게 되는 것이다.

현존 민속으로 볼 때 당 신앙의 형태는 돌무더기만 있는 것, 당나무만 있는 것, 전각(殿閣)만 있는 것, 또 누석과 신수뿐 아니라 장승이 복합된 것도 있고 솟대[鳥竿]와 복합된 것도 있으나, 역시 일반적인 기본 형태는 누석과 신수가 복합된 것이다.[63] 당수나무가 사라지고 돌만 남은 경우에도 과거를 추적해 보면 나무가 있었던 경우를 자주 보게 된다. 지킴이로 모셔진 나무는 금기의 대상이 되며 성역으로 자리잡는다. 당나무를 꺾거나 조금이라도 손상을 입히면 벌을 받게 된다. 비단 당나무 자체만을 위하는 것이 아니라 당숲 전체가 보호된다. 이들 나무는 신성시되는 지킴이모심의 직접 대상이기 때문이다. 지역에 따라서는 당수나무 밑이 바로 마을 공동의 휴식터와 놀이터가 되기도 한다. 제를 지낼 때만 금줄을 두르고 신성시하지만 일단 제가 파하면 당수나무에 줄을 걸어 그네뛰기도 하고 여름철에는 일꾼들이 낮잠을 자는 휴식터가 되기도 한다. 말하자면 성(聖)과 속(俗)이 확연하게 구분되지 않고 신앙의 대상이 쉼터의 대상으로도 변하는 것이다. 이는 엘리아데(Mircea Eliade)가 성과 속을 확연하게 구분했던 사례들과는 대단히 다른 것이다. 즉 마을지킴이를 모시는 신앙관념과 생활의 친화력을 잘 보여주는 사례라고 할 것이다.

마을굿을 행하기 전에는 당숲이나 당나무에 금줄을 치고 잡인이 범접을 못하게 한다. 이들 지킴이는 마을굿이나 개인 의례를 행할 때 지전(紙錢)이나 물색을 걸어 모시기도 한다. 특히 서낭당이나 제주도의

247

마을굿에서 헌납하는 화려한 물색들은 민중들의 소박하면서도 원초적인 미적 감동을 여실히 보여준다.

이제 나무는 원초적 형태인, 부동적인 나무 자체로서만이 아니라 이동이 가능한 신간(神竿)으로서도 존재하게 된다. 즉 신간은 신목으로부터 기원했다. 신간의 형태를 지닌 것은 매우 폭넓고 다양하다. 우선 솟대를 꼽을 수 있으며 볏가릿대, 농기 등도 모두 넓은 의미의 신대에 포함된다. 처음에는 가지와 잎이 그대로 있는 산 나무가 우주나무로서의 역할을 하다가 차츰 나무의 생장력만이 상징적으로 옮겨진, 가지와 잎이 제거된 나무기둥이 우주나무로서 자리를 잡아 나갔던 것으로 추측된다. 곧 나무기둥은 단순한 기둥이 아니라 나무의 생장력을 그대로 지니고 있는, 살아 있는 나무의 대용품이었던 것이다.[64] 그 실례는 솟대에서 두드러진다. 즉『삼국지』의 「위지(魏志)」동이전(東夷傳)에 보이는, 곳곳마다 소도가 있어 장대에 북을 매달아 두고 죄를 범한 자가 범접해도 붙잡을 수 없었다는 기록은 예로부터 나무가 지닌 신성성을 말해 주며 오늘날의 현존 민속에 유전하는 짐대와의 유사성을 보여준다.

현존 민속에서 솟대를 모시는 과정을 살펴보자. 선정된 나무에 금줄을 두르고 목욕재계한 제관이 간단한 고사를 올린 연후에야 이 나무를 베어낼 수 있다. 솟대를 세우는 일도 의례를 통해서만 가능하다. 긴 장대 끝에 놓인 새는 하늘을 향해 비상하고 있으며 마을수호신으로서 기능하게 된다. 몽고의 오보(Obo)에 솟구친 장대(Polo)도 같은 맥락으로 여겨진다. 더 나아가 절의 당간지주(幢竿支柱)도 연관지어 생각할 수 있을 것이다. 전라도 일대에서 솟대를 가리키는 '짐대'라는 별칭이 동시에 당간을 의미하는 말이며, 당간에 대한 현지 주민들의 신앙이 솟대에 대한 신앙과 거의 같다는 보고도 주목할 만하다.[65]

장대가 신간으로 쓰이는 가장 좋은 실례로는 제주도굿에서 나타난다. 큰 굿판에 '큰대'라는 긴 신간을 세우고 제상(祭床)과 신간 사이를 '다리'라고 부르는 긴 무명으로 연결시켜서 신을 청하게 된다. 신들이 이 큰대를 통하여 강하고 큰대와 제상 사이에 걸쳐진 무명다리를 건너서 온다고 여기고 있다. 신간은 곧 천상과 지상을 연결하는 역할을 하는 것이다.

기다란 장대를 상징하는 신령성은 무엇보다도 두레기에서도 두드러진다. 꿩장목을 위에 달고 기폭(旗幅)을 늘어뜨린 두레기는 농민들의 자긍심의 상징이었고 마을의 풍요를 기원하는 마을풍물패의 풍물굿이 그것을 중심으로 이루어졌다. 대동굿의 두 가지 범주인 마을굿과 두레굿의 양대 맥락 중에서 두레굿을 지탱해 주는 신성성은 바로 두레기였으며 이 역시 높은 장대가 지닌 신성성과 깊은 연관을 맺는다. 위의 꿩장목은 단순한 새의 털로서 머무는 게 아니라 비상하는 인간의 염원을 반영해 준다. 현존하는 은산 별신제의 경우에서처럼 두레기가 그대로 별신제의 대내림에 쓰이므로 신대로서의 역할을 하는 것이다. 칠갑산 일대의 많은 장승제에서도 두레농기를 당주집에 세워 두었다가 신을 받아서 제장으로 향하는 사례를 자주 보게 된다.[66] 이 점 신대와 농기가 매우 깊은 연관을 맺고 있음을 보여준다.[67]

나무와 마을지킴이의 관련성은 여기서 끝나는 것이 아니다. 투박한 농민의 손으로 다듬어져 간단한 손질을 거쳐 만들어진 장승은 동구녘에 세워져 풍상을 겪다가 쓰러질 때까지 거리신이 되어 오가는 길손의 안녕을 빌어 주고 마을의 풍요와 안녕을 도맡아 준다. 장승은 단독으로 세워지는 경우도 있지만 솟대와 함께 모셔져 하늘로부터 하강하는 신을 받는 터전이 되기도 한다. 「변강쇠전」의 사례는 강쇠가 도끼 들고 달려들어 장승을 패 군불을 지핀 죄로 목신동증(木神動症)이 나서 죽은 이야기를 전해 주며, 당대 사람들이 장승을 신이 깃들인 나무로서 건드려서는 안 되는 영물(靈物)로 인식하고 있었음을 잘 보여준다.

나무와 더불어 대표적인 식물 범주에 들어가는 풀 역시 마을굿과 깊은 관련을 맺는다. 풀 중에서 한국의 마을굿과 가장 깊은 관련을 맺는 것은 볏짚이다. 한 해 농사가 끝나면 새 볏짚은 지킴이를 위한 새로운 임무를 부여받는다. 작게는 집의 터주가리로부터 시작하여 금줄에서 그 위력이 잘 발휘된다. 아기를 해산할 때도 유효한 짚풀이 왼새끼로 만들어진다. 왼새끼는 귀신이 싫어하기 때문에 금줄을 치는 데 요긴하게 쓰인다. 짚은 금줄문화라고 지칭할 만한 신성성을 창조하면서 그 자체 독특한 의례를 낳았다. 마을굿을 올리기 전에는 당은 물론이고 당주집에도 황토를 뿌린 연후에 금줄을 쳐서 잡인을 금하고 마을 입구에도 반드시 금줄을 치게 되어 잡스러움이 범접하지 못하게 막아 준다. 인간과 가장 가깝게 있는 한갓 풀이 지킴이를 모시는데 이처럼 요긴하게 쓰이는 것이다. 손진태는 이를 '검스줄문화'라 지칭하면서, 다음과 같이 말한다.

"나의 조사한 범위에서 검스줄문화에 속한바 여러 종류의 검스줄을 형태상으로 분류하면 대체로 가로 치는 것, 드리우는 것, 둘로 가를 수 있으며 이를 종교적 의미로 분류하면 일시적인 것으로 산가(産家)의 문전에, 장이나 술을 담근 뒤에 독 주위에, 샘제 때에 우물 주위에, 풍신제 때 문전에, 개인적인 치성 혹은 기도를 할 때 문전 혹은 식장에 등등으로 가르고 있다."[68]

이제 짚이 보다 적극적으로 마을굿에 쓰일 기회가 다가온다. 당산굿이 끝나면 공동 줄다리기가 시작되는 것이다. 집집마다 볏짚을 추렴하여 마을사람들이 공동으로 볏짚을 엮어 기다란 줄을 꼰다. 경우에 따라서는 줄 직경이 사람 키에 육박할 정도로 굵은 줄이 되기도 한다. 동편과 서편 마을이 붙거나 같은 마을을 적당히 둘로 갈라서 줄을 당기게 된다. 이긴 편이 풍년이 드는 소박한 점풍의례(占豊儀禮)를 행하면서 대동놀이가 끝나면 그 줄을 잘라서 농사의 풍농을 기원하면서 밭이나 지붕에 뿌리기도 하고 당나무나 여타 신체에 줄을 감는데 이를 '옷을 해 입힌다'

고 부르게 된다. 물론 이듬해에는 어김없이 새 줄로 옷을 다시 갈아입히게 된다. 또한 짚은 볏가리 세우기에서 절정을 이룬다. 대보름 무렵에 세운 볏가리는 음력 2월 1일 머슴날에 쓰러뜨리게 되는데 한 해의 풍요를 기원하는 장대로서의 기능을 나타내 준다.[69] 물론 볏가리에는 장대 끝에 생솔가지를 세우고 짚망태를 걸어 오곡씨앗을 담아 둔다. 이와같이 선조들의 세계관에서 '목(木)'으로 상징되는 여러 사물들, 가령 마을 별신굿판의 화려한 지화(紙花)나 무당의 부채, 한지로 만든 지전에 이르기까지 다양한 사물들이 마을지킴이와 연관을 맺는다.

불, 그리고 지킴이

불에 익힌 음식과 날음식의 차이는 마을굿에 있어서 매우 중요한 차별성을 지닌다. 지킴이들 중에는 생식만 즐기는가 하면 화식만을 즐기는 경우도 있다. 이는 인간 역사 자체가 생식과 화식을 함께 해 왔다는 사실에서 연유된다. 인간이 최초로 날음식을 먹다가 이후에 익힌 음식을 먹게 됨에 따라 굿판 역시 날음식에서 익힌 음식으로 변화, 발전하게 되었다. 황해도를 중심으로 한 북쪽 지역의 마을굿에서는 무당이 등장하여 사냥굿을 행한다. 사냥꾼으로 분장한 굿판의 광대 '상산막둥이'와 무당이 한바탕 놀면서 '돼지열러잡기'를 한다. 잡은 돼지는 '생 타살'과 '익은 타살'이라 하여 '팔각을 뜬다'고 여덟로 나누어 생고기와 익힌 고기를 차례로 바치는 의례가 집행된다. 이는 과거 시대 사냥의 흔적을 강하게 보여준다. 비단 북쪽 지방만 그런 것이 아니다. 가령, 제주도굿의 사냥놀이 역시 옛날의 사냥 흔적이 강하게 남아 있다. 제주도 한라산 가까이에 있는 산간 마을에는 아예 수렵신이 존재한다. 이들 당을 산신당이라고 부르는바, 그 신명(神名)도 산신대왕, 산신백관(山神百官)이라 한다. 본풀이에 따르면 신들은 한라산의 어느 지점에서 솟아나 노루, 사슴, 멧돼지 등을 잡아먹으며 마을까지 내려와서 드디어 당신이 되었다고 한다. 이는 한라산 일대가 수렵장이었고 제주도민의 생존문제 해결에서 사냥을 빼놓을 수 없었다는 점에서 산신이 수렵을 수호한다는 신앙으로 전환한 것도 생각할 수 있다.[70]

대개의 마을굿에서는 소나 돼지를 통으로 잡게 된다. 원래 소박했던 굿이나 여력(餘力)이 없어 소박해진 경우를 제외하고는 '소잡는 잔치' 식의 굿판이 열리는 일이 보통이다. 물론 소식(素食)이라 하여 고기를 싫어하는 신과 고기를 즐기는 신이 갈라지고, 비린 것을 싫어하는 신과 좋아하는 신들로 갈리는 것도 사실이나 소를 잡는 일이 금법으로 정해진 시대에는 마을굿판이야말로 오랜만에 마을사람들이 양질의 단백질을 획득할 수 있는 계기가 되었다. 고기를 잘 가르는 일도 중요한 일이다. 분육(分肉)을 하여 부위대로 날고기를 대상신에 따라 바치고 내장이나 고깃덩어리를 꼬챙이에 끼워 각각의 당마다 올린다. 소나 돼지를 통째로 삶거나 시누대에 끼우고 불에 그슬려 산적을 만들어 제물로 쓰기도 한다. 이 역시 그 옛날 사냥감을 다루던 흔적을 보여준다. 주자가례의 유교식 제물 차림이 강하게 침투한 곳에서는 가능한 한 잘 요리된 제물을 법도있게 그릇에 담아 올림에 비해 원초적인 굿판일수록 고기를 다루는 방식에서조차 차이가 나는 것이다. 즉 이들 고기를 다루는 일은 불과 깊은 관련을 맺는다.

이제 불이 보다 마을굿과 깊은 관련을 맺게 되는 것은 촛불에서 상징화된다. 어두운 밤에 지낼 때는 물론이고 낮에 지내는 굿에서조차 불은 중요하다. 불을 켜 둔 상태에서 마을굿이 벌어져야 한다. 불을 켜지 않고 굿을 하는 일은 있을 수가 없다. 더구나 어두운 밤에 아무도 없는 산에서 당주 혼자서 지내는 산제의 경우에 촛불은 더할 나위 없는 하나의 기호물(記號物)이다. 물론 불이 상징화되는 것은 전기가 없던 시절에 필연적인 것이었으나 전기가 있는 현금에도 마을굿에서는 대개 자연의 불을 선호한다.

불은 비단 작은 촛불에서 그치는 것이 아니다. 횃

불이 일렁이는 굿판의 모습은 별신굿 같은 큰굿에서 더욱 중요하다. 더욱이 탈굿이 벌어지면 저마다 신명이 깃들인 이들이 횃불에 비껴서 번들번들해진 낯빛으로 대동놀이를 즐기게 된다. 아예 동화제(洞火祭) 같은 마을굿도 존재한다. 한 해 마을의 액을 물리쳐 달라는 뜻으로 해마다 연초에 집집마다 나무짐을 해다가 산처럼 쌓아 놓고 불을 질러 마을굿을 행한다. 마을풍물패는 장작더미를 돌면서 풍악을 울리고 제관은 축원덕담을 한다. 불이 활활 잘 지펴져야 한 해의 풍년이 들고 마을에 궂은 액이 사라진다고 믿는다. 대보름의 달집태우기, 쥐불놀이 등도 같은 맥락을 지닌다. 마을굿에서 풍물패가 조왕굿을 쳐줄 때 아낙들은 작은 종지에 기름불을 켜 둔다. 굿패에 내온 꽃반에도 기름종지가 놓임은 물론이다.

마을굿과 불의 연관성은 소지에서 압축된다. 굿의 절정은 역시 대동소지와 개인소지로 이루어지는 비나리에 주어지거니와, 가가호호 개인마다의 염원을 비는 일이나 공동체의 대동안녕을 비는 소지에는 저마다의 꿈이 서려 있다. 유교식 의례가 민중들의 전래 의례에 끼어들어 축문을 읽고 제법 식자연(識者然)하게 굿판을 이끌어 나간다 하더라도 이 소지 행위는 빠질 수 없는 고유의 원초적 굿 형태다. 소지 한 장을 올리기 위해 굿에 참가할 정도다. 굿판에 모인 마을사람들은 저마다 열심히 신심을 다해 마을지킴이에게 한 해의 액을 다 쫓고 만복을 가져다 주길 기원하면서 비나리를 외우며 소지가 부디 잘 오르기를 바라게 된다.

이제 굿이 파하면 모든 잡스런 것들은 불로 태워져야 한다. 소박한 마을굿에서야 태워 버릴 마땅한 것이 별로 없겠지만 무당이 개입한 당굿에서는 그야말로 소소한 지전이나 액을 쫓는 데 쓰였던 온갖 것들이 모두 한자리에 모두어져 불살라지게 된다. 굿물들이 재로 변하면서 굿은 완전히 종말을 고하게 된다. 마을굿 연행으로 벌어지던 탈놀이에서 놀이가 끝난 탈을 소각했음도 같은 이치다. 불은 영원한 생명성과 소멸성을 동시에 갖기 때문이다.

민중들이 불을 얼마나 소중하게 다루었는지는 그 옛날 불씨를 지키지 못한 며느리가 쫓겨났다는 여러 설화에서도 증명이 된다. 그 옛날 두레노동에서도 나이 어린 두레꾼은 쑥뭉치로 만든 담뱃불을 들고다녀야 했으며 이를 꺼뜨리면 혼이 났다고 전해진다. 아예 불을 다루는 신이 있거나 벼락대신조차 지킴이가 된다. 정작 불은 민중 의례와 더불어 민중 반란에 매우 유효하다. 민란이 벌어지면 민중들은 횃불을 들고 관아로 나아가 민란의 장두(狀頭)로서 죽음을 무릅쓰고 '반란의 의례'를 집행하게 되는 것이다.

물, 그리고 지킴이

『택리지』의 「복거총론」 지리조에서 이중환은 "수구(水口)가 이지러지고 성글고 텅 비고 넓은 곳이면 비록 좋은 토지와 큰집이 있다 하더라도 대개는 다음 세대까지 잇지 못하고 자연히 흩어지고 없어져 망하게 된다"고 하였다. 더 나아가서 그는, "물 가운데나 물가는 말할 것도 없고 흙과 모래가 굳고 조밀하면 우물이나 샘물이 맑고 차다"고도 하였다. 또, "물이 없는 땅은 자연 사람 살 곳이 못 된다고 하여 산도 반드시 물과 짝한 다음이라야 비로소 생성(生成)의 묘미를 다할 수 있다"고 하였다. 물은 마을이 자리잡는 데 중요한 결정근거가 되었기 때문에 지킴이 의례도 물과 깊은 연관성을 지닌다.

산천신앙(山川信仰)의 '천(川)'은 물을 상징한다. 산수 좋은 곳을 찾아 산제를 지내던 풍습은 마을굿과 물의 연관성을 보여준다. 단순한 자연적 대상이었던 물은 이후에 신격화되어 용(龍)이란 대상으로 투사되기도 한다. 물과 깊은 연관을 맺었던 용은 나중에 초월적인 왕권의 카리스마적 상징으로 변했다. 물은 또한 풍수와 연관을 맺는다. 풍수는 글자 그대로 '바람과 물에 대한 신앙'이라고도 할 수 있는데, 부는 바람을 잡고[藏風], 물을 얻는[得水] 원리를 지닌다.

사실 물이 우리 겨레의 신앙과 깊은 연관을 맺기 시작한 것은 이미 부여(扶餘) 하백(河伯)의 딸 유화(柳花)로부터였다. 예컨대 『삼국사기』 고구려조의, "금와(金蛙)가 태백산 남쪽 우발수(優渤水)에서 한 여자를 만나 물으니 대답하기를, 나는 본시 하백의 딸로 이름은 유화인데 여러 아우들과 나와 놀고 있을 때 한 남자가 있어 자기는 천제의 아들 해모수(解慕漱)라 하고 나를 웅신산(熊神山) 아래 압록강 가의 집 속으로 꾀어 사통(私通)하고 가서 돌아오지 않으므로…"라는 기사는 우리 역사의 태초부터 물이 신화에 등장하는 모습을 전해 준다.

본격적 농경사회로 접어들면서 물은 더할 나위 없이 소중한 것이 되었다. 가물면 기우제를 지내야 했다. 특히 조선 후기 이앙법의 전면적 확산은 물을 더욱 필요로 하게 되었다. 대개의 논들이 천수답이었던 탓으로 관개시설이 적절하지 못했던 시절에는 국가적으로 기우제를 지내는 일이 횡행했고, 마을 단위에서도 비를 모시기 위하여 기우제를 지냈다. 이는 농민들의 상징이기도 한 농기(農旗)에서 가장 잘 드러난다. 마을풍물패가 항시 들고다니는 농기에는 과거에 용을 많이 그려 넣었다. '농자천하지대본(農者天下之大本)'이란 말이 보편화되기 이전에는 '신농유업(神農遺業)'이라 쓰거나 용 그림을 통해 비를 간구(懇求)하는 의례가 마을굿 의례로 표현되었다. 깃발 이름도 용당기, 용독기, 용대기, 용술기, 용기 등으로 불렸다.

그러나 물은 그 사회적 성격 못지않게 역시 인간이 살아가는 데 빠져서는 아니 될 기본물질이기도 하다. 사람이 사는 데 가장 중요한 기초물질이며 맑은 물은 사람의 건강을 보장해 준다. 약수, 약물로 상징되는 깨끗한 물을 마신다는 일은 매우 중요했다. 생명수에 관한 한 바리데기의 '약수 찾아 삼천리 길'이 잘 상징해 준다. 그래서 마을굿패들은 우물고사를 통해 물이 정갈하게 솟아나길 기원했다. 우물은 또한 기우제를 지내는 공동의 장소이기도 하다. 집안에 들어온 풍물패들이 우물을 둘러싸고 "뚫어라 뚫어라 천년 만년 뚫어라", "뚫으세 뚫으세 물구멍만 뚫으세"하는 식의 덕담을 하여 일 년 내내 맑은 물이 콸콸 쏟아져 나와 집안에 건강이 충만하도록 축원한다. 우물굿에서는 "용왕지신 울리자 동방청제(東方靑帝) 용왕님 남방적제(南方赤帝) 용왕님 서방백제(西方白帝) 용왕님 칠년대한(七年大旱) 가물음에 물이나 칠렁 실어 주소"하는 식으로 물과 사해용왕을 함께 엮어 덕담을 하는 경우도 많다.[71] 마을굿을 지내기 전에는 우물을 덮어서 당분간 물을 금한다는 금줄을 띄움은 물론이고 우물 주변에도 황토를 뿌렸다. 우물을 깨끗이 퍼내어 오물을 제거하고 잠시 뚜껑을 덮어 두었다가 정화시켜서 먹게 됨은 건강상에도 유익한 일이었다. 마을지킴이에 따라서는 반드시 당샘·당우물이라는 것이 존재하여 모든 제수거리도 정해진 물을 이용해야 한다.

물은 또한 술을 만드는 기본재료다. 굿과 술은 밀접한 관련을 맺는다. 반드시 마을굿에서는 제주를 올려야 했으니 아무 물로나 술을 만드는 것이 아니라 대개 당우물로 조라술을 빚었다. 단술로 만들어 지킴이가 있는 곳에 잠시 보관하여 신성스럽게 갈무리하는 일은 매우 보편적인 일이다. 지킴이가 마시는 그 술은 지킴이 자신을 위해서는 물론이고 굿에 참여하는 사람들을 즐겁게 한다. 굿판에서 신 대신 인간이 그 술을 음복하므로 굿판의 열기를 더욱 들뜨게 해준다.

물의 신성성은 정한수로 가장 강하게 나타난다. 정한수는 비나리의 상징이었다. 인간이 칠성단이나 여타 단을 모아 정한수를 떠 놓고 비는 마음은 바로 인간의 신심(信心)을 잘 드러내 준다. 가장 간단한 의례인 비손에서는 다른 준비물 없이 정한수 한 그릇으로 만족했으니 물이 제의를 올리는 가장 초보적이고도 기초적인 정성물임을 알 수 있다. 조왕굿에서 물을 올린다거나 씻김굿에서 정수(井水)를 쓰는 것도 잘 고려해 둘 일이다. 즉 조왕모심은 아낙이 정화

수(井華水) 한 주발을 매일 아침 갈아 올리는 것으로 나타난다. 맑은 정화수에는 깊은 신심이 담겨 있다. 아침 일찍 남보다 먼저 물을 떠다가 지킴이를 모시는 의례에는 가족의 안녕을 비는 여성들의 염원이 잘 반영되어 있다. 그리하여 대보름날 세시풍속 가운데도 우물에서 용알을 뜬다는 '용알뜨기' 행사가 있는 것이다.

다음으로 물은 잡스러움을 차단하는 장치다. 물은 마을굿을 올리기 전에 정갈하게 목욕재계를 행하는 금기의 방편이기도 했다. 제관으로 선정된 사람은 아무리 추운 날이라도 찬물에 몸을 씻어야 했다. 물론 제를 올리기 직전에 손과 얼굴을 씻어 부정을 피하려는 것은 거의 본능에 가까운 것이었다. 마을굿에서 정수를 올리고 신칼로 물을 사방으로 휘뿌려 액을 막는 일도 중요한 것이다. 이러한 의식은 씻김굿에서 맑은 물로 망자의 넋을 씻어 주는 사례에서도 잘 드러난다.

쇠, 그리고 지킴이

쇠 문명은 나무나 흙에만 의존하던 문명보다 월등히 선진적인 것이었다. 따라서 고대로부터 쇠는 문명의 상징이었고 힘의 상징이자 부의 근원이기도 했다. 쇠는 주위에서 쉽게 구할 수 있는 물질들과 달리 귀한 물질이었다. 따라서 마을굿에서 소용되는 다양한 물품들도 대개가 쇠 이외의 것이었고 쇠가 쓰이는 경우는 극히 중요한 부분에 집중되었다.

쇠가 가장 큰 상징으로 등장하는 경우는 굿물을 통해서였다. 일찍이 청동기시대의 유물에서 동경(銅鏡)과 방울을 보게 된다. 이는 현존 민속의 방울과는 다르나, 방울이 굿판에서 가장 오래된 기재(器材)였음을 보여준다. 오늘날 무당들이 굿판에서 쓰는 '명두'는 과거 동경의 전통을 이어받은 듯하다. 명두에는 북두칠성과 일월이 새겨져 신의 화답을 전해 주는 거울 역할도 한다.

쇠를 중시하는 것은 시베리아 샤먼에서도 마찬가

지다. 신(新)시베리아족인 야쿠트족에는 흑대장장이와 같이 샤먼 의상의 장식을 만드는 사람이 있어 주술적인 위치를 차지하고 있다. '대장장이는 샤먼의 큰형님'이라는 속담이 전해지며 그는 때때로 병자를 치유해 주고 충고도 해 주며 미래의 일을 예언해 주기도 한다. 흑대장장이의 직업은 대부분 세습에 의한 것으로 세습이 오래될수록 대장장이의 능력도 뛰어나게 된다. 정령(精靈)은 일반적으로 쇠테(Iron Hoops)와 대장장이의 풀무가 내는 소리를 무서워한다.[72]

제주도에서도 무당의 자손이 쇠를 다루었음을 여러 현존 민속을 통해 알 수 있다. 제주도의 현존하는 민속에는 '삼멩두'에 관한 이야기가 전해진다. 방울과 칼로 이루어진 멩두는 마을굿판에서 점을 치는 도구로서 빼놓을 수 없다. 심방들은 신칼, 산판, 요령(搖鈴)을 합하여 '멩두'라고 한다. 무조신화(巫祖神話)인 초공본풀이에는 최초의 무조신 세 형제의 이름이 본멩두·신멩두·삼멩두라 하였다. 이는 기본 무구(巫具)인 멩두가 조상이라 불리는 심방의 수호신 내지 보조령(補祖靈)의 상징이요, 수호신 내지 보조령 그 자체임을 말해 준다. 이들 멩두는 굿판에서 가장 중요한 도구다. 신칼로 치는 신칼점은 작도다리, 칼선다리, 애산다리, 등진다리, 왼자부다리, 오른자부다리 등으로 가르며 신칼의 칼날 방향에 따라서 길흉을 판단한다. 즉 칼날이 서로 향하거나 위로 향하면 '불길(不吉)', 같은 방향으로 나란히 향하면 '길(吉)'이라는 판단이 나온다. 심방은 칼날이 신의 뜻이라 여긴다. 산판은 천문과 상잔, 산대로 이루어진다. 천문은 놋쇠로 만들어진 엽전 모양의 것으로, 표면에 '천지일월(天地日月)' 또는 '천문일월(天門日月)', 혹은 '천지문(天地門)'이라는 문자가 새겨져 있다. 상잔도 놋제품으로 '점치는 잔'이라는 의미를 지닌다. 상잔으로 치는 점은 그 엎어지고 자빠지는 아홉 가지 형태로 점을 치게 된다.

쇠가 마을굿판에서 하는 일로 빼놓을 수 없는 것은 인간의 심금을 울리는 쇠붙이 악기로서의 역할이다. 장고나 북, 소고 등이 가죽과 나무를 통하여 보다 부드러운 소리를 낸다면, 징이나 바라, 꽹과리는 인간의 심금을 가장 격렬하게 움직이는 도구로 쓰인다.

다음으로, 쇠는 신체(神體)를 만드는 데 많이 쓰였다. 민속에서는 철마(鐵馬)를 만들어 지킴이로 모시는 일이 자주 있었다. 사람들은 그 철마의 한쪽 다리를 부러뜨려 놓고 외침하는 세력을 물리치려다 그리 되었노라는 이야기를 만들어 두는 것도 잊지 않았다. 그 외침에의 대비는 호난(虎難)으로부터 왜구의 노략질에 이르기까지 침략세력으로부터 마을을 수호하는 방책이었다. 강원도같이 산이 많은 지역일수록 한쪽 다리가 부러진 철마가 많음도 바로 호난과 관계가 깊은 것이다.

자연에서 인간으로

사람의 자연에 대한 이해가 증진되어 나가면서 마을지킴이들에도 이제는 자연 대상 말고도 역사 인물들이 자주 언급되기 시작하였다. 지금까지 현존하는 지킴이 대상들은 대개 민중원혼(民衆冤魂)의 인물들이다. 물론 과거에는 주몽(朱蒙)같이 왕권의 시조를 모신 경우도 많았고 중국에서의 천자(天子)처럼 막강한 힘을 지닌 고려 태조, 이 태조, 김유신 등 힘 있는 장군을 모신 경우도 많았다. 그러나 차츰 마을이 변화, 발전하면서 마을굿에서는 다양하게 인격신을 모시는 일이 자주 등장했다. 임경업(林慶業), 최영(崔瑩), 남이(南怡), 김유신, 단군, 제갈공명(諸葛孔明), 공민왕(恭愍王), 사도세자(思悼世子), 단종(端宗) 같은 인물군들은 공히 민중원혼의 투사물(投射物)이라는 특징을 지닌다. 개중에는 왕권 세력도 있으나 그들의 공통점은 대개 원혼의 투사물로 인정된다. 즉, 인간의 영혼 중에서 신으로 신앙화되는 것은 왕신, 장군신, 대감신 등인데, 이들 신은 일반적인 인간보다 뛰어난 인간의 영혼들이다. 왕신의 경우, 왕이라 하여 사후에 전부 신으로 신앙되는 것은 아니다. 힘이 강하거나 불우한 왕이 모셔진다. 공민왕이나 억울하게 죽은 뒤주대왕(사도세자), 장군신 중에서도 억울한 장군이나 전몰한 득제(得濟) 장군, 관우(關羽) 장군 등이 신으로 모셔진다.[73]

이들 외에도 백마 장군이나 홍 장군같이 구체적인 이름이 거론되지 않을지라도 그들 지킴이들은 어디까지나 기왕에 있던 인물군들이 이름만 없이 유전하고 있는 경우로 보아야 한다. 가령 역사 속에서는 입증이 되지 않는 송징 장군 같은 삼별초의 장군이 전남 완도군(莞島郡) 장좌리(長佐里)의 당신(堂神)으로 자리잡은 경우는 임억령의 시와 연관하여 주의를 요할 일이다. 중국에서 관우묘가 생성되고, 그것이 조선땅에 들어온 것도 같은 경우로 보아야 한다.

가령, 이들 신들 중에서 임경업 장군 같은 사례는 마을지킴이와 인격신이 지니는 관련성을 잘 보여준다. 조선 후기 역사적 인물인 임경업이 서해안 어업의 가장 중요한 생산체계인 조기잡이와 결부되면서 대대적으로 조기잡이 신으로 신격화된 것이다. 이는 병자난리를 거치면서 한국과 중국 사이를 오고갔던 임경업의 일대기가 민중들에게 투사되어 민중의 한을 풀어 주는 신으로 정착되었던 사례를 잘 보여준다. 특히 조선 후기 어업 생산력의 일정한 발전과 더불어 생산신으로 귀착되고, 그 결과 어촌을 중심으로 마을지킴이로 자리매김하게 된 것이다. 연평도에 있었던 임장군당이나 충청남도 서산군 부석면 창리 영신당의 경우가 그 대표적인 사례일 것이다.[74] 그리하여 서해안 일대에는 뱃고사를 지낼 때나 마을지킴이를 모실 때 임경업이 등장하는 경우가 빈번하며 서해안 포구의 수많은 마을들에 임경업당이 존재한다. 이는 여말선초의 최영 장군이 민중원혼의 투사물이 되어 개성 덕물산 무당들이 굿을 할 때 '성계육(成桂肉)'이라 하여 돼지고기를 씹어먹으면서 돼지고기를 '이성계고기'라고 불렀던 점과도 여러 면에서 상통하는 것이다.

마을지킴이가 사람과 보다 직접적 관련을 맺는 경우는 마을골매기에서였다. 골매기의 '골'은 '고을'을 말하며 '맥'은 '막다(防)'로서 '고을막이'라는 뜻이 된다. "김씨 배판에 안씨 조상"식으로 최초로 마을을 세운 조상을 골매기할매·골매기할배로 부른다. 입도선조(入島先祖)는 제주도의 할매신이나 본향신에서도 두드러졌다. 마을의 역사를 증명해 주는 본풀이는 바로 제주도 마을굿의 핵심이기도 하다.

그러나 이들 신들은 그 자체가 제한적인 세계관을 갖기 마련이었다. 중세 사회의 세계관을 반영하는 탓이다. 차츰 인간의 예지(叡智)가 발달해 나가면서 바람신은 풍력으로, 수신은 수력으로, 지신은 지력으로 변해 갔는데, 사람들은 사람을 세계의 중심에 놓고 자연과 대항해 나가는 모습들을 보여주었다. 가령 영등신이 오면 바람으로 인해 농·어업에 피해를 입는다는 것을 잘 알면서도 영등신을 모신 것이다. 차츰 풍신의 개념이 풍력의 기운으로 돌아서기 시작했을 때 인간의 지킴이에 대한 신앙심도 이전보다는 엷어지게 되었고 마을굿들도 사라지기 시작했다.

그럼에도 인간이 어쩔 수 없는 때 신에게 의탁하는 경우는 여전했다. 역질(疫疾)이 돌 경우 지킴이를 모시는 일들은 더욱 강화되었다. 역질이야말로 인간 능력으로서 어쩔 수 없는 것이기도 했다. 마마호구 별상굿은 그 하나의 상징물이다. 동시에 억울하게 죽은 이들을 집단적으로 모시는 진혼의례도 제법 틀을 갖추기 시작했다. 민중원혼의 유전(遺傳)은 매우 뿌리깊은 것이라 부여의 은산 별신제의 경우처럼 백제 유민의 넋조차 오늘에까지 유전되는 것이다.

제주굿판에서 보이듯 심방이 '영게울림'을 통해 마을사람들의 한풀이를 들려 줄 때 마을굿은 민중의 넋이 실려 있는 진혼굿판이 되기도 한 것이다. 제주도 굿판에는 싸움굿도 등장하여 4·3민중항쟁에서처럼 덧없이 죽어 나간 혼령들의 넋이 되살아오는 경우를 보게 된다. 이는 민중화된 천도의례(薦度儀禮)인 마을굿 형식의 영산재(靈山齋)에서도 보인다. 마을굿당에서 무주고혼(無主孤魂)의 넋을 위로하는 마을굿의 형식으로 수망굿이 이루어지는 경우도 한 가지 실례가 될 것이다.

이제 한국의 마을굿은 보다 다른 차원에서 다른 인간들을 만나게 되었다. 같은 민족끼리만이 아니라 기독교, 서구 제국과 접촉이 이루어지면서 보다 본격적인 소멸의 길로 접어들게 된 것이다. 그 이전에는 그 누구도 박해할 수 없었던 마을지킴이에 대하여 종말을 주창하는 소리가 커지기 시작한 것이다.

그러나 오늘날 기복적인 종교가 전국을 휩쓰는 와중에서 마을굿이 지녔던 건강한 삶의 양태는 매우 높게 평가받아야 마땅하다. 마을굿 역시 다분히 기복적인 요소가 강했고 미지의 힘에 의탁하는 주술적 기능이 지닌 제한성이 뚜렷하였으나, 마을굿은 닫힌 제의가 아니라 놀이, 제의, 회의가 어우러진 열린 제의로 간주되어야 마땅하다.

'조선적인 것'에 대해서만 논술이 이루어졌으므로 서양의 몇 가지 사례를 군이 들자면, 이는 유럽 중세 사회의 열린 제의로서의 바보제의 해방력과도 궤를 같이하는 것이다.[75] 그러나 굿에서 지녔던 제의와 놀이의 결부는 고사하고 호이징가(Johan Huizinga)가 말했듯이 놀이가 가장 훌륭하게 표현되던 분야였던 제의에서조차 놀이가 완연히 분리된, '놀이 없는 시대'에 현대인은 살고 있다.[76] 또한 현대 과학문명이란 것이 과거 문화에 대한 객관성을 지닌 올바른 인식을 통해 발전해 왔다기보다는 과학문명 사회라고 하는 현대에 있어서조차 무지·공포·갈등이란 한계를 벗어나지 못한다는 점을 고민해야 할 것이다.[77] 마을지킴이가 지녔던 민족적 생활양식에 대한 이해는 오늘의 세계관에 비추어서도 여러가지 면에서 음미할 점이 많기 때문이다. 여하간 백여 년의 격동의 세월 속에 오늘날까지도 전국 곳곳에는 유전(遺傳)하는 마을굿판과 마을지킴이들이 있어 민중들의 생활과 풍속의 하나로 전해지고 있는 중이다. 앞으로의 변화, 발전을 두고두고 지켜볼 일이다.

註

1. 村山智順「部落祭」『朝鮮總督府調査資料』44輯, 1937, 참조.
   李杜鉉 外「部落祭堂」『民俗資料調査報告書』39號, 문화재관리국, 1969, 참조.
2. 朱剛玄「마을공동체와 마을굿·두레굿 연구」『민족과 굿』학민사, 1987, p.37.
3. 金泰坤『韓國民間信仰研究』집문당, 1981, pp.151 - 183.
4. 朱剛玄『굿의 사회사』웅진출판사, 1992, pp.88 - 91.
5. 한국역사민속학회 엮음『역사 속의 민중과 민속』이론과 실천, 1990, 참조.
6. 이 부분에 대한 자세한 논의는 朱剛玄 著『굿의 사회사』참조.
7.『江南樂府』「金別駕」.
8. 金甲童「고려시대의 성황신앙과 지방통치」『한국사 연구』74집, 1991, p.24.
9. 朱剛玄「마을공동체와 마을굿·두레굿 연구」『민족과 굿』학민사, 1987, p.46.
10. 배상현「朱子家禮와 그 朝鮮에서의 行用過程」『東方學誌』70집, 1991, pp.233 - 234.
11.『太宗實錄』태종 14년 정월 癸巳條.
12. 鄭道傳『三峯集』
13.『新增東國興地勝覽』제34권 龍安縣編.
14. 李衡祥『耽羅巡歷圖』
15. 張籌根『韓國의 鄕土信仰』을유문화사, 1974, p.86.
16. 玄容駿『濟州道巫俗研究』집문당, 1986, p.29.
17.『臨瀛誌』
18.『東國歲時記』二月條.
19. 위의 책, 四月條 熊神堂
20.『영암군 향토문화유적조사』1985, pp.186 - 189.
21. 村山智順, 앞의 책, pp.102 - 121.
22. 위의 책, 서문.
23. 朱剛玄「마을공동체와 마을굿·두레굿 연구」『민족과 굿』학민사, 1987, pp.84 - 85.
24. 朴賢洙「조선총독부 중추원의 사회문화 조사활동」『한국문화인류학』12집, 1980, pp.70 - 92.
25. 朱剛玄「민족문화와 문화제국주의」『역사민속학』2집, 1992, 참조.
26. J. S. 게일『전환기의 조선』申福龍 譯, 민음사, 1986, p.98.
27. 秦聖麒『濟州道 巫歌 본풀이 사전』민속원, 1991.
28. 玄基榮「토론회 - 장승의 현대적 의미」『역사민속학』2집, 이론과 실천, 1992, p.231.
29. 朱剛玄「민족문화와 문화제국주의」『역사민속학』2집, 1992, 참조.
30. 村山智順, 앞의 책.
31. 李杜鉉 外, 앞의 책.
32. 경희대 중앙박물관『華城郡의 歷史와 民俗』1989.
33. 한남대학교 충청문화연구소·금산문화원『금산의 마을공동체신앙』1990.
34. 목포대학교 박물관『진도군의 문화유적』1987.
35. 경희대 중앙박물관, 앞의 책, p.149.
36. 朱剛玄『굿의 사회사』웅진출판사, 1992, p.133.
37. 광주시『無等山』(文化遺積調査), 1988, pp.504 - 505.
38. 金泰坤, 앞의 책, p.92.
39. 제주대 박물관『濟州市의 文化遺積』1992, pp.163 - 167.
40. 전남대 박물관·전라남도『住岩댐 水沒地域 綜合學術調査研究 報告書』1987, pp.292 - 295.
41. M. 엘리아데『聖과 俗, 종교의 본질』李東夏 譯, 학민사, 1983, p.61.
42. 대전시『大田市史』3권(민속편), 1992, pp.167 - 174.
43. 문화재관리국『한국민속종합조사보고서』(함경남북도편).
44. 전장석「북청 지방의 민속」『문화유산』4호, 1957, 평양, pp.29 - 34.
45. 金均泰「李鈺의 傳統文化에 대한 再認識」『李鈺의 문학이론과 작품세계』創學社, 1991, pp.241 - 268.
46. 玄容駿『濟州道民俗資料事典』신구문화사, 1980, p.33.
47. 秋葉隆·赤松智城『朝鮮巫俗の研究』(上, 下), 1937, 1938, 京城(서울).
   金泰坤『韓國의 巫俗神話』집문당, 1985, pp.13 - 15.
48. N. Frye, *The Educated Imagination*, Indiana University Press, 1964, p.40.
49. M. 엘리아데, 앞의 책, P.99.
50. 崔南善『朝鮮常識問答』三星文化文庫, 1972, pp.146 - 157.
51. 張籌根, 앞의 책, 1974, p.44.
52. 金明子『韓國歲時風俗研究』경희대 대학원, 1989.
53.『東國歲時記』二月條.
54. 위의 책.
55. 金均泰, 위의 글.
56. 宋錫夏『韓國民俗考』日新社, 1960, p.91.
57. 玄容駿『濟州道巫俗研究』집문당, 1986, p.181.
58. 김원호「풍물굿과 공동체적 신명」『민족과 굿』학민사, 1987, pp.133 - 135.
59. 李基白『壇君神話論集』새문사, 1988, p.77.
60. 崔德源『南道民俗考』삼성출판사, 1990, pp.39 - 40.
61. 李弼永「솟대신앙의 성립에 대하여」『金宅圭 博士 華甲紀念 人類學論叢』1989, pp.423 - 424.
62. 李丙燾『韓國古代史論』탐구당, 1975, p.60.
63. 趙芝薰「서낭竿攷」『新羅伽倻文化』제1집, 嶺南大 新羅伽倻文化 研究所, 1966.
64. 李弼永, 앞의 책, p.424.
65. 李鍾哲『남녘의 벅수』금향문화재단, 1990, p.45.
66. 한국역사민속학회, 1992년 충남 청양 지역 공동답사.
67. 李輔亨「神대와 農旗」『문화인류학』8집, 1976.
68. 孫晉泰「朝鮮上古文化史研究 - '검ㅅ줄文化'의 土俗學的 研究」『新民』18호, 1926.
69.『東國歲時記』二月條.
70. 玄容駿『濟州道巫俗研究』집문당, 1986, p.164.
71. 朱剛玄『굿의 사회사』웅진출판사, 1992, p.115.
72. M. A. 챠플리카『시베리아의 샤머니즘』李弼永 譯, 탐구당, 1984.

73. 金泰坤『韓國民間信仰硏究』집문당, 1983, pp.27 - 28.

74. 朱剛玄『북한민속학사』이론과 실천, 1991, pp.58 - 128.

75. H. 콕스『바보제 -祝祭와 幻想의 神學』金天培 譯, 현대사

상사, 1973, p.120.

76. J. 호이징가『호모 루덴스』金潤洙 譯, 까치, 1981, p.177.

77. M. 해리스『문화의 수수께끼』朴鍾烈 譯, 한길사, 1982.

마을지킴이의 유형과 실제

張正龍

강릉대 교수·민속학

1. 머리말

어느 민족이건 나름의 신앙을 갖고 있다는 사실은 인류의 생존과 함께 신앙의 역할이 필수적이었음을 반증하는 것이기도 하다. 종교적 심성이 보편적 정서로 전승되는 현상인 신앙은 민속의 일부분으로 존재하고 또한 유희를 동반하기도 한다.

따라서 이러한 신앙을 민간신앙, 민속신앙, 민속종교라 부르며, 이는 자연적 종교 현상이라는 입장을 보인다. 여하튼 민간신앙은 어떠한 종교보다 오랜 역사성을 띠며 기층민들의 생활과 깊은 연관을 맺는다. 그런 이유로 민간신앙은 기층문화의 연구에 반드시 고려되며, 민족 고유성과 전통문화의 이해에 중요한 역할을 담당하고 있다.

자연인에 의해 전승되는 기층신앙으로서 민간신앙은 교조적이고 인위적이며 조직적인 종교와는 여러 측면에서 매우 다른 양상을 보이고 있다. 이러한 여러가지 요인으로 해서 종래 우리는 민간신앙의 정확한 실태를 파악하기 힘들었으며 정당한 평가를 미룰 수밖에 없었다. 예를 들어서 민간신앙은 체계화·조직화가 되어 있지 않다든가, 비과학적이라든가, 미신행위라는 등의 부정적 견해에만 동조하여 폄하(貶下)하는 태도를 견지한 경우가 적지 않았다. 여기에는 현대화와 산업화, 서구화를 추구했던 새마을사업과 같은 유(類)의 정책적인 측면도 영향을 끼쳤고, 또 하나 사회구조의 다양한 변모에 따른 가치관의 변화도 작용했으리라 본다. 아울러 외래종교의 배타적 성향에 맹목적으로 동조하여 전통적 믿음의 터전을 타기(唾棄)하거나 사갈시(蛇蝎視)한 경우도 생겨났다고 볼 수 있다.

민간신앙을 부정적인 시각에서만 보아 민간신앙을 단순히 미신타파의 대상으로 취급하여 스스로를 미개민족으로 전락시키거나, 새마을운동에 정면으로 배치된다고 우스꽝스런 모습으로 매도하는 현실은 크게 경계해야 할 것이다. 그렇다고 해서 전통신앙만이 고유한 우리것을 대변한다고 하거나 무리하게 개념 정립을 시도해서도 안 될 것이다. 가령, 미신적 요소가 있더라도 그것은 민간신앙의 특성이라든가, 전통종교와 외래종교의 갈등을 표면화하여 무당의 굿은 전통적인 것이고 유교식 제사는 외래적인 것이라는 식의 도식적 강변도 바람직한 태도가 아니다.

우리는 좀더 진지한 자세로 고유사상과 기층문화에 접근하여 그것을 정확하게 이해하고 비판하고 계승, 발전시켜야 한다. 이러한 과제를 우리는 민간신앙의 탐구를 통해 달성할 수 있다.

그렇다면 민간신앙으로서 마을지킴이는 어떤 의미를 갖고 있으며, 무슨 이유로 지켜져야 하며, 어떻게 전승되고 있는가.

'마을지킴이'는 폭넓게 마을을 지켜 주는 신앙 전체를 지칭한다. 그러므로 포괄적인 의미에서 한국의 골맥이신앙, 마을신앙, 부락신앙을 말하는 것이다. 마을신앙은 흔히 동제사(洞祭祀), 부락제의(部落祭儀)에 중심되는 신격을 봉안하고 주민 대다수가 주인이 되어 참여하고 치르는 믿음으로서, 구성원간의 사회적 유대와 공동체 생활의 규율을 설정하는 계기를 만들었다. 또한 이를 통하여 마을 사람들은 개인간의 응집력을 돈독하게 하고 마을의 풍속을 교정하며 신과 인간의 관계 설정하에 정신적 일체감과 위안을 누렸다.

마을지킴이는 마을 주민들간에 신성지역을 창출하여 그 안에서 그들이 축복과 보호를 누릴 기회를 제공했다. 그러므로 '아무개 터전에 아무개 골맥이'라 하여 마을 시조신이나 이와 유관한 인물, 수호신의 성격을 지닌 인물이나 상징화된 신격 등이 지킴이 또는 골맥이로서 역할을 수행하였던 것이다.

마을지킴이로서 가장 광범한 분포를 보이고 있는 민간신앙은 서낭(성황)신앙인데, 이에 대한 올바른 천착을 통해 궁극적으로 토착신앙, 기층신앙의 제면모가 해명될 수 있을 것으로 생각된다.

마을지킴이의 '지킴이'는 개연적(蓋然的)인 용어로, 개인의 측면에서는 자기 방어의 무술(巫術)로도 쓰이고, 집안에서는 재물신으로 '업(業)'이라고도 부르는 구렁이 등의 가택동물신에 한정하여 호칭되기도 한다. 그러나 마을지킴이는 개인과 집안의 차원에서보다 상승된 신격체로서 마을공동신앙 체계를 말한다.

일반적으로 마을지킴이에는 서낭신, 산신, 동신, 당산신, 당수나무, 용왕신, 골맥이, 수구막이, 장승, 솟대, 돌탑 등등이 속하는데, 마을 중심의 신앙을 '지킴이'라는 상징어로 통합할 수 있을 것이다. 그러한 이유로, 앞서 언급된 신격들은 독립되어 존재하기도 하고 서로가 혼재하기도 하며 별다른 의미 없이 부수(附隨)되는 경우가 많다. 그러므로 이 용어는 변별적 기능이 미약하다는 점도 내포하고 있다. 이러한 용어 규정은 무엇보다도 이들 지킴이에 대한 체계적 고찰, 미세한 개념 설정 등이 모호하거나 미약한 현실에서 그 본질적 의미를 드러내기 위함이다.

마을은 '부락(部落)'이라는 한자어로 통용되고 있는데, 지킴이가 존재하는 마을은 여러 각도의 고찰이 요구된다. 마을이 주민 스스로 한정한 지리적, 사회적, 상징적 공간을 생활의 무대로 삼는 공동체라고 할 때, 마을은 유기적 생명체로서 공동사회를 지향하게 된다. 그러므로 마을은 전통사회, 기층문화의 기초적 요소임과 동시에 경제, 사회, 종교의 기초가 되어 공동체 삶의 한마당 공간으로서 큰 의미를 갖는다.

사회학적 견지에서 마을공동체는 접근성, 개별성, 소규모성, 동질성, 자급자족성, 결속의 지속성 등으로 특징화된다고 하는데, 마을지킴이는 이러한 특징을 고루 반영하는 구심체라는 인식에서 그 양태를 파악하고자 한다.

마을지킴이의 유구한 역사는 기층문화의 일면에서 민간신앙의 변천사를 대변하며, 과거와 미래를 오늘의 시점에서 생생하게 이어 주는 문화전승의 현장이라는 강점을 갖는다. 또한 그것은 이질문화와의 접촉, 대응, 변화를 반영하며, 민중의 심성이 구체화되거나 상징화되는 과정을 여실히 보여준다.

따라서 마을지킴이의 체계적 분석은, 전파와 자생, 전승과 변이, 미신과 과학, 전통과 현대, 보수와 혁신의 양분된 문화사적 갈등 요인을 가려내고 한민족 고유신앙의 원초적이고 독자적인 면모를 오늘 우리들의 시점과 관점에서 추적하는 데 기여할 것으로 믿는다. 이것은 나아가 민족 동질성의 회복에도 충분한 역할을 담당할 민족신앙 원형 창출의 기틀이 될 수도 있을 것이다.

2. 마을지킴이의 역사

마을지킴이의 역사를 정확히 밝히기는 힘드나 오늘날 전승되어 오고 있는 옛 기록을 살필 때 그 편린을 찾을 수 있다. 『삼국지(三國志)』 「위지(魏志)」 동이전(東夷傳)에 기술되어 전해 오는 고구려의 동맹(東盟), 부여의 영고(迎鼓), 예의 무천(舞天), 삼한의 제천의식은 한 국가나 부락, 부족, 씨족 단위의 지역과 혈연공동체를 표상하였기에 시원적(始原的) 의미를 갖는다고 하겠다. 이러한 제천의식은 신을 중심으로 한 지연적(地緣的)인 화목과 단합의 다짐이었고, 내일의 노동에 대한 활력소였고 심리적인 카타르시스 작용으로 볼 수 있다.[1]

고대국가 사회의 이러한 신앙은 하늘의 신, 즉 천신에게 제사한 유형으로, 초기의 민간신앙은 천신 계열에서 계속 번져 일월신, 인격신, 동물신, 산신, 토지신, 용신 등으로 확대되었던 것으로 보인다.

고대 예국(濊國)의 경우 "해마다 10월이면 하늘에 제사를 올리는데 이때에 밤낮으로 술 마시고 노래부르고 춤추면서 논다"[2]고 하였다.

신라의 경우도 매년 정월 초하루에 해와 달의 신에게 제사를 지냈던 것으로 보아[3] 차츰 천신(天神)의 폭이 구체화되고 넓어졌다고 하겠다. 또한 신라 때는 산악숭배의 신앙심이 강하여 삼산오악(三山五岳) 및 소사(小祀)를 지내는 기타 산악에서 제전(祭典)이 베풀어졌다. 이러한 산악숭배는 산악의 신격화 내지 성역화에 의한 신앙으로, 산신이 사는 신령스런 곳, 천왕이나 천신이 하강하는 성지로서, 숭배의 대상이 되었다. 그것은 삼산오악이 개국시조의 하강처(下降處)와 결부되고, 또 자기 부족을 수호하는 진산(鎭山)의 구실을 담당하였기 때문이다.[4]

예국에서 호랑이를 신으로 섬겨 제사 지냈듯이 이는 원초적인 형태의 산신이었다고 보이나 후에 산신의 종자적(從者的) 지위로 물러앉고, 산신으로는 신선이라는 인격신이 등장하였고, 이는 후세의 성황신과 결부된 것으로 생각된다. 그런데 신라의 이러한 산악숭배는 고대의 하늘숭배와 다름이 없다는 견해를 많은 학자들이 발표하였고, 그것을 마을신과 같은 개념으로 보는 조지훈(趙芝薰)의 견해는 많은 점을 시사해 준다.

"이 누석(累石)·신수(神樹)·당(堂)집의 형태(形態)로 나타난 당신신앙(堂神信仰)의 신앙대상(信仰對象)은 곧 천신(天神)이요 산신(山神)이며 부락신(部落神)이다. 우리 민간신앙(民間信仰)에 있어서 이 3자(者)는 완전히 동격(同格)이요 삼위일체(三位一體)이다. 이 신앙(信仰)의 원형(原型)은 단군신화(檀君神話)에 나타나 있다. …우리 선민(先民)들은 하늘과 인간의 교섭처(交涉處)로서 고산(高山)을 숭배(崇拜)하였고 우수(優秀)한 치자(治者)·장수(將帥)는 산신(山神)이 되어 나라와 부락(部落)의 수호신(守護神)이 된다고 믿었다. 그러므로 산신(山神)은 호국신(護國神) 또는 부락(部落)의 수호신(守護神) 곧 동신(洞神)·당신(堂神)이 되는 것이다."[5]

상기의 견해에서도 유추할 수 있듯이 신라 때에 좀더 구체적인 민간신앙의 모습이 나타나고 있음을 추론할 때, 오늘날 서낭신앙 또는 성황신앙, 국사당(國師堂) 신앙 등에 대한 재고찰이 요망된다.

우리나라에서 성황(城隍)이란 이름으로 신격에게 치제(致祭)한 것은 고려 문종 9년(1055)으로 선덕진(宣德鎭)에 새 성을 쌓고 그곳에 춘추로 제사를 지낸 것을 그 시작으로 본다. 이 시기는 중국의 송대(宋代)로 성황신앙이 널리 퍼져 있던 때였다.

11세기 이후 오늘에 이르기까지 서낭과 성황을 대체적으로 같은 뜻으로 보고 있으나, 이는 시정될 수 있는 견해라 하겠다.

고려 때 들어온 외래신앙이 우리의 지킴이로 자리잡았다고 보는 것은 착오이며, 본질적으로 한·중 양국의 신앙체계는 상당한 차이점을 보이고 있다.[6] 따라서 서낭은 곧 성황이 아니라는 생각을 굳힐 수 있다.

중국에서 처음 '성황(城隍)'이란 이름이 나타나기는 『주역(周易)』에서이다. 『주역정의(周易正義)』에 의하면, 자하(子夏)가 말하기를 성(城)과, 성 밑을 둘러싼 연못은 임금과 신하의 관계와 같이 상호 도움을 주는 일에 비유된다고 하였다.[7] 이 말에 따르면, 성황은 성벽과 그것을 보완하는 도랑의 구조임을 알게 되는데, 비유하면 성은 임금, 황은 신하로서 양자는 상호보완의 관계를 보여주어 외적에 대한 방어를 상징한다.

『예기(禮記)』에서는 요(堯)임금이 팔사(八蜡)의 하나로서 일곱째인 수용(水庸), 즉 성지신(城池神)을 제사한 데서 비롯된 것을 찾을 수 있다. 고대의 천자들이 빌었던 여덟의 신 중에서 '수(水)'는 '황(隍)', '용(庸)'은 '성(城)'을 지칭한다. 이것을 보면 '수용'은 성황제의 기원임을 알게 된다. 그 방식도 단지 토단(土壇)만을 쌓고 치제하여 우리의 돌무더기와 유사하며 '팔사'는 '붉신'과 그 음이 통하는 면도 있다. 이규경(李圭景)은 『오주연문장전산고(五洲衍文長箋散稿)』에서 선왕당(仙王堂)은 성황(城隍)의 오류라 하였고, 손진태(孫晉泰)도 선왕(先王)은 성황의 와전이라는

등의 언급을 한 바 있으나, 조지훈(趙芝薰)의 논고에서 강조되었듯이 성황은 즉 선왕(仙王)의 오류로 주객전도의 착각이라는 점이다.

고려 때 들어온 성황신이 차츰 고유의 민간신앙과 혼효(混淆)되어 나타나기 시작한 여러 흔적 중 『시용향악보(時用鄉樂譜)』에 실린 작자와 연대 미상의 고려가요 「성황반(城隍飯)」이 있다.

東方애 持國天王님하
南方애 廣目天子天王님하
南無西方애 增長天王님하
北方山의ㅅ 毗沙門天王님하
다리러 다로리 로마하
디렁디리 대리러 로마하
도람다리러 다로링디러리
다리렁 디러리
內外예 黃四目天王님하

또한 같은 책에 수록된 「대왕반(大王飯)」이란 노래에도 "八位城隍 여듧位런 놀오쉬오"라는 부분이 있는데, '팔위성황'은 '붉신' 또는 전국 팔도의 성황을 지칭한 것으로도 본다. 다만 앞서 「성황반」의 경우는 "고속(古俗)의 산신(山神) 즉 여신(女神)이 고구려의 태후(太后)·대모(大母)에서 신라의 신모(神母)·성모(聖母)·불교의 영향을 받아 천녀(天女)에서 대왕(大王) 국사(國師)로, 또 불교의 사천왕(四天王)과 유식(儒式)의 성지신과 누석단과 결부하여 성황당으로 그 신격이 몇번이나 변모했으니…"[8]라고 한 김동욱(金東旭)의 견해에 주목할 필요가 있다.

김태곤(金泰坤)은 서낭신앙에 천신·산신·몽고악박신(鄂博神)·중국 성황신의 네 개 신앙 요소가 복합되었다고 하며, 서낭의 어원은 산신이라는 산왕(山王)에서 온 것이며 '산왕→선왕→서낭'이 전음 과정일 것으로 추론하였다.[9]

필자의 관견(管見)으로는 서낭신앙을 우리의 고유신앙으로 긍정하고 그 기반은 신라의 풍류도(風流道)와 연관짓고 싶다. 풍류도의 본질은 신선사상에 있다고 보는데,[10] 이는 그 이전까지의 원시토속신앙을 통합하여 민족적·전통적 종교로서 완성시킨 것이다. 최치원이 「난랑비서(鸞郞碑序)」에서 언급했듯이 신라 고유의 현묘지도(玄妙之道)가 오늘의 서낭신앙을 대변한다고 생각된다. 다시 말해 하늘신앙, 산악신앙, 산신신앙, 샤머니즘 등을 흡수하고 융합한 풍류도가 한국의 국교적 위치에 있었고, 그것이 고려의 팔관회와 연계되었던 것이다. 고려 16대 예종(睿宗)은 1116년에 신라 이래의 풍류도 부흥의 필요성을 역설하고 대관의 자제부터 신봉할 것을 이르기도 하였다.

풍류도는 '붉길'로서 천신·광명·태양을 신앙대상으로 삼는 것이며, 팔관회도 신라의 '붉은회'로 볼 수 있고 고려시가 「대왕반」에 있는 '팔위성황'도 같은 개념으로 생각된다. 따라서 신선사상이 중심이 된 풍류도에서 서낭의 어원과 신앙적 기원이 나왔을 것으로 추찰(推察)된다. 즉 선왕(仙王)에서 서낭이 나왔을 가능성을 말해 본다. 따라서 천왕당·산신당·선왕당·국사당·붉당·성황당·부근당(付根堂) 계(系)는 '서낭당'이라는 하나의 용어로 묶일 수 있으며, 그 배경은 신라 풍류도의 신선사상과 연맥될 것으로 보인다.

고려 성황신에 대한 이규보(李奎報)의 꿈이야기는 당시의 정황을 엿보게 한다.

"꿈을 말하는 것은 괴탄한 일 같다. 그러나 「주관(周官)」에 여섯 가지 꿈을 점치는 것이 있고, 또 오경(五經)이나 자(子)·사(史)에도 모두 꿈을 말한 것이 많다. 꿈이 진실로 징험이 있다면 이것을 말하는 것이 무엇이 해로우랴?

내가 일찍이 완산(完山)의 장서기(掌書記)로 있을 때의 일이다. 평소에 나는 성황당(城隍堂)에 가는 일이 전연 없었다. 하루는 꿈에 그 성황당에 가서 당하(堂下)에서 절하기를, 마치 법조(法曹)와 더불어 함께 절하는 것처럼 하였다. 왕이 사람을 시켜서 전하기를,

'기실(記室)은 뜰 위에 오르오.'

하였다. 내가 대청에 올라 두 번 절하니, 왕이 포모(布帽)와 치포유의(緇布襦衣) 차림으로 남쪽편에 앉았다가 일어나 답례하고 나를 앞으로 나오게 하였다. 조금 후에 어떤 사람이 백주(白酒)를 가지고 와서 부었는데 술상은 초라하였다. 한참 동안 함께 마시다가 말하기를,

'들으니, 목관(牧官)이 요사이 『십이국사(十二國史)』를 새로 간행하였다 하는데 그런 일이 있소?'

하기에,

'그렇습니다.'

하였더니,

'그러면 왜 나에게는 주지 않소? 나에게 여러 아이들이 있어서 읽히고자 하니, 몇 권 보내 주면 좋겠소.'

하므로,

'그렇게 하겠습니다.'

하였다. 또,

'관리의 우두머리인 아무는 쓸 만한 사람이니, 잘 보필해 주오.'

하기에 또,

'그렇게 하겠습니다.'

하였다. 나도 또한 장래의 화복(禍福)에 대해서 물었더니, 왕은 길에서 수레가 달리다가 바퀴축이 부러진 것을 가리키며,

'그대는 저와 같다. 금년을 넘기지 못하고 이 고을을 떠나게 될 것이오.'

하였다. 조금 후에 가죽띠 두 벌을 가져다 주면서 말하기를,

'그대는 꼭 귀하게 될 것이니 이것으로 노자를

하오.'

하였다. 꿈을 깨니, 온 몸에서 땀이 흘렀다. 이 때 안렴사(按廉使)인 낭장(郎將) 노공(盧公)이 목관을 시켜서 『십이국사』를 새로 간행하였던 것이다. 또 관리 아무는 나의 뜻에 맞지 않으므로 어떤 일에 죄목을 잡아 배척하려고 하던 참이었다. 그래서 이런 말을 하게 된 것이다.

그 이튿날 그 관리를 불러서 간행한 『십이국사』 두 권을 가지고 가서 성황당에 바치게 하였고, 따라서 그의 죄를 용서하여 불문에 부쳤다. 이해에 과연 동료의 참소로 인하여 파면되었으니, '수레가 달리다가 바퀴축이 부러진 것과 같다'는 말을 비로소 깨달았다. 그러나 벼슬에서 물러난 지 칠 년이 되도록 벼슬 한 자리도 얻지 못하여 좌절됨이 더할 수 없이 심하였으니, '꼭 귀하게 될 것이다'는 그 말을 믿지 않았다. 그 뒤에 중요한 벼슬을 두루 거쳐서 삼품(三品)에 이르렀으나 역시 그 말을 깊이 믿지 않았다. 그러다가 이제 정승에 제배(除拜)된 뒤에야 곧 '꼭 귀하게 될 것이다'라고 한 말이 빈틈없이 들어맞은 것을 믿게 되었다. 아, 신도(神道)의 명감(冥感)도 역시 때로는 믿을 수 있다. 어찌 다 허황된 일이겠는가?

갑오년 모월 모일에 적는다."[11]

고려의 김부식(金富軾)은 서경에서 묘청(妙淸)의 난을 토벌함에 따라 사람을 보내어 성황신에게 제사하였고, 고종 23년(1236)에는 몽고병을 격파한 것을 성황신 밀우(密佑)의 공이라 하여 '군성황신'의 호를 붙였고 공민왕 9년(1360)에 홍건적의 난을 토벌하자 도(道)·주(州)·군(郡)의 모든 성황신에게 전첩(戰捷)을 감사하기도 했다.

강릉 최씨 강화원계의 시조인 최문한(崔文漢)은 고려 충숙왕의 부마(駙馬)로서 선덕공주의 남편이었다. 그가 영남에서 겪었던 일이 『임영지(臨瀛誌)』에 수록되어 있다.

"일찍이 영남 한 고을에는 성황신이 있었는데 매우 포악하여 말을 타고 가는 사람의 뒤를 따르다 말과 사람을 함께 살해하였다. 문한이 말을 탄 채 내리지 않고 그곳을 지나자 우편물을 돌리는 사람이 길에서 그 사유를 자세히 설명하였으나 문한은 들은 척도 하지 않고 그대로 1리쯤 갔는데 과연 말이 폐사하자 크게 노하여 성황당으로 되돌아가 죽은 말의 창자와 피를 성황신의 몸에 마구 뿌리고 성황당을 불지르고 돌아오니 그의 강직하고 흔들리지 않는 정신이 이와 같았다. 후에 읍민들이 집을 다시 지었으나 신이 두려워하여 들어가지 않으려 하자 성황당에다 문한의 상을 흙으로 만들어 놓았다. 성황신은 그제서야 제자리를 찾아 앉으며 제사도 반드시 먼저 흠향(歆饗)하였다.

문한이 노년에 시골에 있을 때의 일이다. 매년 봄, 가을로 제사를 지낼 때 그 읍민들이 응당 같이 지낼 것이라 하여 시골사람들이 이상하게 여기고 가 보니 과연 말 그대로 하였다. 지금은 부르기를 문한대왕이라 한다."[12]

조선초의 『동국여지승람(東國輿地勝覽)』에서도 팔도 각읍에는 사직단(社稷壇), 성황단, 여단(厲壇)이 있다고 적었는데, 실제로 통계를 내 보면 강원도 26개소, 경상도 67개소를 포함하여 모두 336개소로 나타나는 전국적 분포를 보였다. 이를 보면 고려 문종 이후 조선조에 들어와 성황당이 국령으로 설치되어 고유신앙과 융합되는 계기가 되었던 것으로 여겨진다.

김영수(金映遂)는 성황당은 산왕당(山王堂)이 변화한 것으로 산신당과 통한다고 언급했으며,[13] 유홍렬(柳洪烈)은 한국의 성황신이 인도의 조신(祖神), 즉 산토신(産土神)으로 중국을 거쳐 북진하여 우리나라에 들어오게 되었고, 이에 암석숭배와 도로수호신과 주대(周代)의 대공 망(望)의 전처 전설이 부합되었다고 피력한 바 있다.[14]

조선조 초기에 성황신은 산신과 혼동되기에 이르러 이직(李稷)은 태종 12년(1412)에 "성황이 비록 높은 산에 있고 이미 성황이라 했으나 소위 산천제와는 같지 않으므로 구별하여 제를 지낼 것"을 상청(上請)하기도 했다. 이와같이 시대의 변화에 따라 성격을 달리하기도 하여 재래의 신앙과 혼동되며 당우(堂宇)의 형태가 아니더라도 길목이나 고목, 누석단, 돌탑 등의 형태와 동일시되면서 지방 주민들이나 개인으로 숭배되는 신앙체로 서낭신앙은 굳어져 갔다. 서낭당은 보통 서낭으로 불리나 경상도 일대에서는 당집, 당산, 골맥이로, 전라도 일대에서는 할미당으로, 그 밖에 발귀당, 국신당, 국사당, 당산님, 천왕님, 짐대서낭님 등으로 불리며, 국사당과 성황당의 혼합형으로 국사성황당으로 불리기도 하였다. "국사당을 속설에 고승으로 국사 된 이를 섬기는 것이라 하나 문자 그대로 본 후인들의 부회(附會)일 뿐 국사는 산신"[15]이라는 견해로 볼 때 산신과 성황신앙의 결탁을 엿볼 수 있다. 국수당의 '국수'는 '구수(龜首)'에서 온 말로, 이것은 '곰므르', 즉 신산(神山), 신산정(神山頂)을 뜻한다고도 보고 있으므로[16] 고승을 지칭한 것이 아니라고 보겠다. 다만 강릉의 대관령 국사성황신은 국사로 청했던 승려가 마을신의 주신격이 되었음을 『임영지』와 후대 설화에서 알 수 있다.[17]

조선조 때 성황신의 영험함을 나타내는 설화는 여러가지가 있는데, 강원도, 경상도의 전승설화 중 몇 가지를 보기로 하겠다.

"영조 임오년(1762) 여름 부사(府使) 윤방(尹坊)이 삼척에서 사람을 죽인 사건을 살피는 검사관으로 갔을 때, 금부(禁府)에 있는 서리를 파면했다는 이유로 이규(李逵)라는 사람이 명을 받고 관아에 와서 아전의 우두머리를 정실인사를 했다면서 문책하려 하니 이때 최광진(崔光振)이 호장

이었다. 아전이 그를 부르니 바로 이날이 5월 5일 국사성황신을 모셨다가 보내는 날이었다. 호장이 성황사에서 일을 보다가 시간이 흐른 뒤 관아에 도착했다. 이규의 성격이 조급하여 사람을 시켜 결박하고 마패로 마구 때리면서 '너는 성황신만 중히 여기고 나를 천박하게 대우하니 대체 성황은 어떤 신령이냐, 너는 비록 성황신을 존경할지 모르나 나에게는 무슨 상관 있느냐'고 하면서 흉악한 말을 하자 갑자기 사지가 뒤틀리고 뼈 속을 찌르는 아픔을 느끼고 결박당하듯이 정신이 혼미하며 비로소 겁을 내면서 목구멍으로 넘어가는 소리로 '나는 이제 죽는구나' 하고 피를 토하며 죽었다."[18]

경북 선산군 해평면 해평동 성황당과 석상은 하마(下馬) 전설을 갖고 있다.

"석상이 지금의 오상동 국도변에 세워져 있을 당시 아무리 높은 분이라도 이 석상 앞에서는 말이나 가마에서 내려 걷게 되어 있었다고 한다. 그런데 하루는 어느 벼슬 높은 분(조선 중엽 무관 벼슬을 한 최홍검)이 이곳을 지날 때 하인이 말에서 내려야 할 사유를 말했으나 그는 듣지 않고 그냥 지나치려고 하였다. 그랬더니 이상하게도 석상 앞에서 타고 가던 말의 발이 땅에 붙어 떨어지지 않는지라 화가 난 그는 '어찌 석상이 길거리에서 길가는 사람을 방해하는고' 하고 칼을 휘둘러 석상의 목을 쳤더니 땅에 떨어진 석상의 머리에서 붉은 피가 한없이 흘러내렸다고 하며, 이어 주민을 불러 이 석상을 낙동강에 끌고 가서 버리라고 명령하고는 다시 길을 떠났으나 얼마 못 가서 피를 토하고 죽고 말았다고 한다. 그로부터 해평 지방에는 고약한 병이 돌아 큰 변이 일어났다. 석상을 옮기던 인부들도 해평동 뒷산에 이르러서는 더이상 걷지 못하고 쓰러지고 말았다. 이후 길거리에 방치된 석상의 주위에는 무서워서 아무도 가까이

접근하지 못하였다고 하는데, 하루는 이곳을 지나던 스님 한 분이 마을사람들에게 말하기를 '이 석상을 다시 세워 모시고 그 공적을 기리며 정성껏 제사를 지내면 마을이 평안하리라' 하고 일러 주었다. 마을사람들은 뒷산 양지바른 언덕에 성황당을 지어 목 없는 석상을 다시 세워 모시고 정성을 드려 제사를 지냈더니 과연 병든 사람도 깨끗이 낫고 온 마을이 다시 평화를 찾게 되었다고 한다."[19]

성황당에 대한 민간의 신앙행위는 갑오경장 이후 미신타파라 하여 금지되기도 했는데 다음 기사는 여러가지 의미를 보여준다.

"갑오경장 후에 성황사에 신령이 존재하지 않는다 하여 읍내와 산촌의 나무꾼들이 수백 년이나 된 성황사의 노송을 마구잡이로 벌채하였다. 녹두정 돌우물 위에 마주 서 있던 두 그루 노송은 녹음이 우거져 시원하기가 이를 데 없어 시인 묵객들이 나무 아래에 모여 자주 놀았는데, 어리석고 미련한 어부가 그만 나무를 베어 땔감으로 쓰자 곧 피를 토하고 죽으니 이때 사람들이 말하길 '성황사나 정자 주위에 있는 노거목들은 또한 신령이 있다'고 하면서 이상하게 여겼다."[20]

그러면 『동국여지승람』과 기타 읍지에 소재한 조선조 강원과 경남북의 마을지킴이를 특징적인 것만 개관해 보기로 한다.

강원도
·원주 치악산사 — 치악산 정상, 속칭 보문당, 춘추로 제사 지냄.
·고성(高城) 신사 — 『동국세시기(東國歲時記)』에 기록됨. 금단으로 신의 가면을 만들어 쓰고 섣달 20일부터 정월 보름까지 마을을 돎.

·삼척 오금잠신 — 오금잠(비녀)을 작은 함 속에 담아 묻었다가 단오 때 꺼내서 제사함.
·영동 산신제 — 『추강냉화(秋江冷話)』에 기록됨. 음력 3월 - 5월 중 택일하여 무당과 함께 산신제 지냄.
·태백산사 — 해마다 4월 8일에 태백산신이 읍내 성황신에게 내려온다고 하여 제사함. 5월 5일에 산으로 되돌려 보냄.
·강릉 대령산신 — 『성소부부고(惺所覆瓿藁)』에 기록됨. 5월 길일(吉日)에 김유신 장군을 모시고 대관령에서 제사 지냄.
·양구 성황신제 — 『허백당집(虛白堂集)』에 기록됨. 단옷날 제사 지냄.

경상도
·양산 성황신 — 김인훈이 고려 태조를 도와 문하시중(門下侍中)이 되고 사후에 신이 됨.
·의성 성황신 — 후백제의 견훤과 싸우다 전사한 김홍신을 모시고 성황제를 지냄.
·밀양 성황신 — 부사 손긍훈이 사후에 신이 됨.
·고성(固城) 성황신 — 5월 1일부터 5일까지 마을사람들이 두 패로 나뉘어 신상을 싣고 다니며 서로 다투며 신을 모심.
·합천 정견대왕 — 대가야국 왕후 정견(正見)이 사후에 산신이 되어 모심.
·울산 계변신 — 계변성(戒邊城)의 신이 학을 타고 신두산(神頭山)에 하강했다 함. 신학성(神鶴城)을 계변성이라 함.
·동래신 — 신라에서 남해신을 형변부곡(兄邊部曲)에서 치제했다 함.
·영해 팔령신 — 영해 지방에서 팔령신(八鈴神)을 믿었는데 우탁(禹倬)이 파괴함.
·군위 김유신사 — 속칭 '삼장군당'이라 함. 해마다 단오 때 김유신을 신격으로 마을에서 모심.
·진주 지리산 성모사 — 지리산 천왕봉 마루턱에

성모사가 있으며 내부에 성모상이 있음.

·웅천 산신―해마다 4월에 마을사람들이 신을 맞아 잡희(雜戱)를 베풀고 제사함.

·안동 오금잠신―신라 공주 오금잠신이라 함. 해마다 단옷날 무당들과 신도들이 제사함.

·경주 두두리신―두두리(豆豆里) 마을에서 신봉함. 『삼국유사』에 나오는 비형랑(鼻荊郎) 이후부터 심하게 믿음.

3. 마을지킴이의 유형과 실제

마을지킴이로서의 민간신앙을 전면적으로 고찰하기는 쉽지 않은 일이다. 마을신앙은 집안신앙보다 다양한 성격과 기능, 유형으로 전승되고 있으므로 어떠한 한 계통을 잡아서 단순화하기가 힘들다. 마을지킴이의 연구는 앞서 역사적 흐름을 조망했지만, 과거와 현재의 계통적 연구나 통시적 연구뿐 아니라 공시적 관점에서 전승의 현장을 살피고 분석하는 데도 관심을 기울여야 할 것으로 본다.

마을지킴이는 본질적으로 한민족 신앙의 체계적인 면모를 지켜 왔다고 보는데, 이는 천신강림, 산신신앙, 지모신(地母神), 곡신(穀神), 시조신, 정령신(精靈神) 등을 통하여 신인(神人) 합일의 세계관을 이끌어 왔기 때문이다. 마을사람들은 현실의 어려움과 인간의 한계성을 신화 재현에 입각하여 해소함과 아울러 새롭고 풍요로운 삶의 구현을 신앙적 관점에서 이해하고 긍정하려고 했다.

마을지킴이는 우리들의 과거 모습이며 동시에 오늘을 함께 숨쉬는 현재의 모습을 반영하는 신앙 거울이다. 내가 아닌 남을 위해 축원하고 소지를 올리는 우리 이웃들의 진솔한 비손이 갖는 소박함, 신 앞에 겸허하고 인간의 실존을 있는 그대로 수긍하는 체념성, 보이지 않는 세계의 어려움을 공동으로 해결하려는 간절한 염원이 마을지킴이에서는 여실히 증명되고 있다.

따라서 마을지킴이의 올바른 이해는 막연히 미신이라든가, 한국적이라든가, 민족문화라든가 등의 차원에서는 결코 이룰 수도 없으며, 부분적이고 단편적 지식으로도 또한 정곡을 파헤칠 수 없다. 우리는 지금 마을지킴이를 잔존문화의 퇴영한 신앙체로 간과할 수만은 없고, 그렇다고 장차 한국을 대표할 수 있는 신앙 구심체로 이끌고 나갈 여력도 없다는 진퇴양난의 현실에 머물러 있다.

민족문화의 올바른 창달은 자기긍정의 확고한 신념과 현실인식의 냉철함이 수반될 때 가능하다. 더욱이 마을지킴이는 반드시 지켜져야 한다는 당위성과 함께 내것 찾기의 핵심적 의미를 부여해야만 혼미해져 가고 있는 우리 민족의 신앙과 심성의 원천은 재생되고 부활되어 지속적으로 꽃과 열매를 피우고 거둘 수 있다.

마을지킴이는 그와같은 의미에서 우리 문화의 중핵으로 자리매김해야 하며, 다양성 속에 일관된 흐름을 간취(看取)하고 체계화시키는 작업이 요망된다.

마을지킴이의 유형과 실제에서는 여러 사례를 가감없이 기술하고 정리하여 전반적인 양태를 파악키로 한다.

1. 여성황당(女城隍堂)

강원 동해안의 어촌은 여신을 마을지킴이로 봉안하고 있는 경우가 많다.[21] 여신을 숭배하는 이유가 여러가지인데, 대체로 이주형(移住形) 신격으로 나타나는 경우가 많고, 해원(解冤)의 성격을 지니고 있음도 파악된다.

동해안 어촌은 여성신위를 주신격으로 봉안하는 신앙특징으로 주목되는데 남중국과 대만의 마조(媽祖) 여신격과도 상호 비교검토가 가능한 해양신이라 하겠다.[22] 부대설화(附帶說話) 내용 또한 다양하여 남근숭배와 열(烈)사상 등과 관련되기도 하며[23] 생생력(生生力) 상징의 의미를 구현하여 남신(男神)을 합배(合配)하거나 황소를 제물로 바치기도 하는데 유감주술(類感呪術)의 기능도 갖고 있다.[24]

먼저 표류이주형(漂流移住形) 여신은 강문과 심곡의 여성황당에서 찾을 수 있다.

강릉시 강문동은 백칠십여 세대가 어업에 주로 종사하며 살고 있는 어촌으로 경포해수욕장 남쪽에 위치하고 있다. '진또배기'라는 수살간(守煞竿)이 세워져 잘 알려졌는데, 남·여 서낭당이 마을 서편과 죽도봉(竹島峰) 아래 있다. 특히 여서낭당은 다섯 칸 기와집으로, 내부에는 족두리를 쓰고 자줏빛 당의(唐衣)를 입고 있는 여신과 좌우에 각각 흰색, 노랑저고리, 청색치마를 입고 부채를 든 시녀가 그려져 있다. 위패는 토지지신, 성황지신, 여역지신(癘疫之神)의 삼 신위를 봉안하며 제일(祭日)은 일 년 3회로 정월 15일, 4월 15일, 8월 15일이다.[25]

여신에 대한 주민들의 신앙심은 엄격하여 평소에는 두렵게 여긴다. 여서낭당이 있는 죽도봉은 오죽헌(烏竹軒) 뒷산이 떠내려온 것이라 하며, 이곳에 당우(堂宇)를 짓게 된 유래는 다음과 같다.

예전 이 마을의 한 노인이 밤에 꿈을 꾸었는데 여신이 나타나 말하기를 "고리짝이 있는 곳에 내 집을 지어 달라"고 하여 이상히 여겼다고 한다. 과연 고리짝 하나가 물에 떠내려와 죽도봉의 나뭇가지에 걸려 있으므로 건져서 문을 여니 그곳에 삼색 헝겊에 글씨가 새겨진 것이 있었다. 그래서 죽도봉에 당을 만들고 치성을 드리니 그때부터 고기가 잘 잡혔다고 한다.[26]

명주군 강동면 심곡리는 '지피마을'이라고도 부르는데 총 오십 가구의 이백여 명이 모여사는 이곳의 여서낭당도 기와집으로 잘 지어져 있다. 서낭당 제사는 삼 신위를 봉안하여 음력 정월 보름과 단오 때 지낸다. 내부에는 여신의 화상이 그려져 있는데 모습은 전체적으로 위엄있게 보이고 눈썹이 위로 치켜올라갔다. 눈은 가늘고 입은 작으며 머리에는 족두리를 쓰고 비녀를 질렀는데 녹두색 저고리에 분홍치마를 입었고, 여신의 좌우에는 시녀들이 서 있다. 주민들은 여서낭신이 영험하다고 말했다.

지금부터 약 이백 년 전 영해 이씨인 이돈형씨의 선조되는 정유생(丁酉生) 이씨 할아버지 꿈에 아리따운 여성이 함경도 길주 명천에서 왔다며 "지금 내가 심곡과 정동 사이의 부처바위라는 곳에 표류하고 있으니 구해 달라"고 하였다.

이씨 할아버지가 다음날 새벽에 배를 타고 가보니 부처바위 끝에 나무궤짝이 걸려 있어서 열어보니 여자 화상이 그려져 있었다고 한다. 그래서 부처바위에 안치하였더니 하고자 하는 일이 뜻대로 되고 고기도 많이 잡혔다고 한다. 이후에 여신이 현몽(現夢)하여 외롭다고 하므로 현재의 마을로 이주시켰다는 것이다.[27]

억울한 죽음을 당하여 원한을 품고 피해를 주던 여성이 신격으로 봉안된 예는 명주군 주문진읍의 진이서낭신, 같은 군의 안인리와 삼척군 원덕읍 신남의 여신, 경북 울릉군 태하동 성하신당의 연기설화(緣起說話) 등이 있다. 안인리의 경우는 신남과 같이 남근봉헌의 풍습이 전해 오다가 김대부(金大夫)라는 남신을 혼배(婚配)시켰으며, 울릉도의 경우는 동남동녀(童男童女)가 처음부터 소재로 등장하였다.

명주군 주문진읍 교항리 큰서낭당에는 '진이' 또는 '진녀'라는 여신에 관한 설화가 전한다. 이곳은 음력 3월 10일과 9월 10일에 서낭제사를 지내며 삼 년에 한 번씩 택일하여 풍어굿을 하고 있는데, 내부에는 갓을 쓴 남신과 좌우에 여신, 그리고 동자상이 그려진 화상을 봉안하고 있다. 이곳의 주민들에 의하면 가운데 남자는 1613년 강릉부사로 부임해 선정을 베푼 우복(愚伏) 정경세(鄭經世)이고 좌우 여신 중 한 명은 용왕신, 다른 한 명은 진이, 동자는 진이가 낳은 아이라고 한다.[28] 배경설화는 다음과 같다.

"고려(조선 초기) 때 연곡현으로 부르던 시대로 거슬러올라간다. 한식도 지난 늦은 봄 어느 하루였다. 날씨도 유난히 청명하고 따뜻한 어느 날 거실에 앉아 있던 연곡 현감은 잠시 시간을 내어 봄볕과 더불어 산책을 하고 싶었다. 그는 하인들에게도 알리지 않고 거실을 떠나 지금의 영진리 바닷가로 내려갔다. 물론 바다는 맑고 고요했다. 단숨에 바다까지 내려갔던 현감은 더웠던지 입었던 의관을 훌훌 벗어 바위 위에 얹고 시원한 바다를 두루 살폈다. 때마침 봄날 마을처녀들이 치맛자락을 올려 걷고 바다나물을 따고 있는데 그 중 진(眞, 津)이란 처녀의 육체미에 반해 버렸다. 현감은 '여봐라! 소녀들아' 하고 은근한 목소리로 처녀들을 불러올린 뒤 진이만 있게 하고 모두 집으로 돌려 보냈다. 현감은 이 자리에서 진이에게 사랑을 강요했으나 진이는 끝내 거절, 현감의 손을 뿌리치고 달아나 버렸다. 잡았던 새를 놓친 현감은 괘씸하기 짝이 없었다. 이튿날 아침 현감은 하인을 불러 진이의 아버지를 잡아 오라고 명령했다. 영문을 알지 못하는 하인들은 명령대로 진이의 집에 가서 아버지를 데려왔다. 현감은 아버지에게 진이의 불응을 크게 야단하고, 그 복수로 진이의 아버지를 며칠동안 가두고 매질했다. 이 소식을 전해 들은 진이는 문을 닫아걸고 삭발한 뒤 방안에서 한 아이를 낳아 놓고 죽어 버렸다. 그 후부터 마을에는 질병이 잦았고, 또 바다에 빠져 죽는 어부가 많은가 하면, 배가 뒤집히는 일들이 연달아 일어났다. 이렇게 몇 해가 지난 뒤 당시 현감은 어디론가 가버리고 정우복이라는 새로운 현감이 부임했다. 새로 부임한 정우복 현감은 연달아 일어나는 재해를 이상히 여겨 하루는 민성을 듣기로 했다. 이때 진이의 아버지가 상감께 아뢰겠다면서 진이의 죽은 사연을 말해 주었다. 이 말을 들은 현감은 무릎을 치며 노발대발했다. 현감은 즉시 관비를 내어 진이의 사당을 세우고 진이에게 여성황이란 칭호를 주었고 진이의 명복을 빌도록 했다. 그 후부터 마을의 질병과 재난 사고가 신기하게 없어졌다. 그 후 오늘날까지 해마다 이 서낭당에서 풍어제를 지내고 있다. 정 현감은 현민을 한집 식구처럼 사랑했고 현민을 위해 많은 일을 했다. 그가 세상을 떠난 후 현민들은 그의 공적을 기념하기 위해 주문진 6구에 사당을 짓고 해마다 제사했다. 그러다가 약 오십 년 전에 현감의 사당을 현재 여서낭당으로 옮겨 놓았다."[29]

이 설화는 전승상 등장인물에 착오가 있으나, 관과 민의 갈등을 암시한 관탈민녀형(官奪民女形) 줄거리로 선량한 관원이 이것을 해결하여 원혼을 위로한 해원(解冤) 설화이다. 다음의 태하동 성하서낭당의 전승설화도 해원형 구조를 띠고 있다.

경북 울릉군 서면 태하 1동 서낭당에는 남녀의 신상이 봉안되어 있는데 해마다 음력 3월 3일과 9월 9일에 제사를 지내며 해상 작업의 무사안전과 풍년을 기원한다. 울릉도 개척사의 대표적인 지역신화인 성하신당(聖霞神堂) 연기설화(緣起說話)는 다음과 같다.

"조선조 선조 때에 강원도 평해(지금은 경북 울진군 평해면) 또는 삼척의 '영장'이라는 직명을 가진 순회사(巡廻使) 일행이 왕명을 받아 울릉도 태하동에 도착하여 도내를 순찰하고는 했다. 이 영장은 삼 년에 한 번씩 이 섬을 순찰하고 갔으므로 그가 이 섬에 유숙할 수 있는 집을 지었고 그것을 관사라고 했다. 섬을 순찰했다는 증거로 '황토헐'이라는 향목(香木)을 임금에게 가져가고는 했다. 그 어느 해인지 순찰을 마치고 내일이면 출항하여 돌아가게 되었는데 그날 저녁 꿈에 허연 노

269

인이 나타나 남녀 수졸(하인) 하나씩을 두고 떠나라고 하였다. 이 꿈얘기를 하니 모두 야단이었다. 그러나 순회사 영장은 별로 꿈을 중히 생각하지 않고 그냥 떠나려 했다. 그때는 배가 전부 돛으로 다니는 풍선(風船)인고로 바람의 방향이 매우 중요했다. 남풍이 불 때 섬에 들어오며 동풍이 불면 출항하는 것이다. 겨우 동풍이 불어 떠나려고 하는데 예기치 않던 풍파가 돌발하여 출항을 못 하고 바람이 멎어질 때를 기다리고 있었으나 멎어지기는커녕 점점 심해만 갔던 것이다. 며칠을 이렇게 지나면서 영장이 전일의 꿈을 생각하고 혹시 그대로 하면 될까 싶어 동남동녀(또는 通引과 기생)를 한 명씩 지적하여, 그들이 유숙했던 곳에 영장이 담뱃대와 쌈지를 두고 왔으니 찾아 오라고 명령했던 것이다. 두 남녀는 담뱃대와 쌈지를 찾으러 태하동으로 올라가니 곧 풍파가 자면서 출항하기에 적당한 동풍이 부니 동풍을 타고 영장은 멀리 육지를 향해 출항했다. 두 남녀는 아무리 담뱃대와 담배쌈지를 찾아도 찾을 수가 없어 다시 포구로 나와 보니 영장이 탄 배는 이미 떠나 수평선 위에 있었다. 두 남녀는 애타게 부둥켜안고 울다가 넋을 잃고 세상을 떠났다.

한편 영장 일행은 무사히 귀국하여 울릉도의 현황을 보고하고 남녀 한 쌍을 두고 온 연유를 상소하니 임금은 내년에 다시 들어가 보라고 명을 내렸다. 그 다음에 영장이 울릉도 태하동에 다시 도착해서 두 남녀를 찾으니 남녀 둘이 나무 밑에 껴안고 있어서 반가워 접근하여 만지니 두 남녀의 앙상한 모습은 사라져 버리고 백골만이 형상대로 남아 있게 되었다. 순회사 영장은 잘못을 느껴서 그 외로운 고혼을 달래고자 그곳에 간략한 사당을 마련하여 제물을 차리고 제사를 지내게 되었다."[30]

동해안 어민의 여신에 대한 외경심은 다른 농촌이나 산촌 주민들보다 두터운 것으로 보인다. 출어

시 급작스런 풍랑을 만나면 해변에 있는 여서낭신에게로 향해서 열심히 기도하면 안정이 되어서 귀항하면 반드시 잡은 생선을 서낭당에 올린다고 한다.[31] 여신이 풍어와 안전을 보장해 준다는 강한 믿음이 신앙행위의 지속성을 가져오고 있다. 동해안의 여신신앙과 같이 남해안의 경우도 '마고할매'를 지킴이로 모시는데, 경남 삼천포시 대방동 당산 제신, 김해군 녹산면 녹산부락 당산제, 거제군 하청면 어온리의 사례가 있다.[32]

마고할매는 지리산 여신으로 무서운 힘을 갖고 있었다. 하루는 바다 구경을 하기 위해 삼천포 대방에서 마주 보이는 늑도를 찾아왔다. 며칠을 지내다가 주민들의 소원을 풀어 주기 위해 지리산 돌을 날라 뭍과 연결하는 다리를 놓았다고 한다. 그러나 치마가 낡아 떨어져서 일의 감당을 못 하고 죽었다고 하며, 대방부락에서는 이를 당산에 묻고 영령을 위로하는 제를 음력 섣달 그믐날에 해마다 지낸다고 한다.

어촌과 달리 내륙 자연부락의 여신은 천손하강형(天孫下降形)이 많다. 경북 영양군 수비면 본신리의 옥녀당 여신은 옥황상제의 따님으로 이곳에 원님의 딸이 되어 왔다가 죽은 후에 모셔졌다고 하며,[33] 강원도 평창군 미탄면 평안리 여서낭신도 영좌선녀가 구름을 타고 내려와 좌정 후에 마을의 괴변을 없애고 풍년을 이루게 하였다는 것이다.[34] 이 여신 주변은 수목이 울창하고 신성구역으로 남아 있으며 신통력이 있어서 주민들은 매우 정결히 모시고 있었다.

여신신앙의 형태도 해안은 표류·이주의 신화로, 내륙은 천손하강·수목하강의 모습으로 전승되어 신격 출현에서 두 문화적 양태가 수평과 수직적인 면모로 특징지어진다고 하겠다.

2. 성신앙(性神仰)

성기신앙은 마을지킴이로서 수구막이나 골맥이

의 성격을 갖춘 신앙체로 볼 수 있는데, 기능적으로 기자주술(祈子呪術), 풍요주술, 풍수지리적 관념에서 행해지는 것 등으로 파악된다. 생식과 풍요의 핵심인 성의 숭배는 원초적으로 인류문명과 밀접하였다. 우리나라의 성기숭배는 남근뿐만 아니라 여근도 있는데, 외적 형태에 의한 것, 내적 속성에 의한 것, 철학적 원리에 의한 것 등이 있다.[35] 실제로 동굴숭배나 처자바위, 공알바위, 건들바위, 용바위 등은 남녀 성기신앙과 얽힌 것이며 민속놀이 중 줄다리기나 대보름날 나경(裸耕) 등도 성숭배의 면모를 지닌 것들이다. 우리나라에 남근신앙이 표현된 예로는 경남 울주군 언양면 반구대의 암각화에 남근을 노출한 인물상이 새겨져 있고, 고신라의 토우(土偶)나 토기에도 남근과 음문을 노출한 남녀상을 볼 수 있다. 또한 경주 안압지에서는 소나무로 깎은 남근이 두 개 출토된 바 있는데 이것은 지수(池水)·정수(井水)와 관계 깊은 신앙적 주술물로 보고 있다.[36] 성기숭배는 독자적인 경우도 있으나 마을신앙과도 연계되어 있음이 중요하다.

강원도 삼척군 원덕읍 신남리에는 마을 입구 산 중턱에 본서낭이라는 할아버지서낭당이 있다. 여성신인 해랑신(海娘神)을 모신 곳은 마을 옆, 해산 끝머리 절벽에 있는 향나무 신수(神樹)이다. 여기에는 '海神堂'이라고 음각한 현판이 걸려 있고 나뭇가지에는 향나무를 깎아 만든 남근이 새끼에 엮어져서 주렁주렁 매달려 있다. 최근에는 신수 앞에 집을 지어 목각 남근을 진열해 놓고 있다. 마을에서는 정월 보름과 10월 첫째 오일(午日)에 해랑신제를 지내는데 이때에 남근을 홀수로 5-7개를 정성껏 깎아서 바친다.[37] 이곳의 남근제 유래는 다음과 같다.

"옛날 이 마을의 처녀가 바닷가에서 해초를 캐고 있는데 동네 총각이 포구 앞 외딴 바위에 가면 해초가 많다면서 그 바위까지 실어다 주었다. 해질

무렵에 총각이 데리러 가려는데 갑자기 풍랑이 일어서 갈 수가 없었고 애를 태우던 처녀는 마침내 파도에 휩쓸려 빠져 죽고 말았다. 그때로부터 이 마을에는 고기가 안 잡히고 어부들이 죽는 해난사고가 잦았다. 어느 날 밤 총각 사공의 꿈에 그녀가 나타나더니 처녀의 원혼을 풀어 달라고 하소연하면서 사라졌다. 총각 사공은 해산의 향나무 가지에 남근을 큼지막하게 깎아 매달고 위로하는 제사를 올렸다. 이후부터 총각 사공은 신기하게도 고기를 무진장으로 잡아 올렸다. 그러나 다른 사람들은 계속 빈손이었다. 마을사람들은 총각 사공에게서 그 연유를 듣고 너도나도 남근을 깎아 바치고 제사를 올렸다. 그래서 마을사람들은 의논하여 공동으로 남자의 성기를 깎아서 봉헌하는 치성을 드리게 되었다는 것이다. 처녀가 미역을 따다가 죽은 바위를 이곳에서는 '애바위'라고 부른다. 살려고 애쓰다가 죽었다 해서 붙인 이름이다. 한이 많은 그 처녀는 해랑신이 되어 사백여 년간 제물로 바친 남자의 성기를 받고서 풍어를 약속해 주는 여신으로 모셔지고 있다."[38]

남근봉헌의 유풍은 『중종실록(中宗實錄)』이나 이규경의 『오주연문장전산고』에 나오는 부근당(付根堂)의 목형음경(木形陰莖)과 같은 것으로[39] 그 원천을 첫째는 원시적 유감주술(類感呪術)에서 기인한 것, 둘째는 인도 시바신의 린검(Lingam, 남자성기) 숭배 풍습이 불교에 묻어 들어온 것, 셋째는 음양풍수설의 영향 등으로 보고 있다.[40]

동해안의 서낭당에서는 아직도 남근숭배(男根崇拜, phallicism)가 전승되는데 주로 목각남근이다. 반면에 내륙 쪽에는 돌로 된 구체적인 것과 상징적으로 돌무덤 위에 길쭉하게 올려 놓은 것도 있다. 강원도 고성군 죽왕면 백도 망개마을에서는 암서낭당 앞의 바위구멍에 남근을 깎아서 꽂아 놓고 빌면 풍어가 된다고 하여 매년 남근숭배가 행해지

며[41] 명주군 강동면 안인진리의 경우는 60년대초까지 남근을 봉헌했으나 이후에 '김대부지신'이라는 남신(男神)을 봉하고는 예전처럼 남근을 깎아 바치는 일은 없어졌다.[42]

남근봉헌은 물에 빠져 죽은 처녀나 기생이 원혼이 되어 고기가 잡히지 않자 홧김에 서낭당에 오줌을 누었더니 풍어가 되었다는 식의 유감주술적 상징성을 내포하고 있다.

해안의 목각남근과는 다르나 내륙의 성기신앙 중에서는 바위로 된 것이 많이 나타난다. 강원도에는 명주군 구정면 학산리, 삼척군 근덕면 갈남리, 미로면 고천리, 하장면 조탄리 등지에서 석근(石根)을 볼 수 있는데 마을서낭당과 같은 장소에 위치하고 있다.

남근석이 수바위로 불리고 암바위와 함께 미륵불이라 하여 불교적 명칭으로 호칭되는 경남 남해군 남면 홍현리 가천부락제는 흥미롭다.[43]

남해군 가천부락 바닷가에 자연적으로 생긴 남자와 여자를 상징하는 바위가 있어 주민들은 이 바위를 수미륵·암미륵이라 부르며 매년 음력 10월 23일에 음식을 차려 놓고 마을제사를 지낸다. 이 미륵은 영조 27년(1751)에 발견되었는데 당시 고을 현령인 조광진의 꿈에 노인이 나타나 "내가 가천(加川)에 묻혀 있는데 우마의 통행이 잦아 일신이 불편해서 견디기 어려우니 나를 일으켜 주면 필시 좋은 일이 있을 것"이라고 했다. 꿈에서 깨어난 현령이 일꾼을 시켜 그 자리를 파 보니 지금의 암수바위가 나왔다는 것이다. 이 미륵불을 모시고 제사를 지내는 날은 땅에서 돌을 파낸 음력 10월 23일 23-24시이다. 제사 목적은 마을 풍작과 풍어를 기원하며 마을의 평안과 태평을 축원하는 것이다. 미륵불의 영험함은 지금도 많은 일화를 남기고 있는데, 경북 예천군 용문면 구계동 골맥이 입석이나 상주군 공검면 하흘리 골맥이 미륵님도 같은 경우다.[44] 암수바위를 신성하게 받들고 있음은

성기 숭배사상에서 비롯된 것으로 볼 수 있다. 특징적으로 본다면 강원 해안에만 나무로 깎은 남근으로 풍요주술적 기능이 강하고, 그 외의 경남북과 강원 내륙에는 돌로 된, 풍수·보비적(補裨的) 기능으로 세워진 것이 많다고 하겠다.

3. 마성황당(馬城隍堂)

마신앙은 마을서낭당에 봉안되어 있는 마상(馬像)을 신앙적으로 믿고 있는 것인데 전국적인 분포를 보인다. 강원 지방의 마신앙은 현재 이십여 군데에서 확인되는데 분포 지역은 더 있을 것으로 생각된다.[45] 경남의 경우 대표적인 것은 고성군 마암면 석마리의 마신제(馬神祭)가 있고, 통영군 산양면 삼덕리 원항부락 장군당에 대목마(大木馬)가 있다. 또한 경북 안동군 도산면 태자 1동 고릿재 서낭당에는 철마가 5·6개 봉안되어 있다.[46] 조지훈(趙芝薰)은 영양군 일월면 가곡동 서낭에서 '국시말'이라는 무쇠로 만든 정체 불명의 작은 사족수(四足獸)가 있었다고 회상하였다.[47]

마제의 기록은 고려 때부터 나타나는데 사계절로 봄에는 마조(馬祖), 여름에는 선목(先牧), 가을에는 마사(馬社), 겨울에는 마보(馬步)를 제사 지냈음이 『고려사(高麗史)』 「예지」 소사조에 보인다. 연산군 때 편찬한 『시용향악보』에는 고려시대 마제시(馬祭時)에 부른 것으로 생각되는 「군마대왕(軍馬大王)」이란 노래가 실려 있다.

리러루/리리리루/런러리루/러루/러리러루/
리러루리/러리로/로리/로라리/러리러/리러루/
런러리루/러루/러리러루/리러루리/러리로

이 노래는 상징적인 구음(口音)으로 남아 있는데 주로 'ㄹ'음이 사용된 제의가요라 하겠다.

마상을 봉안하는 동기와 이유는 세 가지로 볼 수 있다.[48] 첫째는 말에 대한 숭배, 둘째는 마병(馬

病)을 양재(禳災)하기 위한 것, 셋째는 산신이나 성황신이 타는 신성물로서 주신(主神)의 제의에 막연히 부수적으로 따르며 독립된 제의의 절차 없이 봉안하게 된 것 등이다. 이외에 용철점(鎔鐵店) 개설시(開設時)나 도와조(陶瓦竈) 경영시(經營時) 철마나 와마를 안치하고 제사 드린 풍속이 있었고,[49] 산신의 사자(使者), 산신의 말로서 호랑이의 은어기 때문이거나,[50] 호환퇴치를 위해 쇠말을 봉안했다는[51] 등의 견해가 있다.

강원 지방의 마숭배 형태를 분석하면 이십 군데 가운데 소실된 네 곳을 제외한 16개소 중 쇠말이 14개소로 가장 많다.[52] 다음은 토마(土馬) 2개소, 석마(石馬) 1개소인데 말의 봉안 숫자는 한 마리에서 최고 십여 마리까지로 다양하였다. 크기는 5-15센티미터 정도가 대부분이고, 높이는 2-5센티미터 정도이다. 말을 봉안하는 이유를 조사해 본 결과 "서낭님이 타고다니라고 놓았다"는 공통적 의견을 들을 수 있었다.

서낭당에 봉안되어 있는 마상의 대부분이 불구로서 앞뒤 다리가 부러진 경우를 확인케 되는데 서낭님의 어마(御馬)가 불구인 이유가 궁금해진다고 하겠다. 여기서 호환의 문제를 생각하게 된다.

강원도 산간에서는 과거에 호랑이가 서식하고 있어서 주민들이 호랑이의 피해를 많이 당하였다. 호랑이에게 잡아 먹힌 사람의 돌무덤을 호식총(虎食塚)이라 하는데, 시루를 덮고 쇠꼬챙이를 끼운 것이 태백시에 50여 개소, 정선군에 약 80여 개소, 삼척군에 약 70여 개소가 남아 있다고 한다.[53]

이와같은 호환을 막기 위해 요즘도 강원의 산간마을에서는 단오 무렵에 산맥이를 하여 호환을 예방하며, 동해안 별신굿 중 범탈굿의 사례도 생겨난 것이다. 산맥이의 '산'은 '산군(山君)', 즉 호랑이를 지칭하는 산신과 같은 개념인데, '맥이'는 '막이'로서 화전민 풍속의 일종인 것이다. 이는 뒤에서 따로 논의할 예정이다. 서낭당에서 주민들은 자신들의 지킴이로서 말을 봉안하였는데 이것이 호환을 막는 역할을 한다고 믿는 경우가 많았다. 강원 명주군 연곡면 송림 2리 서낭당에는 쇠말만 봉안되어 있었으나 송림 1리에는 시루만 엎어 놓았다. 시루는 호식총의 덮개로도 쓰였으므로 호환방지용으로 보인다.

앞서 조지훈은 서낭당의 말을 '국시말'이라 하여 산신의 말로 보았으나 현장조사를 해 보면 산신의 상징은 호랑이이고 서낭신의 상징은 말로 표현되고 있다. 그것은 인력으로 호환(虎患)을 막아낼 수 없자 서낭신의 위력으로 퇴치하려고 마상을 봉안했다는 것과[54] 호랑이와 말이 싸워서 말의 뒷다리가 부러지고 호환을 막았다는 전설이[55] 구전되고 있음에서 확인된다.

명주군 유등리의 토마나[56] 삼척군 신기면 서하리의 토마,[57] 삼척군 미로면 활기리의 철마를 비롯하여[58] 명주군 왕산면 대기리의 계항 서낭당 철마,[59] 명주군 연곡면 퇴곡리의 철마[60] 등도 산간마을의 지킴이로서, 또는 골맥이로서 봉안되고 있으며 서낭신의 사자(使者) 기능도 하고 있음이 밝혀졌다. 1978년 경주 안압지 발굴 결과 목조남근 두 개와 철마상 한 개가 나왔는데 조사보고서에는 당시로는 민속학적으로 규명하기 어렵다 하였다.[61] 이는 강원 지방 마서낭 신앙과 대비하면 해결될 수도 있을 것 같다.

오늘날도 호식총이 남아 있고 서낭당의 마숭배가 잔존하고 전승되고 있음은 여러 각도에서 시사하는 점이 크다. 말은 고대 이후 오늘날까지 많은 신화에 등장하여 전해지고 있는데[62] 차츰 말의 주술적 의미는 상실되어 가고 산악 지방에서는 호환방지의 측면에서 호와 마의 대결, 즉 산악과 마을신앙물의 대결구조가 구체화되고 있음이 나타난다.[63] 또한 내륙 지방이나 도서 지방은 마을의 안녕을 위한 상징동물로서 말을 봉안하고 있는 사례가 많다.

경남의 제당(祭堂) 중 중요민속자료 9호로 1968년 11월 23일에 지정된 통영군 산양면 삼덕리 원항부락의 장군당 안에는 대목마와 소목마가 봉안되어 있는데 장군이 타고다니던 말로 설화에 전한다. 마을의 안녕을 위해 주민들이 사당을 짓고 최영 장군 신화와 쇠로 만든 말을 안치한 후 농사는 풍년이었고 어선은 만선이었다고 한다. 그러나 일제 때 일본인들이 없앤 이후 흉년이 들고 인심이 흉흉해져 나무로 용마(龍馬)를 만들었더니 영험이 되살아났다고 전한다.[64]

경남 고성군 마암면 석마(石馬)부락은 지명에서부터 말과의 상관성이 깊은데, 호환을 방지하기 위해 한 쌍의 돌말을 만들고 수호신으로 삼았다. 도(道)지정 민속자료 1호로 1974년 2월 16일 지정되었는데, 제사는 음력 정월 보름날에 말이 좋아하는 콩 한 말을 따로 공양하는 점이 독특하며 통닭을 제수(祭需)로 쓴다. 석마의 크기는 큰 것이 길이 138센티미터, 높이 50센티미터, 작은 것은 길이 97센티미터, 높이 45센티미터인데 신의 이름을 마신 또는 마장군이라 부르고 있다.[65]

4. 돌탑

마을지킴이의 신체(神體)로서 암석이 등장하고 있음은 독특한 신앙 형태라 할 수 있는데 돌탑신앙도 그와같은 범주에 든다. 석물신체는 환석(丸石), 입석(立石), 암석(岩石), 암혈(岩穴)과 같은 자연석 신체와 음양석, 석탑, 석상과 같은 인공신체로 나누는데[66] 돌을 쌓은 모양이 탑처럼 상층부가 뾰족하면 돌탑이라 부르고, 둥글면 돌무덤이라 한다.

돌은 수렵과 농경에서 긴요한 도구였는데 견고성과 영원성이 신앙적인 면모를 띠게 된 것으로 보인다. 돌은 흙의 정기로, 산의 뼈대요 모든 땅의 기(氣)가 모인 핵(核)과 같은 것이다.

암석이 설화를 담은 신앙물로 등장하는 것으로는, 경북 지방의 경우 기자암(祈子岩), 출산암, 생산풍요암, 성기숭배, 연정암(戀情岩), 유래전설암 등으로 다양한데[67], 영동 지방에는 장수, 장군, 삼선(三仙), 도깨비, 삼형제, 칠성, 할미바위, 대성바우, 당바우 등의 신격이나 신앙물로 암석전설이 전승된다.[68] 바위[岩]는 원래 돌에 구멍이 있는 것을 말하는데 구멍이 없는 것을 바위라 불러도 무방하며 그것은 암(巖)·엄(礹:돌산)·암(嵒:바위, 석굴, 높은 산)·암(嵍:험한 산)이 본래 서로 통하기 때문이다.[69] 따라서 암석신앙은 바위 또는 돌의 신앙이라고 하겠다.

돌탑, 즉 석탑(石塔)은 조산(造山)과 같이 인공적으로 동민들이 축조하는데 마을의 수호물로서 수구막이, 비보(裨補) 등의 풍수적 기능만 있는 것은 아니다. 대체로 신성한 신체로 간주되는 암석은 산신(山神), 토신(土神), 성황신, 산신(産神)으로서 토지의 풍양(豊穰), 인간 및 동물들의 번식, 절후(節候)의 순행, 부락의 평화 등에 힘을 끼치는 생생력(生生力)을 행사한다고 보고 있다.[70]

강원과 경남북에도 상당수의 돌탑이 신앙체로서 마을을 지키고 있는데, 삼척군 하장면 조탄리의 돌탑은 '절탑'이라고도 부른다. 돌탑 위에는 남근형의 윗돌을 얹었으며 조형미와 예술성이 돋보인다. 주민들은 탑에 손을 대면 나쁜 일이 생긴다고 하며 그 속에 유물 같은 것이 들어 있다고 한다.[71] 현재 제사는 따로 지내지 않고 있다. 이러한 예는 명주군 사천면 사기막리 말무덤이나 명주군 왕산면 도마리 탑동 서낭당 돌탑,[72] 삼척군 미로면 고천리 대방골의 신유대감 돌탑, 횡성군 공근면 초원2리 상화대 돌탑 2기가 외형적으로 흡사해 같은 계통임을 확인케 된다. 명주군 왕산면 도마리 돌탑은 마을 지형이 배[舟] 형국이므로 균형을 잡기 위해 세 곳에 세웠는데 마을서낭제 때 탑제를 함께 지낸다.[73]

횡성의 경우는 높이 3미터, 둘레 6미터 정도로

상화대 또는 '할아버지탑', '할머니탑'이라고도 부른다. 돌탑의 축조는 1880년경부터 시작됐는데, 제사는 두 해에 한 번씩 정월 대보름에 당제를 지낼 때 함께 제사한다. 마을의 돌탑을 쌓은 내력은 다음과 같다.[74]

마을 앞에는 태봉산이 있는데 이 산의 형세는 배가 노적가리를 싣고 있는 모양이다. 그래서 태봉산이 떠내려가지 못하도록 밧줄로 묶어 두기 위해 탑을 쌓았다.

이 마을의 홍씨 집안에 군내의 청일면에서 시집을 온 부인이 있었다. 시집을 와서 보니 땅이 나쁘지도 않은데 마을 전체가 무척이나 가난하여 죽도 끓이지 못할 지경이었다. 그래서 남편에게 그 이유를 물은즉 해마다 풍수의 피해가 많아서 그렇다는 것이다. 그날 밤 수심에 잠긴 부인의 꿈에 한 노인이 나타나서 "상화터로 들어오는 입구가 너무 허전해서 못 사는 것이니 그곳에 둥근 돌탑을 양편에 세우면 틀림없이 풍년이 들어 부자마을이 될 것이다"고 계시하였다. 꿈을 깬 부인은 이 사실을 남편에게 말하였고, 또 전 동민에게 알려서 모두가 한마음으로 정성을 들여 탑을 쌓고 제사를 지냈더니 과연 부자가 되었다는 것이다.

경남 함양군 안의면 황곡리 신당부락 당산신당에는 높이 1.9미터, 너비 19센티미터의 돌탑을 세우고 꼭대기에 높이 50센티미터의 남근 형태의 돌을 세웠다. 안의면 석천리에 있는 돌탑도 높이 6미터, 둘레 20미터나 된다. 경남 사천군 용현면 용치 1구에는 2기의 돌탑이 나란히 서 있는데 마을의 재앙을 쫓고 무사함을 기원한다고 한다. 경남 고성군 하일면 오방리나 고성군 삼리면 부포부락에서도 탑처럼 생긴 자연석을 수호신으로 삼고 매년 제를 지낸다. 남해군 이동면 대량부락에서도 당산나무 아래의 돌탑에서 매년 제를 지내는데 삼백오십여 년 전부터 제를 지내 왔다고 한다.

이 밖에도 강원, 경남북에는 돌탑신앙이 보편화되어 있는데 주신격이라기보다는 암석 자체의 주술적 관념에서 영험의 대상으로 숭배하고 있음을 볼 수 있다.[75]

5. 바위신

돌과 얽힌 우리 민속의 역사는 오래다. 석기시대 이래 우리는 돌을 유용하게 사용하고 생활 속에 응용하면서 살아 왔다. 돌다리에서 다리밟기를 하며 대보름 달빛 아래서 한 해 동안 다리 건강을 빌었는가 하면, 돌절구, 맷돌은 곡식 빻는데 쓰였고 할아버지 부싯돌과 어머니의 다듬잇돌은 긴요한 생활도구였다. 길가에 무섭게 서 있는 돌장승과 오뚝 솟은 성기바위에 빌던 기자비손, 돌무덤에 묻힌 우리네 조상들의 숨결은 '바우'와 '돌이'라는 이름의 친구처럼 친근한 신앙이고 생활이라 하겠다. 오늘도 우리들 바우친구가 열심히 뛰어다니며 놀듯이 돌의 상징은 계속된 주제를 제공하고 있다. 돌과 생활, 돌과 믿음의 역학은 변치 않는 돌의 속성처럼 도처에 남아서 전승되고 있다.

마을지킴이로 투박하게 자리지킴을 하고 있는 바위서낭님, 바위신앙은 따뜻한 온기로 영원불멸의 상징언어를 전한다.

강원 지역의, 삼척군 미로면 활기리와 천기리의 서낭신, 홍천군 북방면 화동리 서낭신, 태백시 함백산 서낭신은 바위의 모습으로 상징화되어 있다.

경남의 밀양군 산내면 당집의 당산신과 거제군 장목면 관포리 관포부락 당산신은 바위가 신체(神體)이다. 신체가 나무로 된 경우는 많으나 미륵상, 돌장승, 인물상의 모습이 아닌 자연석이 신체로 봉안된 것은 독특한 유형이 아닐까 하여 하나의 유형으로 분류하였다.

대만의 토지신은 석두공(石頭公)이라 하는데, 바위가 봉안된 사례를 조사한 바 있으나[76] 한국적 사례를 논하기로 한다. 특이한 것은 경남 울주군 강동면 어물리 금천당산신은 '사신신위(社神神位)'

라고 하여 토지신만을 봉안하였는데[77] 바위봉안 자체를 토지신격으로도 볼 수 있지 않을까 생각된다.

삼척군 미로면 활기리 서낭당 내부에는 바위가 봉안되어 있는데 유래는 다음과 같다.

상촌마을에서는 해마다 정성껏 서낭신을 모시고 일 년 동안의 풍년을 빌고 질병을 예방해 달라고 하였다. 그런데 어느 해 난데없이 검은 구름이 모여들고 폭풍우가 몰아치며 옆의 마룡소(馬龍沼)에서 용이 등천했다고 한다. 등천하는 과정에서 꼬리가 석문암(石門巖)에 부딪치고 서낭이 돌에 무너졌으며 상촌 서낭당이 홍수로 지금의 하촌 서낭당으로 내려왔다고 한다. 그래서 하촌 주민들은 이 자리에 서낭신을 모시게 되었는데, 그곳에는 기이한 암석이 앉아 있었으므로 주민들은 상촌 서낭님이 떠내려온 것으로 믿는다고 한다.[78] 하촌 서낭당을 조사한바 광무 8년(1904) 2월에 지었고 재건은 임신년(1952) 3월에 한 것으로 상량문(上樑文)에 적혀 있어 상촌 서낭당이 내려온 해는 1903년에서 1904년 사이로 보인다.

경남 거제군 장목면 관포리 관포부락 당산신은 음력 1월 15일과 10월 15일에 제사 지내는데 이 백여 년 전 마을 촌장이 꿈을 꾸었다고 한다.[79] 꿈에 백발노인이 나타나 등밑(해안가 지명)에 가면 여섯 명의 신이 있는데 모시고 와서 집을 짓고 제를 지내면 마을에 재앙이 없고 융성해질 것이라는 소리를 듣고 꿈에서 깨어 다음날 그곳에 가 보니 여섯 개의 돌이 나란히 있어 가져다 마을 옆 당집에 모셨다. 신은 돌의 크기에 따라 할배·할매신, 아들신 두 명, 손자신 두 명으로 구분하는데 할배신은 사람의 앉은 키만큼 크고, 손자신은 사람 머리만하다.

이외에도 서낭당, 당산 안에 바위신상을 모신 경우는 석장승신앙과도 연관될 수 있으나 자연석의 보다 구체화된 신격 표출이란 측면에서 이해될 수 있다. 경북 선산군 산동면 도중리나 해평면 해

평리 석상은[80] 이러한 관점에서 자연신과 인격신의 상호연관을 검토할 중요한 사례로 생각된다.

6. 인물신(人物神)

특정 인물이 사후에 마을의 신격(神格)으로 등장한 경우 이것을 인격신 또는 인물신이라 한다. 인물신앙의 경우 마을을 처음 개척하여 터를 잡은 입향시조신(入鄕始祖神)이거나 마을지킴이로서 수호신인 경우가 많은데 개척신, 골맥이조상신, 장군신, 대감신, 여성신, 장수신 등 다양하다.

장군인물신의 경우 경남 남해군 남면 평산리, 통영군 사량면 금평리 진촌부락, 통영군 산양면 삼덕리 원항부락에서는 최영 장군을 봉안하고 있으며, 강원 강릉시 대관령 산신은 김유신 장군, 태백 황지 2동 서낭당은 임경업(林慶業) 장군, 명주군 연곡면 일대의 권성두(權星斗) 장군, 고성군 토성면 백천리 장(張) 장군 서낭신 등으로 다양하다.

김유신 장군상은 대관령 산신각에서 볼 수 있는데 중요무형문화재 제13호로 지정된 강릉 단오제시 음력 4월 보름에 제사를 지낸다.[81] 강릉과 김유신 장군과의 관계는 허균(許筠)의 기록에서 확인할 수 있다.

"계묘년 여름 내가 명주에 있었는데 고을사람들이 5월 길일이 되면 대관령 신을 맞이한다고 했다. 수리(首吏)에게 물은즉 '대관령 신은 곧 신라 대장군 김유신 공입니다. 공이 어렸을 적에 우리 고을에 유학했는데, 산신이 검술을 가르쳤답니다. 칼을 고을 남쪽 선지사(禪智寺)에서 만들었는데 구십일이나 화로에 달구어서 번득이는 칼빛이 눈을 어지럽게 했답니다. 공이 그 칼을 차고 진노하면 솟구쳐 오르기도 하고 사라져 숨기도 했다더군요. 그 칼로 고구려와 백제를 멸망시켰지요. 공은 죽어서 대관령의 신이 되셨는데 지금까지 영험한 이적(異蹟)이 있어 고을사람들이 제사를 지냅니

다. 매년 5월초 길일이 되면 번개(燔盖)와 향화(香花)를 갖추어 대관령에서 신을 맞이하여 부사(府司)에 모셔 둡니다. 5월 5일이 되면 잡희를 베풀어 신을 즐겁게 하는데 신이 기뻐하면 종일 번개가 기울어지거나 엎어지지 않고 일 년 농사가 풍년이 들며, 신이 진노하면 번개가 넘어지고 반드시 풍수(風水)의 재난이 있습니다.' 라고 했다. 내가 이상히 여겨 그날에 가서 살펴보았다. 과연 번개가 넘어지지 않자 고을의 부로(父老)들이 모두 환호하여 노래부르고, 서로 축하하면서 손뼉치고 춤추는 것이었다."[82]

허균이 그의 나이 35세 때(1603) 본 강릉의 단오제 모습이 구체적으로 묘사되었는데 산신이 김유신 장군이라는 점이 밝혀졌다. 지금도 매년 제사를 지내고 있으며 신령을 믿고 있는데[83] 김유신을 모신 화부산사(花浮山祠) 사당이 있어 단오 때 이곳에서 제사가 치러진다.

『신증동국여지승람(新增東國輿地勝覽)』 강릉조에 보면 김유신사가 성황사와 합쳐졌다고 했는데[84] 16세기 무렵에는 김유신의 신격이 성황신격과 동일시되고 있다. 강릉 향토지인 『임영지』 권2에는 '성황각위(城隍各位)'라고 하여 열한 명의 여러 신을 대성황사에서 모셨는데 여기에 김유신 장군이 들어 있다.[85]

최영 장군은 남해안에서 볼 수 있는 장군신으로 마을지킴이가 되고 있는데 경남 남해군 평산리에는 다음과 같은 이야기가 전한다.

최영 장군이 세상을 떠난 후 어느 날 마을 촌장의 꿈에 하얀 수염의 노인이 나타나 빨리 앞바다에 나가라고 호통을 쳤다. 그 길로 배를 타고 나가 보니 상자가 떠 있고 그 속에 최영 장군 유품이 들어 있었으므로 건져서 사당에 모시고 제를 매년 올렸다 한다. 이름도 장군당으로 부른다. 평산리 이웃의 삼동면 이조리 무민사(武愍祠) 사당

에서도 최영 장군의 칼과 영정을 모시고 있다. 통영군 산양면 삼덕리 원항부락에서도 최영 장군이 칼을 짚고 앉아 있는 화상을 걸어 놓고 제를 섣달 그믐에 지낸다. 앞에 놓인 목마는 분실된 철마 대신 만들었는데 최영 장군이 타고다니라는 뜻으로 본다. 통영군 사량면 금평리 진촌부락의 장군당에도 최영 장군 영정과 다섯 명의 선녀가 장군을 받드는 화상이 걸려 있는데 매년 음력 1월 14일, 12월 14일에 최영 장군을 위한 당제를 지낸다.[86]

대감신의 경우는 강원도 명주군 연곡면 퇴곡리의 권전(權專) 대감, 인제군 기린면 현리 박 대감,[87] 경북 영양군 수비면 신원 1리의 박문수(朴文秀) 대감 등이 마을신앙으로 봉안되고 있다. 연곡의 권전 대감은 이 마을 심마니, 즉 산삼 채취자들의 신으로 믿어지고 있는데 안동 권씨 부정공파(副正公派)이며 여식이 문종왕비라 한다. 권 대감은 강원도 홍천군 내면 창촌 2리와 자운리에서도 서낭신으로 모신다.[88] 권 대감은 조선조 단종때(1453) 예조판서로서 세조 2년(1456) 사육신의 몰락 당시 오대산에 입산하여 홍천 내면 등지로 전전하면서 산중거사로 일대를 누비고 다니던 어느 날 무성한 칡넝쿨에 의해 낙마(落馬)하게 되자 주문으로 칡넝쿨을 소멸시켰다고 한다. 그 후 그 일대에 칡이 성하지 못하였다고 하며 맹수들도 주문으로 능히 퇴치하였다고 한다. 1457년 단종이 붕(崩)한 후에도 끝내 산중에 은신하다가 일생을 마쳤다 하는데, 그로부터 오대산 일대에 입산하는 수렵꾼, 채약꾼들은 대감을 신령으로 추모하고 신비한 영력에다 소원성취를 기원하고 있다.[89]

왕족이 마을서낭신으로 봉안되는 예는 강원도 정선군 여량면의 노산군신(단종대왕)과 경북 봉화군 명호면 북곡리 청량산 산성마을의 공민왕 등이 있다. 경북 영풍군 단산면 당곡리 서낭당에서도 금성대군(세조의 동생)을 봉안하고 믿고 있다. 이들은 왕족이면서도 불우한 생을 보낸 이들로 마을신

으로 환생하여 존경을 받고 있다.

정선군 북면 여량리 서낭당에는 '노산군지신위(魯山君之神位)'라고 쓴 위패를 봉안하고 있다. 이에 대한 사연인즉 단종대왕께서 노산군으로 강봉되어 영월에 유배되어 계실 때 연(鳶)을 만들어 날린 일이 있었는데 그 연이 여량 서낭당 나뭇가지에 걸렸던 일을 상기하면서 단종이 승하하신 후 이 서낭당 신으로 모시게 되었다는 것이다. 숙종 24년 묘호(廟號)가 노산군에서 단종대왕으로 복원되자 서낭당에 봉안되어 있는 '노산군지신위'라고 쓴 위패를 '단종지신위(端宗之神位)'라고 바꾸어 써서 모셨더니 그 마을에 괴질병이 발생하여 많은 사람들이 앓았다. 그래서 주민들이 당황하고 있을 때에 꿈에 한 대사가 나타나 이르기를 서낭당 위패를 '노산군지신위'로 환원하라고 일러 주었다. 시키는 대로 한 후로부터 질병 없는 마을로 바뀌었다고 한다.[90]

단종대왕의 위패를 노산군으로 모신 여량 서낭당은 특이한 사례라 하겠다.

이외에도 장수신으로는 강릉의 육서낭신이 된 창해역사(滄海力士), 양구군 방산면 동두보제(東頭洑祭) 박제룡(朴齊龍) 장수, 명주군 연곡면의 권성두 장수가 신으로 모셔지고 있으며, 입향시조신은 강릉 초당리 서낭신의 경우 이 마을에 벼농사를 최초로 가르쳐 준 인물이며 삼척 신남리 엄씨 할아버지서낭신, 정선군 동면 신월리 남서낭신은 최초 입향인이었다. 경남 양산군 시랑리 공수부락 당산신은 삼백오십여 년 전에 최초로 이주한 이씨 할아버지와 홍씨 할머니이며, 양산군 일광면 칠암리도 최초 이주민인 한씨 할머니를, 진해시 웅천 1동 제덕부락 당산신은 임진난 당시 정착한 광주 안씨 할머니를 시조신으로 모시고 매년 음력 섣달 그믐날에 정성껏 제를 올리고 있다.

인물신의 경우 구체적인 사례나 상징적인 사례를 포함하여 전국적인 통계를 보면 여신이 남신보다 약 2.4배 많은 것으로 나타나나, 남해안은 남신이 133개소, 여신이 41개소로 오히려 남신이 많고 장군을 모신 곳이 43개소나 되어 전체 여신에 비해 약 4배 가까이 많은 남성 인물신을 모시고 있음이[91] 동해안과 다른 특징이라 하겠다. 이러한 이유로 남해안은 왜구의 노략질 등 외부침입에 대한 마을지킴이로서 장군신 등 남신에게 의지함이 강했던 것으로 생각되고 동해안은 풍요주술적 관념에서 여신들이 많이 신격화된 것으로 보인다.

7. 솟대

마을공동체 신앙과 솟대에 관한 연구가 최근 들어 활발해지고 있는데 전국적인 분포도 작성 및 지역 연구가 성과를 거두었다.

솟대는 "새를 앉힌 장대나 돌기둥을 마을의 안녕과 수호, 그리고 풍농을 위하여, 마을사람들이 동제 때에 마을 입구에 세우는 신앙대상물을 일컫는다"[92]고 정의되고 있다. 강원 지방과 경남북 지방의 솟대에 관하여 명칭, 기원, 서낭제와의 관계, 분포 등을 다양하게 논하고 있음은[93] 마을지킴이로서 솟대의 중요성을 인식하고 있다는 증거다. 솟대에 대한 연구는 선학들에 의해 일찍이 시도되었는데, 손진태(孫晉泰)는 삼한의 소도(蘇塗) 연구를 통해 민속상의 솟대 유형을 형상과 성질에 따라 셋으로 분류한 바 있다.

첫째, 목조(木鳥)소도 : 솟대, 솔대, 소주, 소줏대, 표줏대, 거릿대, 갯대, 수살이, 수살이대

둘째, 용두(龍頭)소도 : 소간, 솔대, 방아솔대, 화표주, 화주

셋째, 일시(一時)신간 : 볏가리, 화적, 화간(禾竿), 보리빽가리, 풍간(風竿)[94]

이 분류에는 짐대·진대 유형이 들어 있지 않으나 현재 이와같은 명칭이 강원 지역에서 주로 사용되고 있다. 송석하(宋錫夏), 조지훈 등에 의해서도 유형이 밝혀진 바 있는데,[95] 아키바(秋葉隆)는

솟대신앙이 원시적인 북방문화의 일면으로서 샤머니즘 신간(神竿)에서 나온 것으로 말했다.[96]

강원 지방에서는 현재 25개소에 솟대가 세워져 있는데 소실된 곳 5개소를 제외한 20개소가 남아 있다. 명칭은 짐대(12), 짐대서낭(1), 진대(1), 진또배기(1), 진두배기(1), 용대(1), 솟대(8) 등으로 불리며, 짐대만 서 있는 곳(1), 짐대와 서낭당이 복합된 곳(2), 짐대와 서낭당이 격리된 곳(1), 짐대와 장승이 병립한 곳(6)으로 나타났다. 짐대의 재질은 소나무(15), 쇠파이프(3), 전봇대(1), 돌(1)로 되어 있다.

짐대 위에 올려 놓은 새는 한 마리(8), 두 마리(2), 세 마리(10)로, 세 마리가 가장 많았다. 종류는 오리(16), 기러기(2), 기타 갈매기, 따오기, 원앙새 등이었다. 새를 올려 놓은 이유는 액막이, 즉 재액방지가 대부분이었고, 이를 구체적으로 살펴보면 화재예방, 수재(水災)예방, 풍어, 풍농, 마마방지, 우환방지, 동네처녀 바람나지 말라는 뜻(강릉 월호평동), 삼재예방(강릉 강문동), 풍수상 앞산이 불과 관계되므로 화재예방을 위해 오릿대를 세움(강릉 송정동), 중국 사신이 가져옴(강릉 안목, 강문) 등이었다.[97]

짐대 위에 올려 놓은 새의 위치 또한 마을과 반대쪽의 산 또는 바다, 계곡을 향하고 위치도 마을 어귀가 90퍼센트 이상이었다. 영서 지방의 경우도 마을의 안위에 영향 주는 요소들의 내침방지, 유실방지를 목적으로 배치되어 있다.[98]

솟대는 '솟아 있는 대'로 일반화되고 있는데 짐대는 여러 의미를 갖고 있는 것으로 보인다. 우선 『삼국지』「위지」동이전에서 언급한 소도를 세울 때의 별읍(別邑)과 같은 뜻으로 신성한 진영을 차지하고 있다는 진목(陣木)이 아닐까도 생각된다. 다음은 방언으로 '길다'를 '질다'로 발음하는 것과 같이 '짐대'는 '긴대', 즉 장간(長竿)으로 볼 수 있지 않을까 한다. 오대산 등의 심마니는 뱀을 '진

대'라고도 하는데 긴 것을 뜻한다.[99] 다음은 고려가요 「청산별곡」제7연에 나오는 "사스미 짐대예 올아셔"의 짐대나 나옹화상(懶翁和尙)의 『서왕가(西往歌)』에 나오는 "含佛衆生 실어두고 三乘 짐대예 一乘돗 달아두니"의 용례와 같이 '짐[荷]'과 '대[竿]'의 복합어로 볼 수도 있을 것 같다.[100] 또는 짐대를 진도(津渡)라고 보아 나루의 경계표로 보기도 했고,[101] '짐승을 올려 놓은 대'라고 추측하기도 했다.[102]

솟대는 대체로 세 가지 종류로 나누고 있는데 첫째 마을의 액막이와 풍농을 위하여 세우는 일반 솟대, 둘째 행주형(行舟形) 지세의 솟대, 셋째 급제(及第)를 기념하는 솟대로,[103] 첫번째 솟대가 마을신앙과 긴밀하다고 하겠다. 경남북의 일반 솟대는 경북이 두 군데로, 경북 군위군 부계면 대율동에 진동단(鎭洞壇)이라는 화강암 솟대가 있으며, 안동군 도산면 태자 1동 고릿재에는 목조 오릿대가 세워져 있다. 또한 금릉군 농소면 용암 1동에서도 짐대를 십 년에 한 번씩 깎아 세운다.

경남의 경우 현재도 소실되지 않고 제를 지내는 곳이 네 군데로 부산시 동래구 두구동의 거릿대 장군님, 거제군 일운면 망치리의 거릿대, 거제군 신현읍 삼거리의 배선대, 통영군 신양면의 솟대 대장군 등이 있다.

솟대신앙에 관하여 그 동안 중국 자료에 의거하여 기원을 밝혔으나 대전시 괴정동에서 출토된 방패형동기(防牌形銅器)의 농경문양으로 솟대 형태가 확인되었음은 중요한 의미를 갖는다.[104] 그 동기의 용처(用處)를 주술적 성격으로 보기도 하는데[105] '춘경(春耕)과 추수 모습'을 문양으로 보여주고 있는가 하면 나뭇가지에 올라앉은 새들의 모습을 담은 문양은 민간신앙으로 남아 있는 소도의 유풍을 회화로써 보여주고 있다. 이를 풍요의 원리로 추정하기도 하는데[106] 이 청동기 문양을 『삼국지』「위지」동이전의 기록과 대비한 이은창(李殷

믐)은 소도신앙은 샤머니즘 문화로서 시베리아 동토지대의 간두조형식(竿頭鳥形飾), 중국 산서성 내몽고 수원(綏遠) 지방에서 출토된 Y자형 쌍지조형두식(雙枝鳥形頭飾), 시베리아 도루간 족의 장간(長竿) 등 생명의 나무, 우주의 나무에서 그 원류적 계보를 찾아야겠다고 언급했다.[107] 필자도 중국 골디 족의 조간(鳥竿)과 속초시 대포동 외옹치리 짐대를 대비해 보았는데 이 둘은 장승까지 세운 것이 흡사하다.[108] 더욱이 골디 족 조간의 뱀의 문양과 삼척군 미로면 임원리의 짐대, 고천리의 짐대, 명주군 옥계면 금진리의 짐대에 그려진 검은색 나선형의 용사문양(龍蛇紋樣)이 비교 결과 같은 계통임을 확인케 되었다.

골디 족의 사례에서 볼 수 있듯이[109] 상부에 놓인 조류의 경우 1987년 몽촌토성에서 발굴된 오리 모양 나무조각과 유사하다.[110] 이것의 방사선탄소 연대를 측정한 결과 A.D. 290-340년 사이의 유물로 판명된 것으로 보아 이는 당시의 소도 유풍, 청동기 문양과도 연관될 것으로 보인다. 일본의 대마도에 분포된 '소토(率土)' 역시 우리의 소도문화와 동계의 문화로 보고 있음을 생각할 때[111] 몽고의 오보(Obo), 만주의 색마(索摩), 마한의 소도, 일본의 소토는 상당한 유사성을 띤 것으로 생각된다.

그런데 솟대신앙에 대해 현지 조사를 해 보면 솟대 자체에 대한 믿음은 약화되고 있음을 알 수 있는데, 이는 솟대신앙이 장승과 함께 마을서낭신의 부속신앙으로 인식되고 있기 때문이다.

강원도 홍천군 북방면 화동리 수살대,[112] 춘성군 동산면 전치곡리(밭지리)의 솟대는[113] 살(煞)을 막는다든지, 따오기가 잡귀를 쪼아서 막아 준다는 등의 이야기를 들을 수 있으며, 강릉시 강문동 진또배기도 삼재(三災)를 막는 수살간(守煞竿)이라고 하며 서낭제 때 부수적으로 잔을 올리는 실정이다.[114] 또한 나무가 썩게 되므로 전봇대를 세우고

쇠로 새를 만들거나[115] 철대를 세우는 경우가 늘고 있음을 볼 수 있어[116] 차츰 그 의미가 퇴색되어 가고 있다고 하겠다. 그러나 솟대신앙의 마을지킴이로서의 역할은 장승과 함께 중요한 것으로 평가될 수 있다.

8. 장승

장승은 솟대와 함께 신봉되는 마을신격이나, 주신격은 아니고 마을의 벽사신(辟邪神) 또는 액막이로서 동네의 무사태평을 비는 속신(俗信)을 갖고 있다.[117] 강원과 경남북에 분포된 장승은 강원의 경우를 조사해 보면 속초시(1), 춘성군(2), 홍천군(2), 원성군(1), 태백시(1)로 모두 7개소가 있다. 태백시만 돌장승이고 나머지는 목장승이다. 경남의 예는 경남 사천군 축동면 가산리의 천룡제와 남녀 석장승제가 있고, 남해군 삼동면 송정리 초전부락에서는 음력 10월 15일에 천하대장군 앞에서 고사를 지낸다. 사천군 축동면은 가산오광대로 유명한 곳인데 음력 정월 1일이나 2일에 제를 지낸다. 이 4기의 석장승은 상신장, 하신장으로 옛날 조공을 싣고 가는 배가 출항할 때 무사한 뱃길을 기원하였던 것으로, 지방민속자료 제3호로 지정되어 있다.[118]

경북 지방은 영덕군 영해면 괴시 1동의 '축귀장군(逐鬼將軍) 남정중(南正重)'이라 쓴 나무장승이 있다. 매년 대보름날에 제를 지내며 화재와 병을 예방하기 위함이라 한다. 영해면 대진 2동에는 '천장군'이라 하여 시멘트로 만든 투구와 장검, 갑옷을 입고 있다. 잡귀잡신, 홍역을 막는 신이라 한다. 금릉군 농소면 봉곡 1리에는 골맥이 장승으로 남녀 목장승 한 쌍이 있고, 농소면 연명동에도 수구막이 장승이 있다. 예천군 유천면 중평동 신기솔에 할배당 입석, 같은 군의 용문면 구계동 구렐마을에 골맥이 입석, 문경군 호계면 우로리에는 '동네양반'이라는 목장승 2기를 세웠다. 선산군 산동

면 도중리에는 동신상(洞神像)과 동맥이 석상이 있어 정월 14일 밤에 제를 지낸다. 상주군 내서면 남장사 입구에는 석장승이 있고 상주국민학교 남장분교 교정에도 골맥이 입석이 있으며, 금릉군 아포면 송천리 숭산마을에도 석장승이 있고, 대구시 서구 신당동에도 석장승 1기가 세워져 있다.[119]

강원도의 경우, 속초시 외옹치리에는 얼굴만 그려진 2기의 목장승이 짐대와 함께 있는데, 이 마을에 사는 주민에 의하면 자신이 약 이십오 년 전에 병을 앓던 중 꿈에 팔대장승을 보고서 병도 낳을 겸 해서 세웠다고 말한다.[120] 장승은 삼 년마다 새로 깎는데 한지에 명주실을 꿰어 "폐백드린다"며 옷을 입힌다. 이 장승은 썩어서 1990년에 새로 세웠는데 크기도 커졌고 페인트 칠을 하였다.

홍천군 북방면 화동리에는 장승이 모두 7기로 마을 입구에 3기가 함께 있고 서편에 2기, 동편에 2기가 있다. 이렇게 많은 이유는 새로 깎아 세울 때 버리지 않고 함께 세우기 때문이다. 몸통에는 '天下大將軍'(마을입구) '西方白帝將軍'(서쪽) '東方靑帝將軍(동쪽)'이라고 검은 글씨로 쓰여 있다. 장승을 세운 이유는 마마(천연두)를 막기 위해서라고 한다.[121]

홍천군 동면 삼현리의 장승은 모두 4기로 솟대 3기와 함께 서 있다. 몸체에는 실과 한지를 매어 놓았는데 장승 자체가 마을 주신(主神)으로 모셔진다. 춘성군 동산면 전치곡리는 '거릿제'라 하여 장승 2기 한 쌍, 솟대 2기를 모시는 제를 지내는데, 강원도 민속예술 경연대회에도 출품한 바 있다. 이 거릿제는 매우 엄격한 서낭신제와 함께 지내는데, 장승을 세운 제단 앞 시멘트에는 '협동단결, 안과태평, 백병소제, 만세길창'이라고 한글로 음각해 놓았고 장승 상단에는 '天下大將軍 地下女將軍'이라고 한자로 썼고 하단에는 '서울 300리, 홍천 40리, 동산 15리'라는 이정수(里程數)가 표기되어 있음을 볼 수 있다.[122]

춘성군 남면 방하리 장승은 천하대장군 3기·솟대 2기, 지하대장군 1기·솟대 2기로 마을 입구와 출구 두 곳에 세워져 있다. 제사는 음력 2월 초하루에 지내는데 "마을 사람 물에 빠져 죽지 말고 무사태평하며 농사 잘되게 해주십시오"라고 빌어 수액(水厄)방지의 의미가 크다.

장승제를 지내는 강원과 경남북의 전반적인 형태는 서낭제의 부수적인 측면에서 마을지킴이 역할이 강조된 것으로 파악된다.

9. 수목신(樹木神)

우리나라 수목신앙의 역사는 오래되었다. 주지하듯이 단군신화에서 환웅(桓雄)은 삼천 명의 무리를 거느리고 태백산 꼭대기 신단수(神壇樹) 아래로 내려왔다.[123] 그러므로 이 신단과 나무는 곧 신이 강림한 곳으로 신성시되었다.

오늘날 신라고분에서 출토된 금관의 '出'자형 장식이 바로 신수(神樹)의 상징적 표현이란 점에서 역사적 의미가 있다고 보이는데, 수목신앙의 형태는 소위 '서낭나무' 또는 '당수나무'라고 불리는 마을신앙체로 전승되고 있다. 그러나 신수(神樹) 자체는 천신의 변형이며 그 본체는 천신계로도 보고 있다.[124]

신당(神堂)이 형태상 당산(堂山)이라고 부르는 돌무더기[積石], 곧 누석단(累石壇)과 당나무라 불리는 신수(神樹), 당집이라 부르는 신당의 세 가지 기본형태를 갖추고 있음은 잘 알려져 있다. 당집이 후대에 이루어진 것이라면 누석단과 신수는 우리나라뿐 아니라 만주·몽고·시베리아 제민족, 이른바 시베리아 문화권에 공통으로 존재하는 신앙이다.[125]

강원과 경남북의 서낭신앙 중 거수목(巨樹木)이 곧 신당이며, 신체(神體)의 기능을 갖춘 경우가 적지 않다. 주민들은 초자연적인 영위(靈威)가 내재한다는 애니미즘적 종교 형태로 이 수목을 신성시하고 있다. 거수목이라고 하여 모두가 신성시되는 것은 아니고 소위 영남 지방에서 부르는 '당수(堂樹)나무'는 마을제사시에 왼새끼를 두르고 황토를 주변에 뿌려 일반 수목과 구분되는 것이다. 이 당수나무는 그 자체가 골맥이, 즉 '고을[邑]막이[防]'로서 역할을 하여 신격화되고 있는데, 자연신에 머무르지 않고 인격화되거나 인태신(人態神, Anthropomorphism) 단계로 발전하고 있다는 것이다.[126]

따라서 애초에는 신당과 신체를 겸했던 당수나무에 조그만 당 건물이 생기기 시작하여 신체(신목)와 신당(건물)이 분화하기 시작하고, 그 신당이 커지고 신목이 노후하여 없어지거나 비중이 약화, 망각되고 당 건물 내부에서 당 건물과 새로운 수요에 따른 신간(神竿), 신령(神鈴), 신기(神旗), 무신도(巫神圖), 위패(位牌)로 분화된 것으로 보고 있다.[127]

수목신앙의 대상은 수종(樹種)에 의한 것은 아니고 수령(樹齡)에 따른 경우가 많은 듯하다. 강원 지방의 경우는 노거수(老巨樹) 중에서도 소나무가 많으며 경남북은 느티나무가 가장 많고 소나무, 팽나무, 은행나무, 상수리나무 등이 신수로 여겨지고 있다.

앞서 언급했듯이 마을지킴이로서 수목은 마을의 역사를 반영하고 있다. 또한 신수로 여겨지는 수목에는 많은 금기와 일화가 전승되는데 잘못 손을 대어서 피해를 보았다는 이야기 등이 많다.

삼척군 원덕읍 노곡리에서는 이백 년 된 소나무를 서낭님으로 믿고 음력 1월 15일, 10월 5일에 제사를 지내고 있으며,[128] 삼척 근덕읍 시동리에서는 느티나무가 신목으로 마을을 지킨다. 고성군 현내면 명파리 서낭당도 삼백 년 된 소나무인데 주민들은 산신님이 그곳에 내려온다고 믿는다. 이 소나무는 김유근이라는 부자가 심었으며, 부채처럼 생겼다 하여 '부채솔'이라고도 부른다. 명주군 연곡면 삼산 1리 서낭도 소나무 신체인데 앞에는 제단이 있고 뒤로 돌담을 쌓았다. 산에 약초 캐러 가는 이들은 이곳에서 빌고 간다.[129] 이러한 형태는 강릉시 월호평동 서낭당도 같은 경우다. 이 마을은 오릿대가 세워져 있는데 마을제사는 오릿대에서 지내지 않고 500미터쯤 떨어진 서낭수 앞에서 매년 음력 동짓달 초정일(初丁日), 정월 초정일(初丁日)에 '천제사(天祭祀)'라는 명칭으로 지낸다.[130] 제단의 형태는 주변에 1미터 정도의 돌담으로 반원 정도로 두르고 있고 내부가 움푹하게 들어가 있어서 강릉시 견소동의 짐대서낭당과 같다. 제단의 돌출과 침융에 대한 구체적 분석은 미룰 수밖에 없겠다. 제단 주위를 돌담으로 두른 형태는 명주군 구정면 학산리 일대 서낭당도 같은 경우이다.

이처럼 당집이 없는 경우라도 신수와 돌무더기, 돌담이 같이 존재하는 예가 많다. 경남 김해군 대동면 예안리 시례부락에서는 음력 1월 2일에 당산제를 지내는데 신체는 마을 입구에 있는 삼백년생 팽나무이다. 이 나무를 당시 '허 도령'이란 이가 심었다 하여 '허둥나무'라기도 하며 제관 선출은 무당에 의해 대나무에 신이 내리면 그 대가 찾아가는 집이 도가(都家)가 되어 제물을 장만한다고 한다.[131]

경남 산청군 산청읍 범학리 당터에서는 '목신제'라고 하여 음력 정월 대보름날 자정에 수백 년 된 회나무에 제사를 지낸다. 이 포구나무는 이백여 년 전 큰물이 일어 동네 북쪽에서 산사태가 났을 때 굴러 내려오던 큰바위를 막아 마을이 온전했다는 유래에서 부락의 수호신으로 모셔진다는 것이다.[132] 또한 경남 거창군 거창읍 정장리에서도 삼백년 묵은 느티나무가 당산신으로 모셔지는데 보호수로 지정되었다. 경북 안동군 풍천면 하회동에서는 큰서당, 작은서당이라 하여 당수나무가 서낭당과 따로 신격으로 모셔지고 있다. 경북 영양군 일원면 가곡동도 느티나무를 신수로 삼은, 당나무만 있는 경우인데, 신의 주거가 아닌 고정 제단의 성격을 지닌다고 하였다.[133] 경북 경주시 배동의 골맥이님은 느티나무 자체가 신격으로 모셔지고 있었다.[134] 이 마을은 신라 때부터 수목을 신으로 모셨다고 하는데 10월 1일에 택일하여 10월 5일 안에 자시(子時)에 제사 지내고 있다. 부정이 끼어도 연기하지 않는데 황소를 잡아서 생육을 쓰며 떡도 온시루를 썼다.

경주 일대는 대체로 신수를 모신 경우가 많은데 교동에서는 골맥이 제사라 하여 땅버들나무를 신격으로 삼고 음력 섣달 24일에 제사 지낸다. 계림숲의 당수나무를 큰집이라고 하였다. 제사 지내는 날이 정해지면 밤 12시 이후에 사람들의 통행을 금하고 있을 만큼 신성하게 치렀는데, 골맥이 제사를 안 지내면 일 년에 세 명의 죽음이 있고, 설사 지냈다 해도 부정 타면 역시 한 해에 세 명의 죽음이 생겨서 꺼리는 일이 적지 않았다.[135] 골맥이 제사는 계림숲 안의 노거목인 큰집부터 지내고, 교동의 작은집, 우물 옆 작은집의 순서로 돌면서 제를 지내는데 제기(祭器)는 매년 새것으로 마련한다. 신라 김알지(金閼智)의 탄생신화가 얽힌 계림숲의 노거목이 마을신앙의 당수나무로 믿어지고 있음이 특이한 사례로 생각된다. 경북 경주군 양남면 수렴리 지경마을의 경우도 이백오십 년 된 곰피나무를 골맥이 당산님이라 하여 음력 정월 5일 안에 제를 지낸다. 이 나무는 1982년 10월 29일에 보호수로 지정되었다. 지경마을은 어촌이므로 고기를 많이 잡으면 제일 큰 것을 당산님께 바친다. 설, 추석 등 명절에도 따로 제수를 만들어 바치는데 5대째 계속하여 믿고 있다고 한다.[136] 제일이 가까워지면 금줄을 치는데 금줄에는 대나무를 꽂았으며, 제주(祭酒)는 따로 담그어서 단지를 당산나무 밑에 파묻었다가 쓴다. 마을주민들에 의하면 "골맥이님 때문에 바다에서 욕보는 사람이 없다"고 할 정도로 믿음이 강하다. 집안에는 '세존단지'

라 하여 10월 상달에 햇곡을 넣은 작은 단지를 왼쪽 구석 상단에 모셔 놓았다.

어촌으로 계속 이어지는 경남 울주군 강동면 신전 서낭당, 달곡 서낭당도 골맥이 당산이라고 부르는 소나무와 포구나무를 신체로 삼고 있다.[137] 당집 내부에 특별한 위패가 없는 것으로 보아 당수나무가 중심 신격이라고 생각된다. 인근 당사 서낭당과 제전 서낭당은 규모가 큰데, 전자는 내부에 '城隍之神', '土地之神'이라고 쓴 나무위패를 모시고 있으며 후자는 '楮田堂舍神位'라고 쓴 나무위패를 세워 놓았다. 역시 주위에는 소나무 신수가 있었다. 이 마을에서는 '서낭신'이 아니라 '골맥이할 배'라고 불렀다.[138] 제를 지내는 기간에는 한 달 동안 불을 밝혀 놓는다고 했는데 어촌인 관계로 오 년마다 풍어굿을 하고 배서낭을 모시고 있다.

수목신앙은 마을지킴이의 원류라고 여길 만큼 골맥이님으로 강원과 경남북 도처에서 신봉되고 있음을 알 수 있다. 따라서 당집이 오히려 부속건물로 세워진 경우가 많아 보이는데, 이것은 민간신앙의 원초적 형태를 계승하려는 면모로 해석된다.

10. 산맥이

산맥이(산멕이, 산멕이기)는 강원 산간 지역에 분포된 마을지킴이이다. '산맥이'가 구체적으로 무엇을 지칭하는가는 설명하기 어렵지 않다. 그것은 골맥이가 '골[洞, 邑, 郡]' '막이[守護者]'[139] 또는 골막이[防谷][140]로서 해석되고 있음에 비추면 '산의 막이'로 생각된다. 여기서 산은 무엇인가? 산맥이를 화전민촌 전승민속으로 보기도 했듯이[141] 화전민, 채약인(심마니) 등에 의해서 강원도 산간 지방에서만 이것이 행해지고 있다. 물론 동해안을 끼고 있는 어촌이라 하여도 산이나 계곡이 깊은 마을에서는 산맥이가 전승된다. 이러한 마을에서는 마신앙에서도 언급했듯이 호환이 두려움의 대상이었다. 따라서 강원 지역에서 '산'은 곧 '산군(山

君)'이라 하여 호랑이를 높여 부르는 말이다. 일면 '산돌이', '눈큰 눔'이라고도 부르고 경상도에서는 '산찌검이'라 하였듯이, 산맥이는 호랑이를 막는 신앙행위로 추찰되는 바다.[142] 그것은 산맥이줄이 1미터 정도의 왼새끼로서 V자 형으로 거는 모습이 예방신앙적인 의미와 함께 체포용 줄로 인식될 수 있기 때문이다. 또한 이 산맥이줄에는 꿩 또는 닭다리라든가 생선 등을 매달아서 제물의 기능도 갖춘다.

다음은 '산에 먹인다'는 뜻으로서 산신령께 비는 뜻이 있다고도 한다.[143] 그리고 '산에 줄을 맨다'에서 나온 것으로 유추되기도 하고, 산의 혈(穴)인 산맥(山脈)에서 나온 것으로도 볼 수 있겠으나 기본적인 의미상 호랑이를 상징하는 산을 막는다는 뜻으로 마을수호적 기능이 강한 것으로 보인다.

산맥이는 산에서 치러지는 비의형(秘儀形) 동족제사로서 어느 마을은 여성 중심, 어느 곳은 남녀가 집안 식구끼리 모여 산에 제사를 지내기도 한다. 강원도 산간 화전민촌은 1975년 화전 정리 이후 지금은 그 자취를 찾기 힘들다. 다만 아직도 산간 지방에서 산발적으로 잔영을 엿볼 수 있는 화전민속의 편린으로 산맥이가 이뤄지는데, 이들은 화전민의 후예이거나 과거에 화전(火田, 부대기)에 의해 밭을 경작하여 생존을 이어 왔던 사람들이다.

조사 결과 강원도에서도 산맥이가 마을신앙으로 잔존하고 있는 지역은 삼척, 양양, 태백, 강릉, 도계 등지다. 특히 삼척 지역은 40개 마을에서 산맥이제를 지내고 있는데, 이들 지역에는 마을서낭제 대신 산맥이를 정성껏 치르고 있다.

삼척군의 미로면 활기리, 신기면 대이리, 근덕면 본촌리, 명주군의 옥계면 도직, 강동면 심곡 등의 산간마을 산맥이는 현재도 행해지는 알려지지 않은 마을신앙 형태인데, 강릉 홍제동, 양양군 현남면 상월천리, 삼척군 도계읍 신리마을 들은 전승이 끊긴 상태이다.

산맥이가 행해지는 시기는 음력 3월부터 5월까지인데 택일하거나 좋은 날로 여기는 3월 3일, 4월 8일, 5월 5일 등이 많다. 일단 산에 오르면 '집안 나무'라고 하여 대대로 전해 오는 나무에다가 가져간 산맥이줄을 감아서 맨다.

산맥이줄은 남자들이 보통 왼새끼로 꼬아서 만드는데, 쓰고 나면 그날 집으로 돌아와 다시 만든다. 만든 줄은 부엌에 일단 걸어 두는데, 정초에 처음 먹은 짐승의 다리나 생선의 일부를 떼어서 한지나 실과 함께 끼워 놓는다. 부엌에다가 거는 이유는 분명하지 않으나 심곡리의 경우는 주부 중심의 산맥이이므로 '산'이라고 부르는 줄을 여성이 늘 보는 곳에 건다. 부엌이 여성의 생활공간이고 이 지역의 산맥이는 남성을 위한 여성의 산제 형태라는 측면에서 이해가 될 듯하다. 명주군 강동면 심곡리, 도직리에서는 앞산에 올라가서 산맥이를 하는데 새벽에 닭소리가 울기 전에 다녀와야 대주(大主)인 남편에게 좋다고 한다.[144] 또한 속설로 다른 집 남자들에게 보이면 나쁘다고도 말한다.

산에 가져가는 제물은 각 두 벌씩으로 메, 나물, 고기, 떡, 삼색실과(三色實果), 산맥이줄로 비교적 단순하다. 산맥이줄은 체에 담아서 안방에서 절을 한 후 가져가기도 하며, 제물 위에 얹어서 가져가기도 한다.

산에 오른 여인들은 제물을 산맥이줄을 건 소나무 앞에 진설하고 비손한다. 내용은 일반 여성제의에서 나오는 내용과 흡사한데 "산신령님, 저희는 그저 아무 것도 모릅니다. 모든것이 아무쪼록 잘되도록 보살펴 주십시오"라며 대주와 자손과 가정의 평안, 가축의 번성 등을 덧붙였다.

심곡마을 산맥이를 여성 산신제의 일종이라 한다면 남성들은 여서낭신에게 마을의 안녕을 비는 마을공동제를 지낸다. 남성들의 여서낭제와 풍어굿, 여성들의 산맥이는 이 마을이 산과 바다에 생활을 의지하고 있는 특성에 따른 것이다. 제사 후에는 반드시 가져간 칼을 던져 칼 끝이 바다쪽 또는 바깥쪽으로 향하면 신이 흠향한 것으로 안다.

삼척의 활기리에서는 음력 4월중에 산맥이를 하는데 '산신을 위하는 일'이라 한다. 이곳 산맥이는 심곡리에서 남양 홍씨 가문의 여성들과 함께 마을 여성들이 각자의 나무에 가서 치성드리는 것과는 달리 가족 전부가 한 그루 나무에 가서 빈다. 또한 무당까지 청하여 비는데 비의형이라기보다는 집안 고사의 성격을 띤다. 객지에 나간 자손들도 이때는 귀향하여 산맥이에 참여하는데 이렇게 빌어야 무사하다고 한다.

제물은 어물, 삼색실과, 새옹메가 준비되고, 문수떡이라 하여 동그란 문수맞이떡을 필히 준비하는데 문수보살(文殊菩薩)을 위하는 것이라 한다.

비는 순서는 태백산, 두타산, 쉰움산 산신에게 차례로 빌고 조상에게 비는데 곽효대씨는 4대째 산맥이를 하고 있다 한다. 또한 산맥이를 하고 나면 이때 화전놀이를 하는데 조상들도 화전놀이시키는 의미라 했다.[145] 이 집안의 산맥이나무도 소나무인데 수령은 백 년 정도로 보였으며 산맥이줄에 한지를 묶었고 산맥이나무 앞에는 돌로 제단을 만들었다.

삼척군 미로면 내미로리에 사는 주민들은 두타산, 쉰움산, 오십천에 산맥이를 가는데 "산을 멕인다"고 하였다.[146] 미로면 신리에는 산꼭대기나 깊은 계곡에 산당(山堂)이 세 군데가 있어서 이곳에서 군웅산 장군을 모시는 집안이 있는가 하면, 그냥 육백산, 응봉산, 사금산 등 산 자체를 믿기도 한다. 또한 이들 산의 큰 소나무를 산맥이나무로 지정하여 경주 김씨, 전주 이씨, 남양 홍씨 문중 사람들끼리 남녀 20-30명 가량이 모여서 치른다. 이때는 모두 색깔 없는 옷을 입고 '새옹밥'이라 하여 현장에서 솥뚜껑을 열지 않고 지어서 바친다.

복자(卜者)나 무당을 불러 독경을 하는데 이때 집안의 평안과 가축의 무사를 빈다. 제사 후에는 반드시 음복을 하고 음식을 나눈다.[147]

이상의 산맥이 풍속은 산천제(山川祭)의 유풍으로 생각되는데 『후한서(後漢書)』에도 예국(濊國)의 사람은 산천을 중히 여긴다고 한 점이 이해될 법하다.

강원도 산간마을의 마을지킴이는 일반 산신제와는 성격을 달리하는 동족마을의 비의형 산제로서 산악숭배, 호환방지 등의 원초성을 지닌 것으로 파악된다.

11. 산신(山神)

산신신앙은 한민족의 민간신앙 체계로 살필 때 자연적 공간이나 역사적 시간 속에서 오랫동안 전승되어 왔다. 오늘날까지도 그 명맥이 유지되고 있는 산신신앙은 절대적 지고신(至高神)인 '하늘'이 인격화되어 지상에 하강한 천신에서 분화된 것으로 성격 규정을 하고 있다.[148]

마을지킴이의 한 계통인 산신신앙은 계통상 동신(洞神)의 범주에 넣고 있는데 천신(天神)·일신(日神)·성신(星神)·산신(山神)·수신(樹神)·지신(地神)·수신(水神)·사귀(邪鬼)·인신(人神)이 그것이다.[149] 이들 동신은 주민들의 생활과 밀접한 가운데 존재해 온 신앙이라는 점에서 마을수호신으로 보고 있다. 산신신앙 역시 손진태의 지적처럼[150] 산악이 마을사람들의 경제생활과 가장 밀접하다는 점에서 산신숭배, 산악숭배 사상이 나옴직하다. 산신의 신격이나 형성 과정을 보면 그것이 천신의 현현(顯現)으로 지적(地的)·인간적이라는 점에서[151] 우리 민족의 가장 원초적인 기본 신격으로 자리잡고 있다. 그리하여 자연신 숭배의 형태에서 동물신으로, 인격신으로 바뀌어 나가면서 보다 사람들과 밀접한 신앙으로 변천한 것으로 생각된다.

주지하다시피 고대국가에서는 산천을 중히 여겼

고[152] 나아가 산신에게 제사를 지낸 신라를 비롯,[153] 고려시대의 팔관회, 조선조 때 각 지방에서 행해진 산신제를 보면 오늘날의 산신신앙이 뿌리깊음을 확인케 된다.

산신신앙에 관하여 강원 지역은 예국시대(濊國時代)부터 호랑이를 신으로 섬겨 "제호이위신(祭虎以爲神)"하였던 것이다. 비단 호랑이신이 예국에만 있었던 것은 아니고 호랑이가 곧 산신으로 숭배된 것은 우리 민족 고유의 오랜 토테미즘(totemism)이라고 볼 수 있다.

대관령 산신제는 호랑이와 연관된 정씨가(鄭氏家)의 여성과 서낭신이 된 범일국사(梵日國師)의 이야기가 바탕이 되고 있다.

"옛날 강릉에 정씨가 살고 있었다. 정씨가(鄭氏家)에는 나이 찬 딸이 있었다. 하루는 꿈에 대관령 성황이 나타나 내가 이 집에 장가 오겠노라고 청했다. 그러나 주인은 사람 아닌 성황을 사위삼을 수 없다고 거절했다. 어느 날 정씨가 딸이 노랑저고리에 남치마를 입어 곱게 단장하고 툇마루에 앉아 있었는데 호랑이가 와서 업고 달아났다.

소녀를 업고 간 호랑이는 산신이 보낸 사자(使者)로서 그 소녀를 모셔오라는 분부를 받고 왔던 것이다. 대관령 국사성황은 소녀를 데려다가 아내를 삼았다.

딸을 잃은 정씨가에서는 큰 난리가 났으며 마을 사람들의 말에 의해서 호랑이가 물어 간 것을 알았다. 가족들은 대관령 국사성황당에 찾아가 보니 소녀는 성황과 함께 서 있는데 벌써 죽어 혼은 없고 몸만 비석처럼 서 있었다. 가족들은 화공을 불러 화상을 그려 세우니 소녀의 몸이 비로소 쓰러졌다고 한다. 호랑이가 처녀를 데려다 혼배(魂配)한 날이 4월 15일이다. 그래서 4월 15일에 대관령 국사성황은 제사하고 모셔다가 여성황사에서 두 분을 함께 제사하게 되었다."[154]

호랑이에게 물려 간 정씨가의 소녀가 강릉을 지키는 여서낭신이 되었다는 것인데 대관령에서 치제(致祭)한 기록이 『고려사(高麗史)』에 전한다.

"왕순식(王順式) 장군은 고려 태조(918-943)가 신검(神劍)을 물리치러 갈 때에 명주로부터 군사를 거느리고 싸움에 참가하여 이를 격파하자 태조가 순식에게 말하기를 '꿈에 이상한 승려가 갑사(甲士) 3천을 거느리고 온 것을 보았는데 이튿날 경이 군사를 거느리고 와서 도우니 이는 그 몽조(夢兆)로다'하니 순식이 말하길 '신이 명주를 떠나 대현(大峴, 대관령)에 이르렀을 때 이상한 승사(僧祠)가 있었으므로 제를 올리고 기도를 하였는데 주상의 꿈꾼 바는 반드시 이것일 것입니다.' 하여 태조가 이상하게 여겼다고 하였다."[155]

대관령 산정에서 왕순식 장군이 지낸 제사는 산신제의 일종으로 보이는데 조선초 추강(秋江) 남효온(南孝溫)의 문집인 『추강냉화(秋江冷話)』는 영동 지방 산신제의 역사를 밝혀 준다.

"영동 민속에는 매양 3월, 4월, 5월 중에 택일을 하여 무당과 함께 산신에게 제사를 지내는 것이 있다. 부자는 음식을 말에 싣고, 가난한 자는 음식을 머리에 이고 가서, 귀신석에 제물을 진설한다. 연삼일 생황(笙簧)을 불고 북을 치고 비파를 뜯으며 놀다가, 취하고 배부른 연후에 산에서 내려온다."[156]

이 기록은 일반적인 영동 지방 산신제를 지칭하고 있는데 그 의식이 대관령에서 행하는 현재의 강릉 단오제의 진행과 흡사하다고 보기도 했다.[157] 강릉의 마을공동축제 속에는 신앙, 의례, 놀이가 살아 있어 멀리 예국의 무천제(舞天祭)가 그 원류로 보인다.[158] 그러므로 강릉 단오제는 산악숭배와 마을수호의 신격 중심 행사로, 인격신을 정신적 구심점으로 한 신성축제로 평가된다.

앞서 인물신앙에서도 다루었지만 강릉의 산신은 김유신 장군으로, 허균이 그의 시문집인 『성소부부고(惺所覆瓿藁)』(1611) 권14, 문부11 「대령산신찬병서(大嶺山神贊並序)」에서 언급한 바가 있다. 또한 마을서낭신은 강릉의 굴산사(崛山寺)를 창건한 범일 스님으로 후에 국사 칭호를 받음에 따라 대관령 국사서낭신이 되었다. 범일국사 탄생 설화는 천신계 신화로 분석되므로 다음 장 천신신앙에서 다루고자 한다.

강원도의 경우 각 시군 22개 향토문화제에서 산신제가 중심이 된 것은 속초시의 설악제, 원주의 동악제, 화천의 용화축전(龍華祝典) 등을 들 수 있다. 설악산과 함께 태백산, 오대산은 산신신앙의 뿌리가 깊은데, 오대산을 『삼국유사』에서 백두산의 근맥(根脈)이라고까지 하였다.[159]

경남북의 경우도 산신신앙은 상당히 광범위한 분포를 보인다. 경남 거제군 사등면 오량부락은 특이하게 성터에서 산신제를 지낸다. 이 마을 산신제는 음력 섣달 그믐날 저녁에 고려말 정중부(鄭仲夫)의 난을 피해 이곳에 온 의종(毅宗)이 쌓은 폐왕성(廢王城)에서 스님의 독경에 의해 주민들이 지낸다. 폐왕성은 둔덕면과 경계를 이루는 산꼭대기에 있다. 남해군 서면 연죽부락의 경우는 반드시 안골 산신령바위 밑에서 목욕 후 산신제를 지낸다. 음력 10월 15일에 당목 밑에서 치르는데 산신제를 잘못 지내면 젊은이들이 많이 죽는다는 속신(俗信)이 있어 정성껏 제를 지낸다.

대도시로 바뀐 요즘도 산신제를 지내는 곳으로 경남 마산시 월영동이 있다. 음력 1월 3일에 제를 지내는데 타지역으로 나간 사람들까지 제일에 맞추어 비용을 보내온다. 제관은 당일 찬물에 깨끗이 목욕한 후 제물을 나무 아래 석단 위에 차려 놓고 마을 전체 안녕을 기원하는 제를 지낸다.[160]

경남 양산군 일광면 광산 산신제는 정월 보름날 전주민이 마을 앞 산신제단에서 제를 지내며[161] 경북 경산군 용성면 고죽동 산신제는 음력 2월 23일 자정에 행해진다. 특이한 것은 제관의 부인이 소지 불을 붙여 준다.[162] 또한 경북 봉화군 명호면 북곡리 청량산 산성마을은 독특하게 공민왕 서낭당과 산신당을 함께 모시고 있는데, 광감전(曠感殿)에는 공민왕(恭愍王) 신위(神位)와 화상이 모셔져 있고, 산령각(山靈閣) 안에도 산신 위패를 모시고 뒤편에 호랑이 그림이 그려져 있다. 산성마을은 청량산 남쪽 맞은 편 축융봉 아래 있는데 고려말 공민왕이 홍건적의 난을 피하여 이곳에 행행(幸行)하였으며 피난처로 사용되었다는 오마대(五馬臺)가 남아 있다.[163] 경북 영양군 수비면 본신리의 골맥이신은 산신으로 옥황상제의 딸인 옥녀와 함께 봉안되고 있다.[164]

산신신앙은 우리 민족의 뿌리깊은 신앙으로 전국 도처에서 산신숭배의 민간신앙이 행해지고 있다. 산신은 천왕(天王)의 화신(化身)이고 성황신과 일신이명(一神異名)이라고까지 말한 학자가 있을 정도로 마을수호신, 마을의 지킴이로서 충분한 신격을 부여받고 있다 하겠다.

12. 천제(天祭)

하늘숭배는 한민족 고유의 민간신앙으로, 천신관(天神觀)은 국조신화인 단군왕검 이야기에서도 잘 보인다. 예로부터 신화시대 이래 우리 민족은 하늘의 상징인 태양을 숭배한 관습이 있어서 하늘에 제사 지내기 위해 높은 산에 올랐다. 태양은 밝음을 의미하였기에 밝은 산인 백산(白山)에서 제를 지냈다. 태백산은 '큰밝음산'으로 강원도의 태백산은 천제(天祭) 신앙터로서 중요한 의미를 지니고 있다.[165] 태백(太白)이란 말의 뜻 자체가 '크게 밝다'는 것이므로 태백산은 '한밝뫼'이며 우리 민족은 배달민족[白山民族]인 것이다.

역사적으로 삼한시대부터 태백산 꼭대기에서는 천제 행사가 이루어졌는데, 신라 때는 혁거세왕이 태백산에 천부소도(天符蘇塗)를 설치하고 꼭대기에 천부단(天符壇)을 쌓아 하늘에 제사 지냈다. 또한 오악(五岳) 가운데 북악을 태백산으로 정하여 중사(中祀)의 제를 올렸다. 그 후 일성왕(逸聖王)은 친히 10월에 북순(北巡)하여 태백산에서 천제를 지냈고[166] 기림왕(基臨王)은 우두주(牛頭州)에서 태백산을 향해 망제(望祭)를 지내니 낙랑과 대방이 스스로 항복했다고 한다. 또한 화랑 원술(元述)이 태백산에서 무술을 닦고 천제를 지내어 당나라 군을 대파했다고 『삼국사기(三國史記)』에 전한다.[167]

『동국여지승람』에 보면 태백산 정상에 태백산사가 있는데 이를 천왕당(天王堂)이라 하였다. 태백산 부근의 경상도, 강원도, 충청도 사람들은 봄, 가을로 제사를 지냈는데 제수로 소를 매어 놓고 뒤돌아보지 않고 내려왔다. 만약 뒤를 돌아보면 불경하다 하여 벌을 준다고 하며, 사흘 후에 삼척부(三陟府)에서 소를 거두어서 내려오는데 이를 퇴우(退牛)라 한다는 것이다.

『진주지(眞珠誌)』에는 신라와 고려 때부터 무격(巫覡)들이 모여 천왕신을 숭배했다고 하며, 성종 때 성현(成俔)의 『허백당집』, 숙종 때 허목(許穆)의 『미수기언(眉叟記言)』과 『척주지(陟州誌)』 등에 실린 천제 내용을 보면 매우 성대하고 신성하게 치러졌음을 알 수 있다. 허목의 『미수기언』 괴조(怪條)에도 백두옹(白頭翁)이라는 태백산 신령이 나온다. 이로 볼 때 신라 때의 국가적 천제가 차츰 민간 치제로 정착된 것으로 보인다.

나라가 위급할 때 국난 극복의 의지를 보인 구한말 의병장 신돌석(申乭石)은 태백산 천제단에 백마를 제물로 올리고 도처에서 전공을 올렸다고도 한다.

이처럼 민족의 빛, 생명, 창조의 성지로서 태백산은 커다란 의미의 마을지킴이로서 중요성을 갖추고 있다. 민간신앙 차원에서 서낭제와 달리 강원도 삼척, 정선, 태백, 명주 등 곳곳에는 고천제(告天祭) 또는 천신제라는 모습으로 천제의 잔영이 남아 있으며 산신제와 뒤섞여 있거나 소규모로 간략하게 치러진다.

태백산 천제는 해발 1,567미터 정상에서 행해지는데, 이곳은 1991년 중요민속자료 제228호로 지정된 높이 약 2-3미터의 석축이 30미터 정도 둘러싸고 있다. 중심부에는 80센티미터 정도의 돌에 '한배검'이라고 붉은 글씨를 새겨 넣었다. 매년 10월 3일에 천제단에서 치르는 제천대회에서는 제단 주위에 5색의 기와 해, 달, 28수(宿)를 나타내는 기를 꽂았으며 중앙에는 대나무에 태극기를 매달았다. 술독은 송아지 형상으로 만들어 퇴우제의 유풍을 살렸으며 소머리를 제물로 썼다. 천제를 주관한 사람들에 의하면[168] 모든 의례를 유교식이 아닌 순수한 전통적 방식으로 하였고 복식도 한복에 갓을 쓴 모습이라고 한다. 순서는 강신(降神), 참신(參神), 주유(奏由), 고천(告天), 송신(送神), 소지로 되어 있으나 모두 우리 어법으로 풀어서 진행하였다.

태백산 천제는 충실한 고증에 의해서 재현되고 있는데, 장독대 위에 정화수 한 그릇 떠 놓고 하늘에 비는 소박한 하늘관이 원초적 민간신앙이라면, 천제는 한 단계 나아간 체계적이고 포괄적인 하늘관을 보여준 것으로 생각된다.

천신과 일신은 광명 상징으로, 한민족의 전통적 제천행사의 주축이 되는데 천왕당(天王堂)·천황당(天皇堂)은 천신숭배의 근본 원형이다. 천신계는 산신계와 합일이 되고 선왕당(仙王堂)계와 같은 신앙체계로도 보고 있는데[169] 따라서 산왕당(山王堂)이라 할 때 그것은 산신·천왕·선왕과 같은 합성어라는 것이다.

대관령 서낭신의 탄생신화는 일신계(日神系) 화

소(話素)를 내포하고 있다.

"신라 때 양가(良家)의 딸이 굴산(崛山)에 살고 있었는데 나이가 들도록 시집을 가지 못하고 우물 위에서 빨래를 하고 있었는데 햇빛이 뱃속에 비치자 돌연히 산기가 있었다. 지아비가 없이 아들을 낳자 집안사람들은 그것을 이상하게 여기고 아기를 얼음 위에다 버리니 새들이 날아와 아기를 덮어 감싸고 밤이 되니 상서로운 빛이 하늘에 비치자 아기를 다시 거두어 기르니 이름을 범(梵)이라 하였다. 나이가 들어 성장하자 머리를 깎고 중이 되니 신통하고 부처의 세계에 든 것 같아 오묘한 조화를 헤아리지 못하였다. 신복(神覆)과 굴산 두 산에다 두 개의 큰 절을 창건하고 탑산을 축조하여 지맥을 보충하였다. 후에 오대산에 은거하다가 시적(示寂)하였다."[170]

이상의 신화는 대관령 국사서낭신이 된 범일국사에 대한 내용으로 일광(日光)에 의한 잉태의 비범함을 상징적으로 보여주었다. 따라서 강릉의 서낭신은 천신계 신화로부터 탄생된 것이라 하겠다.

경남 밀양군 가곡동 남포리의 당제는 네 군데 신역(神域)에서 제사를 지내는데 가장 처음 지내는 곳이 천제당이다. 다음이 큰당산, 배고개 당산, 비리끝 당산의 순이다. 모두 음력 정월 14일 밤에 여자 제관에 의해 주제(主祭)되는 특징이 있다.

이 마을의 천제당은 마을 뒤쪽으로 굴밤나무와 포구나무가 각 한 그루씩 서 있는 사이에 돌을 쌓아 제단을 만들었다. 이 마을의 당제는 무사태평하기를 바라며, 특히 당제를 잘 지내야 마을을 관통하는 철길에서 사람이 상하지 않는다고 한다. 천제당제와 당산제를 함께 치르는 사례로서 수목이 중심이 된 예이다.[171]

4. 맺음말

지금까지 마을공동체 신앙의 역사와 유형, 실제를 검토하였다. 강원도와 경남북은 역사·지리적으로 유대 관계가 긴밀하였으므로 마을지킴이 신앙도 상호 영향을 비교할 대상이 적지 아니하였다. 전반적인 대조나 비교, 영향 관계, 기능 등의 개괄은 광범위한 문제이므로 특징적인 사례 중심으로 논의를 전개하였다. 다시 말해 민간신앙은 그 신앙자의 현실적인 생활이 종합적으로 표현되고 있다는 점에서 중요하다.

오늘날 민간신앙에 대해, 여러가지 제약과 인식의 부족 등으로 정당한 평가가 이뤄지지 못하고 있는 시점에서 바르고 충분한 이해를 도모하고 체계화시킨다는 일은 중차대한 과제가 아닐 수 없다. 사람이 모이면 촌락을 이룬다. 이 촌락 구성원들의 총체적 삶의 변모가 구체적이고 실증적으로 재현된 것이 마을신앙이다.

동제(洞祭), 당산제(堂山祭), 골맥이제, 서낭제 등등으로 불리는 공동체 지킴이 의식(儀式)은 여러가지 측면에서 재평가받을 수 있을 것이다. 우선 신성 기간을 설정하여 신과 인간의 일체감을 조성한다는 것, 다음은 통합 기능으로 동민간의 유대를 공고히하였으며, 정치적 기능으로는 마을의 제반사를 논의하였고, 축제예술적 기능으로서 강릉 관노 탈놀이, 하회 별신굿 탈놀이, 동해안 별신굿의 자생적 기반이 되었다.[172]

이외에도 정신적 측면에서 마을 공동의 이익을 추구하는 단합심과 외부의 해악에 공동 대처하는 독자성 확보, 집단적 협력 사고의 제고, 신과의 관계 설정을 통한 검소하고 소박한 인본주의 의식의 재충전, 풍속 교정과 신성 의식 고취 등 적지 않은 장점을 지녔다. 그러나 세대간의 가치관 차이로 인한 제의 단절, 현대화·서구화에 따른 신앙체계의 부적절한 변모, 외래종교의 박해에 의한 조직 와

해, 개인주의 의식의 팽배, 사회구조의 변화 등으로 우리의 마을신앙은 커다란 위기에 봉착하고 있다 하겠다.

다만 전통문화의 재인식, 재창조에 대한 끊임없는 노력이 자발적으로 일고 있는 지역문화주의의 부흥에 기대를 걸 만하다.

우리의 지킴이는 수호신, 조상신, 창건신(倉建神), 풍요신으로서의 역할을, 오늘도 다양한 모습으로 수행하고 있다. 지킴이는 포괄적 개념으로, 서낭신앙이라 할 수 있다. 그런데 이 서낭은 중국 전래의 성황이 아니라, 신라시대 이래 토착적인 풍류도 정신에서 배태된 고유의 민족신앙인 것이다.

따라서 우리의 서낭신앙은 다양한 유형으로 뒤바뀌면서 때로는 천신으로, 때로는 산신으로, 때로는 솟대, 장승, 말, 호랑이, 돌, 나무 등등으로 신격(神格)의 본질을 나타냈다.

이들 신격의 원형적 근간은 바로 '지킴이'라는 상징어로 표현될 수 있으며, 그것을 곧 민족신앙의 중핵으로 승화시켜야 할 과제는 오늘 우리들 앞에 놓여 있는 것이다.

끝으로 강원, 경남북의 마을신앙 특징을 요약하면 다음과 같다.

첫째, 마을지킴이는 강원도의 경우 서낭당, 성황당이라는 명칭이 대부분이며 강원 남부 지역에서 골맥이라는 용어가 산견(散見)된다. 반면 경남북은 당산, 골맥이라는 제명이 주류를 이루며 서낭, 성황은 내륙 일부에서 쓰인다.

둘째, 마을지킴이 형태는 신목, 당수나무가 기본형으로 경남북은 여기에 돌탑 형태가 많으며 강원도는 당집 형태가 많은 분포를 보인다. 당집 속의 신체(神體)는 위패, 화상, 신상(神像), 말, 기(旗), 방울, 돌, 나무 등으로 다양했으며 장승, 솟대는 외부에 위치하여 주신격의 보완적 기능을 담당하고 있는 것으로 파악된다.

셋째, 제사 일시는 정월 보름 자시(子時)가 두 지역 공통이었다.

넷째, 금기나 제의 절차상 엄격함은 동해안과 남해안 등의 해안 쪽이 더욱 강했으며 산간이나 농촌은 약화되어 가고 있음을 느끼게 되었다. 그러나 전반적인 측면에서 마을신앙의 전통은 꾸준히 이어지고 있다는 확신을 얻을 수 있었다.

다섯째, 마을신앙의 전승이 기능상 마을 안녕에 치우쳐지고 있으며, 풍요 기원이나 질병 예방 등의 의미는 퇴색해 가고 있음을 볼 수 있고, 도시 지역일수록 신앙체계가 날로 쇠퇴함은 일본, 중국 등 주변국들과 차이를 나타낸다.

여섯째, 지역간 차이로서 강원 산간 지역은 마신앙, 산맥이신앙, 천제신앙이 주된 분포를 보여주며, 해안 지역은 여신신앙과 남근신앙 분포권이다. 남근신앙의 경우 강원 해안은 목조남근, 내륙은 석조남근의 분포를 보이는데, 경남북 내륙과도 같은 부류로 생각된다.

경남북의 경우는 돌탑신앙, 수목신앙이 강세를 보이며 장승, 솟대신앙도 많은 지역에 분포되어 있어 전국적인 현상에 부응하고 있다.

여신신앙과 인물신앙의 경우 여신은 해원(解冤)풀이적 성격이 강한 신격이며, 인물신 역시 억울한 처지나 입장에서 살다가 후에 신격으로 봉안된 경우가 많았다. 또한 마을수호의 역할을 맡고 있는 수호신으로 역사적인 인물이 숭앙되고 있음은 두 지역에서 공통적으로 나타난다.

강원도와는 달리 경남에는 시조신이 주신격으로 대부분 등장하고 있어 골맥이의 성격이 강조되고 있음도 큰 특징이라고 할 수 있겠다.

註

1. 張籌根『韓國의 鄕土信仰』乙酉文化社, 1975, p.49.
2. 陳壽『三國志』卷三十, 魏書三十, 東夷傳 濊條.
3. 『隋書』卷八十一 東夷傳 新羅條 "每正月旦相賀…其日拜日月神"
4. 洪淳昶「新羅 三山·五岳에 대하여」『新羅民俗의 新研究』新羅文化宣揚會, 1983, p.55.
5. 趙芝薰「累石壇·神樹·堂집 信仰研究」『문리논집』제7집, 고려대학교 문리과대학, 1963, p.50.
6. 張正龍「江陵端午祭 根幹信仰의 比較民俗學的 考察」『黎脈』7호, 강릉 여맥회, pp.120-133.
7. 孔顧達(唐)『周易正義』"子夏云 隍是城下池也 城之爲體 由基土陪扶 乃得爲城 今下不陪扶 城則隕壤 以此崩倒 反復於隍 猶君之爲體 由臣之輔翼 今上下不交 臣不扶君 君道傾危…"
8. 金東旭『韓國歌謠의 研究』乙酉文化社, 1961, p.206.
9. 金泰坤『韓國民間信仰研究』集文堂, 1983, p.105.
10. 都珖淳「風流道와 神仙思想」『新羅宗教의 新研究』新羅文化宣揚會, 1984, p.288.
11. 李奎報『東國李相國集』前集, 第二十五卷, 記條「夢驗記」
12. 『增修 臨瀛誌』鄕評條.
13. 金映遂「智異山 聖母祠에 就하야」『震檀學報』第11卷, 1938.
14. 柳洪烈「朝鮮의 山土神 崇拜에 對한 小考」『新興』제9호, 1937.
15. 趙芝薰, 앞의 글, p.55.
16. 金泰坤「國師堂信仰研究」『白山學報』제8호, 1970, p.89.
17. 任東權「江陵端午祭」『韓國民俗學論考』集文堂, 1971, p.216.
18. 『增修 臨瀛誌』記事條.
19. 『善山의 脈絡』善山郡, 1983, p.36.
   鄭勝謨「石像의 民間信仰化에 관한 사례연구」『경북지방 장승·솟대신앙』국립민속박물관, 1990, p.51.
20. 『增修 臨瀛誌』記事條.
21. 張正龍「江原道 서낭신앙의 類型的 研究」『韓國民俗學』제22집, 1989, pp.102-106.
22. 張正龍「한국·대만 문화비교/①민간신앙」『전통문화』1987년 3·4월 합병호, p.65.
23. 金善豊「東海岸의 城隍說話와 部落祭考」『關大論文集』제6집, 관동대학, 1987, p.29.
24. 金義淑「東海岸 漁村 城隍祭의 生生力 象徵」『江原文化研究』제5집, 강원대 강원문화연구소, 1985, pp.59-69.
25. 張正龍「江陵地方 솟대 연구」『江原民俗學』제5·6합집, 강원도민속학회, 1988, pp.28-48.
26. 1987. 6. 20. 필자 조사, 강원도 강릉시 강문동 김용이(남, 74), 강상봉(남, 70), 김기호(남, 65) 口演.
27. 1989. 6. 7. 필자 조사, 강원도 명주군 강동면 심곡리 황기수(남, 58) 口演.

28. 1990. 10. 28. 필자 조사, 강원도 명주군 주문진읍 교항리 박월몽(남, 58) 口演.
29. 金善豊, 앞의 글, p.5.
   『江陵語文學』제6집, 강릉대 국문과, 1991, pp.128-129.
30. 崔吉城「台霞洞城隍堂」『民俗資料調査報告書』第三十三號, 文化財管理局, 1971, pp.55-59.
   『韓國民俗綜合調査報告書』第四輯(慶尙北道篇), 문공부·문화재관리국, 1974, pp.218-219.
   『開拓百年 鬱陵島』鬱陵郡, 1983, pp.59-60.
   1983. 8. 11. 필자 조사, 경북 울릉군 서면 태하동 경노당.
31. 1990. 9. 31. 필자 조사, 강원도 남항진동 송월계(여, 70) 口演.
32. 河鍾甲『南海岸의 民俗信仰』宇石, 1984, pp.36-39.
33. 1991. 11. 27. 필자 조사, 경북 영양군 수비면 본신리 권장춘(남, 67) 口演.
34. 1991. 10. 7. 필자 조사, 강원도 평창군 미탄면 평안리 최돈수(남, 71) 口演.
   『미탄면지』평창문화원, 1988, p.87.
35. 曹喜雄「性崇拜와 性象徵」(二)『語文學論叢』제4집, 국민대 어문학연구소, 1985, p.96.
36. 金宅圭「民俗學的 考察」『雁鴨池』(발굴조사보고서), 문공부·문화재 관리국, 1978, pp.415-417.
37. 1990. 7. 6. 필자 조사, 강원도 삼척군 원덕읍 갈남 2리 김진철(남, 46), 김성철(남, 74) 口演.
38. 張正龍『강릉의 민속문화』대신출판사, 1991, 원주, pp.59-60.
39. 李圭景『五洲衍文長箋散稿』卷二十六.
40. 李圭泰『韓國人의 奇俗』麒麟苑, 1979, pp.55-59.
41. 1992. 2. 7. 필자 조사, 강원도 고성군 죽왕면 문암리 김원웅(남, 54) 口演.
42. 1991. 12. 3. 필자 조사, 강원도 명주군 강동면 안인진리, 이종철(남, 50) 口演.
43. 康龍權「민간신앙·동제」『鄕土文化誌』경상남도, 1989, pp.378-379.
44. 국립민속박물관,『경북지방 장승·솟대신앙』1990, p.108, p.126.
45. 張正龍「江原道의 馬信仰考」『韓國民俗學』제18집, 1985, pp.115-129.
   張正龍「江原道 서낭신앙의 類型的 研究」『韓國民俗學』제22집, 1989, pp.97-102.
46. 1991. 11. 20. 필자 조사.
47. 趙芝薰, 앞의 글, p.46.
48. 金承璨「韓國의 馬祭考」『石宙善 敎授 回甲紀念民俗學論叢』1971, p.189.
49. 金映遂 앞의 글, p.177.
50. 趙芝薰, 앞의 글, p.46.
51. 金泰坤「韓國神堂研究」『국어국문학』제29호, 국어국문학회, 1965, p.370.
52. 張正龍「江原道 서낭신앙의 類型的 研究」『韓國民俗學』제22집, 1989, p.100.

張正龍「강원도 민간신앙, 말 숭배」『월간 태백』1989년 6월호, 강원일보사, pp.90-95.

53. 金剛山『虎食葬』태백문화원 부설 향토사연구소, 1988, p.24.

54. 金泰坤「國師堂信仰研究」『白山學報』제8호, 1970, p.95.

55. 서울대 師大「安眠島 學術調査報告」『교육』11호, 1960, p.217.

56. 1990. 10. 19. 필자 조사, 강원도 명주군 유등리 정선 정 씨(남, 65) 口演.

57. 1989. 3. 30. 필자 조사, 강원도 삼척군 신기면 서하리 김재석(남, 85) 口演.

58. 1989. 6. 22. 필자 조사, 강원도 삼척군 미로면 활기리 임봉희(남, 46) 口演.

59. 1985. 11. 20. 필자 조사, 강원도 명주군 왕산면 대기2리 계항(닭목) 고원석(남, 37) 口演.

60. 1990. 9. 30. 필자 조사, 강원도 명주군 연곡면 퇴곡리 최성규(남, 51) 口演.

61. 『雁鴨池』(발굴조사보고서), 文公部・文化財管理局, 1978, p.309.
頭部와 四肢를 갖추고 있으며 등에는 안장을 표현하고 있다. 유난히 四肢의 표현이 짧으나 전체적인 형태는 말의 형상에 가깝다. 背面은 U字形으로 흠을 만들었으며 어떤 용도에서 제작했는지 알 수 없다. 長 12.5센티미터, 高 3.5센티미터.

62. 권혜숙「說話에 나타난 말의 意味考」『紫霞語文論集』제3집, 상명여대 국어과, 1984, pp.163-190.

63. 張正龍 「江原道의 馬信仰考」『韓國民俗學』제18집, 1985, p.126.

64. 河鍾甲, 앞의 책, pp.31-34.
康龍權, 앞의 글, pp.371-372.

65. 康龍權 앞의 글, p.375.

66. 崔德源「韓國과 日本의 神體(神像) 比較研究」『宜民 李杜鉉 教授 停年紀念論文集』1989, p.199.

67. 柳增善「岩石信仰傳說−慶北地方을 中心으로」『韓國民俗學』제2집, 1970, pp.53-66.

68. 金善豊「嶺東地方 岩石傳說에 對한 民俗學的 研究」『關東語文學』제2집, 관동대 국어과, 1982, p.10.

69. 丁若鏞「雅言覺非」卷之二 "巖者, 石有穴也…"

70. 金烈圭「韓國民俗信仰의 生生象徵研究」『亞細亞研究』vol Ⅸ. No.2. 고려대 아세아문제연구소, 1966, pp.93-94.

71. 1989. 7. 7. 필자 조사, 강원도 삼척군 하장면 조탄리 신재식(남, 74) 口演.

72. 1989. 6. 22. 필자 조사, 강원도 삼척군 미로면 고천리 대방골 이만달(남, 54) 口演.

73. 1990. 11. 10. 필자 조사, 강원도 명주군 왕산면 도마리 유신열(남, 67) 口演.

74. 金義淑「강원도의 돌탑신앙」강원도 민속학회 월례발표회 요지. 1991. 6. 17.

75. 朴湧植「岩石崇拜說話考」『于雲 朴炳采 博士 還曆紀念論叢』1985, p.632.

76. 張正龍「한국・대만 문화비교②/민간신앙」『전통문화』1987년 3・4월 합병호, pp.65-66.
林美容「無所不在的土地公」『人類學與台灣』稻鄕出版社, 1989, 台北, pp.59-62.

77. 1990. 12. 14. 필자 조사, 경남 울주군 어물리 금천 김인중(남, 62) 口演.

78. 張正龍「강원도의 민간신앙, 삼척 활기리의 바위서낭신」『월간 태백』1990년 4월호, 강원일보사, p.123.

79. 河鍾甲, 앞의 책, p.57.

80. 鄭勝謨, 앞의 글, pp.44-54.

81. 張正龍『江陵官奴假面劇研究』集文堂, 1990, p.38.

82. 許筠「大嶺山神贊 並序」『惺所覆瓿藁』

83. 任東權『江陵端午祭』『중요무형문화재 지정자료』문화재관리국, 1966, 참조.

84. 『新增東國輿地勝覽』卷四十四 江陵祠廟條 "金庾信祠 在花浮山(新增)今合于城隍祠…"

85. 『臨瀛誌』全三卷 選著不詳 筆寫本 卷二, "城隍各位, 城隍之神, 松嶽之神, 太白大天王神, 南山堂帝形太上之神, 城隍堂德慈母王之神, 新羅金庾信之神, 江門開城大人之神, 紺嶽山大王之神, 神堂城隍之神, 新羅將軍之神, 草堂里夫人之神"

86. 河鍾甲, 앞의 책, pp.28-32.

87. 「강원도 인제군 학술답사보고서」『江原文化研究』제9집, 강원대 강원문화연구소, 1989, pp.160-161.

88. 『江原文化研究』제6집, 강원대 강원문화연구소, 1986, p.153.
『韓國民俗綜合調査報告書』제8집(강원편), 문공부・문화재관리국, 1987, p.152.

89. 1991. 5. 10. 필자 조사, 강원도 명주군 연곡면 퇴곡1리 권혁열(남, 63) 口演.
1990. 11. 8. 필자조사, 강원도 명주군 연곡면 삼산 3리 부연동 최찬구(남, 27) 강대선(남, 60)口演.
『강릉어문학』제6집, 강릉대 국문과, 1991, pp.129-134.
『江原口碑文學全集』1(洪川郡篇), 한림대 국문과, 1989, p.45.

90. 『奈城의 脈』제2집, 영월문화원, 1987, p.103.

91. 河鍾甲, 앞의 책 p.15.

92. 李弼永「마을공동체와 솟대신앙」『孫寶基 博士 停年紀念 考古人類學論叢』1988, p.472.

93. 李鍾哲「장승과 솟대에 대한 考古民俗學的 接近 試考」『尹武炳 博士 回甲紀念論叢』1984.
국립민속박물관『강원지방 장승・솟대신앙』1988.
──『경북지방 장승・솟대신앙』1990.
辛鍾遠「江原道 장승・솟대 祭儀 두 例」『龍岩 車文燮 博士 華甲紀念史學論叢』1989.
張正龍「江原地方 솟대 研究」『江原民俗學』제5・6집, 강원도 민속학회, 1988, pp.28-48.
張正龍「강원도 민간신앙, 솟대신앙과 새 숭배」『월간 태백』1989년 5월호, 강원일보사, pp.120-125.

94. 孫晋泰『民俗學論考』民學社, 1975, p.141.

95. 宋錫夏『韓國民俗考』日新社, 1960, p.39.

趙芝薰 「新羅의 原義와 詞腦歌에 대하여」『趙芝薰全集』Ⅶ. 1964, p.121.

96. 秋葉隆 「巨濟島의 立竿民俗」『朝鮮民俗』제1호, 朝鮮民俗學會, 1933, p.18.

97. 張正龍 「강원도 민간신앙, 솟대신앙과 새 숭배」『월간 태백』1989년 5월호, 강원일보사, pp.122-123.

98. 朴昊遠 「영서 지방의 장승·솟대신앙」『강원 지방의 장승·솟대신앙』국립민속박물관, 1988, p.39.

99. 張正龍 「강원도 민간신앙, 오대산 심마니 山神祭」『월간 태백』1990년 9월호, 강원일보사, p.142.

100. 朴炳采 『高麗歌謠의 語釋研究』宣明文化社, 1974, p.232.

101. 崔仁鶴 「江陵진또배기考」『임영문화대관』강릉문화원, 1982, p.256.

102. 辛鍾遠 「幢竿造營의 文化史的 背景」『江原史學』강원대 사학과, 1987, p.23.

103. 李弼永, 앞의 글, p.473.

104. 韓炳三 『韓國文化財大系』(國寶篇), 예경산업사, 1986, pp.201-202.

105. 金元龍 『原始美術』동화출판공사, 1973, pp.150-151.

106. 金烈圭 『韓國의 神話』일조각, 1976, p.40.

107. 李殷昌 「新羅土偶에 나타난 民俗」『新羅民俗의 新研究』新羅文化宣揚會, 1983, 경주 pp.200-201.

108. 張正龍 「江原道 서낭신앙의 類型的 研究」『한국민속학』제22집, 1989, p.96.

109. 凌純聲 「中國古代神主與陰陽性器崇拜」『民族學研究所集刊』제8기, 중앙연구원, 1959, 台北, p.5.

110. 『중앙일보』1988. 2. 9.

111. 金宅圭 『韓國農耕歲時의 研究』영남대출판부, 1985, 148.

112. 1990. 6. 28. 필자 조사, 강원도 홍천군 북방면 화동리 고병석(남, 70), 이효진(남, 77), 이기대(남, 80) 口演.

113. 1989. 4. 16. 필자 조사, 강원도 춘성군 동산면 전치곡리 변용수(남, 57) 口演.

114. 1988. 6. 10. 필자 조사, 강원도 강릉시 강문동 김기호(남, 55) 口演.

115. 1988. 11. 21. 필자 조사, 강원도 명주군 옥계면 도직리 2반 최원규(남, 59) 口演.

116. 1988. 11. 22. 필자 조사, 강원도 명주군 옥계면 금진리 김기룡(남, 76) 口演.

117. 李鍾哲 「장승祭의 信仰體系」『三佛 金元龍 敎授 停年退任 記念論叢』Ⅱ. 一志社, 1987, p.769.

118. 康龍權, 앞의 글, p.373.
河鍾甲, 앞의 책, p.107.

119. 국립민속박물관『경북지방 장승·솟대신앙』1990, pp.34-41 참조.

120. 1987. 6. 15. 필자 조사, 강원도 속초시 외옹치 서원순(여, 80) 口演.

121. 1990. 6. 28. 필자 조사, 강원도 홍천군 북방면 화동리 고병석(남, 70) 口演.

122. 1990. 6. 28. 필자 조사, 강원도 춘성군 동산면 조양

2리 3반 변종만(남, 70) 口演.

123. 『三國遺事』紀異 第二 古朝鮮條.
"…雄率徒三千, 降於太白山頂, 神壇樹下, 謂之神市…."

124. 金泰坤 「韓國神堂研究」『국어국문학』제29호, 국어국문학회, 1965, p.371.

125. 趙芝薰, 앞의 글, p.47.

126. 張籌根「韓國의 神堂形態考」『民族文化研究』제1호, 고려대 민족문화연구소, 1964, p.173.

127. 張籌根, 위의 글, p.179.

128. 1990. 11. 11. 필자 조사, 강원도 삼척군 원덕읍 노곡2리 2반 진부영(남, 48) 口演.

129. 1988. 10. 20. 필자 조사, 강원도 명주군 연곡면 삼산리 박동인(남, 70) 口演.

130. 1988. 10. 7. 필자 조사, 강원도 강릉시 월호평동 광야부락 권태경(남, 70), 정숙이(여, 76) 口演.

131. 河鍾甲, 앞의 책, p.158.

132. 康龍權, 앞의 글, p.361.

133. 趙芝薰 「서낭竿考」『新羅伽倻文化』제1집, 청구대, 1966, 대구 p.60.

134. 1991. 9. 21. 필자 조사, 경북 경주시 배동 임영택 남, 64) 口演.

135. 1991. 9. 22. 필자 조사, 경북 경주시 교동 64번지 최정우(남, 54) 口演.

136. 1991. 9. 22. 필자 조사, 경북 경주군 양남면 수렴 2리 지경마을 김인곤(남, 76) 口演.

137. 1990. 8. 10. 필자 조사, 경남 울주군 강동면 달곡리 이세걸(남, 55) 口演.

138. 1990. 8. 10. 필자 조사, 경남 울주군 강동면 제전리 김용달(남, 58) 口演.

139. 張籌根 「民間信仰」『韓國民俗綜合調査報告書』제4책(경북편), 문공부·문화재관리국, 1974, p.141.

140. 金泰坤 『韓國民間信仰研究』集文堂, 1983, p.99.

141. 張籌根 「화전촌의 산맥이기」『韓國의 鄕土信仰』乙酉文化社, 1975, pp.177-191.

142. 『辭原』山君條, 商務印書全官, 1939, 台北, p.487.
"山神也…虎爲獸長, 亦曰山君"

143. 1989. 6. 7. 필자 조사, 강원도 명주군 강동면 심곡리 장순예(여, 52) 口演.

144. 張正龍 「강원도 민간신앙, 산맥이」『월간 태백』1989년 9월호, 강원일보사, pp.114-119.

145. 1989. 6. 22. 필자 조사, 강원도 삼척군 미로면 활기리 곽효대(남, 66) 口演.

146. 1989. 6. 23. 강원도 삼척군 미로면 내미로리 신배나무골 심주국(남, 60) 口演.

147. 金善豊·李基遠 「民間信仰」『韓國民俗綜合調査報告書』제8책(강원도편), 문공부·문화재관리국, 1977, 154.

148. 金榮振 「韓國山神의 歷史的 考察」『人文科學論集』제6집, 청주대 인문과학연구소, 1987, pp.33-48.

149. 金泰坤 『韓國民間信仰研究』집문당, 1983, p.21.

150. 孫晋泰 「朝鮮古代山神의 性에 就하여」『民俗學論考』

民學社, 1975, p.191.

151. 崔南善「朝鮮歷史 及 民俗史上의 虎」『六堂崔南善全集』3권, 현암사, 1971, p.472.

152. 陳壽『三國志』卷30, 魏書30, 東夷傳 濊條.
"其俗重山川"

153. 『舊唐書』卷199, 列傳149, 東夷新羅國條.
"…好祭山神"

154. 任東權 「江陵端午祭」『韓國民俗學論考』집문당, 1971, p.217.

155. 『高麗史』卷92, 列傳 卷 第5, 王順式條.

156. 李能和 「朝鮮巫俗考」『啓明』제19호, 계명구락부, 1927, p.71.

157. 金善豊「제의와 축제로서의 강릉단오제」『강릉단오굿』열화당, 1987, p.109.

158. 張正龍「강릉단오제의 전승 의의 고찰」『문학과 지역』창간호, 1991, p.395.

159. 『三國遺事』卷 第3,「溟州 五臺山 寶叱徒太子傳記」
"五臺山是白頭山大根脈…"

160. 河鍾甲, 앞의 책, p.190.

161. 『梁山郡誌』梁山郡, 1986, p.1117.

162. 『慶尙北道史』下卷, 慶尙北道 1983, p.1350.

163. 李南植「五鳳山城 山神祭와 堂告祀」『韓國民俗學』16집, 1983, pp.329-375.

164. 1991. 11. 27. 필자 조사, 경북 영양군 수비면 본신리 권장춘(남, 67) 口演.

165. 張正龍「강원도 민간신앙, 태백산 天祭」『월간 태백』1991년 1월호, 강원일보사, pp.146-149.

166. 『三國史記』新羅本紀 第一 逸聖尼師今條.

167. 위의 책, 新羅本紀 第二 基臨尼師今條.

168. 1990. 10. 3. 필자 조사, 강원도 태백시 황지동 김강산(남, 41), 박용찬 (남, 72) 口演.

169. 趙芝薰, 앞의 글, p.53.

170. 『增修 臨瀛誌』釋證條.

171. 康龍權, 앞의 글, pp.343-344.

172. 徐淵昊『서낭굿 탈놀이』열화당, 1991, pp.70-81.

황헌만(黃憲萬)은 1948년 서울 출생으로, 서라벌예술대학
사진과를 졸업했다.『중앙일보』출판사진부 기자와
『우먼센스』사진부장을 거쳐, 현재 스튜디오를 운영하고
있다. 사진집으로『장승』『초가』등이 있다.

주강현(朱剛玄)은 1955년 서울 출생으로, 경희대학교
대학원에서 국문학 박사과정을 수료했다. 경희대
중앙박물관 연구원, 한국역사민속학회 연구실장을
역임했고, 한남대, 서울여대 등에서 민속학을 가르쳤다.
지금은 민속문화유산연구실과 경희대 민속학연구소에서
일하며 경희대에 출강하고 있다. 저서로는
『북한민속학사』『굿의 사회사』『노동과 굿』『민족생활
풍습으로 본 북한생활의 이해』외 다수가 있다.

장정룡(張正龍)은 1957년 강원도 속초 출생으로, 관동대
국어국문학과를 나와 중앙대 대학원에서 문학박사 학위를
받았다. 한국정신문화연구원 공동조사위원, 중화민국
중앙연구원 민족학연구소 방문연구원을 역임했고, 현재
강원도 문화재 전문위원, 국사편찬위원회 조사위원,
강릉대학교 국문학과 교수로 있다. 저서에『한·중 세시풍속
및 가요 연구』『강릉 관노가면극 연구』『강릉의 민속문화』
『속초의 향토민속』『삼척 지방의 마을신앙』등이 있으며,
「강원도 서낭신앙의 유형적 연구」외 여러 편의 논문이 있다.

韓國基層文化의 探究 — ❺

朝鮮땅 마을지킴이

사진 ── 黃憲萬
글 ── 朱剛玄·張正龍

初版發行 ──────── 1993년 10월 10일
發行人 ──────── 李起雄
發行處 ──────── 悅話堂 ⓒ 1993
　　　　　　　　　서울 강남구 신사동 506 강남출판문화센터
　　　　　　　　　전화 515-3141~3, 팩시밀리 515-3144
登錄番號 ──────── 제 10-74호
登錄日字 ──────── 1971년 7월 2일

編輯 ──────── 기영내·권정관·공미경
북디자인 ──────── 박노경·이옥경
製作 ──────── 오기환
印刷 ──────── 동방인쇄공사
製册 ──────── 일광제책